领你走进西藏

一部学术探险与拓荒的经典

亚欧丛书　EurAsia Series

1

梵天佛地

第二卷
仁钦桑波及公元1000年左右藏传佛教的复兴

[意] 图齐　著
魏正中　萨尔吉　主编

上海－罗马　SHANGHAI-ROMA
上海古籍出版　地中海与东方学国际研究协会
SHANGHAI CLASSICS PUBLISHING HOUSE　ISMEO - INTERNATIONAL ASSOCIATION OF MEDITERRANEAN AND ORIENTAL STUDIES

译者说明*

本卷对以下反复出现的术语只在首次出现时给出藏文转写，其余他处则直接给出汉译：仁钦桑波(rin chen bzang po)、*deb ther sngon po*［青史］、rgyal rabs gsal ba'i me long［王统世系明鉴］。

关于西藏西部历史地理的考证，图齐在《梵天佛地》第三卷、第一册开头予以了补充修正，本卷保持原著风貌，并将图齐的修正以译者注的形式表明。

部分地名的藏文拼法与现在的通行拼法不尽一致，而且所指的境域大小也有历史变迁，因此采用原著拼法，译名亦不取今译，如，pu rangs 今多拼作 spu hreng，译为普兰，书中译为布让。

关于仁钦桑波所译经论列表，［甘珠尔］部分原著使用的是大谷大学编的北京版目录(原著缩写为 Otani，汉译改为 OKC)，以及贝克(H. Beckh)编的柏林写本目录，［丹珠尔］部分原著使用的是科尔迪埃(P. Cordier)编的目录，这些目录的详细信息请参看书末的参考文献；译本主要利用德格版，参考北京版进行了核对，对其中的不一致和补充之处以译者注的形式给出。经论若有相应汉译本的均以译者注的形式给出。

附录文献原著仅给出了藏文原文，译本则增加了藏文转写，［西藏王臣记］的相关段落原著置于《梵天佛地》第三卷、第一册，译者根据图齐的补充将其调整至本卷。［青史］和［佛法源流 · 教莲盛开之日］的相关段落据图齐所用原文献进行了核对，对其中不一致之处以译者注的形式给出。［王统世系明鉴］和［西藏王臣记］因没有找到图齐所用原文献，除对其中较为明显的印刷错误直接改正外，部

---

* 译著凡例见第一卷。

分疑惑之处只能依据原著抄录。附录文献图齐均未予翻译，汉译尽量直译，为求文意顺畅，原文中没有而汉译所加的字句以圆括号（　）标明。

原著多次利用了图齐寻获的仁钦桑波传记写本，译本在全书末尾将此写本影印刊布。

目　录

一、历 史 背 景 5

毫无疑问,仁钦桑波(rin chen bzang po)是藏传佛教史上最重要的人物之一,更是时代的杰出代表。他的身上汇集了那个时代及其民族的特征和精神需求。因此,借助今天可及的资料指引,研究这位雪域弘法者并非毫无价值。

回顾仁钦桑波的生平、游历和事业,我们仿佛重新经历那种精神氛围和他所处的历史时刻。阐明仁钦桑波所参与以及他周围发生的事件,有可能厘定西藏西部史上没有记述清楚的某些关键点,并从广义上澄清他在喜马拉雅高原佛教复兴运动中扮演的角色。

只有弗兰克(Francke)曾几次简单地提到大译师(lo tsā ba)仁钦桑波的事迹[1],正确地指出他是印藏佛寺塔廊最伟大的创建者之一,以及 *Prajñāpāramitā*［般若波罗蜜多］的译者,至于是何版本我以后会提及。［般若波罗蜜多］不仅是代表大乘基本教义的甚深经典之一,而且是获证怛特罗文献所述成就的必要前提。但是,仁钦桑波的伟大事迹远不止此:［般若波罗蜜多］只是其大量译著的一小部分。他所翻译的梵文经论篇目浩繁,尽管大多数局限于传统上 6
普遍认可的佛陀宣说的显密经典,但涉及大量不同的题材。

通过仁钦桑波的译经事业,众多经论得以传入教法处于极度衰微之际的藏地:遭到反佛赞普朗达玛(glang dar ma)的打压,佛教的怛特罗仪式丧失了作为其根基的丰富的义理支撑,被误认为是最终目的,面临着堕落成纯粹咒术的危险,因而佛法可能再次与苯教(bon)混融。而苯教从未认输,并且利用其暂处上风的优势,与佛教在意识领域激烈争夺。因而,仁钦桑波正是十到十一世纪大批伟大印藏弘法者中的先驱,他们给跨越喜马拉雅藩篱已逾两个多世纪、却尚未系统整理的教法注入了新的生命。仁钦桑波和阿里王室与印度建立了更直接密切的联系,将当时最有名的上师和善知识迎往

---

〔1〕 A. H. Francke, *Antiquities of Indian Tibet*, Calcutta, Superintendent Government Printing, 1914, part I (*Personal Narrative*), pp. 40ff.

藏地，祈望在他们的教授下学习经论之了义、证得经论所示之圆满成就，如同将印度著名的佛教学院移植到了喜马拉雅的禅院静寺。新入教法者的热忱感动了上师，满怀虔信忠贞的弟子们沿喜马拉雅的险隘直下印度，在他们的迎请下，印度善知识们登上同样的道路，以其生机勃勃的弘法活动再兴衰微之教法，以臻鼎盛。超岩寺(Vikramaśīlā)的阿底峡(Atīśa)带来了甚深中观见、广大瑜伽行，以及
7 通过别别观察本识之力，并加以调伏，直至其与自性清净光明合一的无畏的怛特罗修行；并且与其俗家弟子种敦巴('brom ston pa)一起创建了噶当派(bka' gdams pa)——四个世纪后，宗喀巴(tsong kha pa)的宗教改革从中产生。迦湿弥罗(Kashmir)的苏摩那它(Somanātha)带来了时轮(Kālacakra)教法，通过微观和宏观世界的融合，将占星术和天文学转换成咒术之力和救度之道。译师玛尔巴(mar pa)赴印求法，依止超岩寺上座那若巴(Nāropā)，将密教修法移植藏地，传法其亲炙弟子米拉日巴(mi la ras pa)，成为至今繁盛不衰的噶举派(bka' brgyud pa)祖师。

二、译师仁钦桑波的重要性

仁钦桑波不属于藏地日后出现的众多教派中的任何一派，当时，教派还未产生。它们是后来才兴起的，其发展归因于大善知识、成就者或改革者等非凡人物的出现，以及汇聚繁衍他们所创教派——几成其功业之所依和象征——的大寺院的建立。在我们讨论的这一时期，传至藏地的正是印度已有的教派，一般说来，它们不再像从前那样宗旨互异、彼此矛盾、各具独特的教义和学说。即使注疏中提到了瑜伽行派(Yogācāra)或中观学派(Mādhyamika)的观点，其晚期的解释也几乎融为一体。义理仅仅是怛特罗修行的基础，对后者而言，实修比理论更有价值。仁钦桑波翻译的就是这类经论，即他尤为信奉和教授的怛特罗学说。对此我们与其称之为教派，不如说是对某种怛特罗的诠释方法、在某些教法中心对某种怛
8 特罗体系的偏爱。但遵循一种传承(sampradāya)并不会妨碍在以后遵循其他的传承。在某种意义上，佛教已有所变化，占主导地位的

已不再是单纯的阿毗达磨(abhidharma),也不再是智解,而是证解和瑜伽。传法不只是为了理解文句,而是为了成就证境。每一怛特罗所描述的、以象征手法阐释的,并且试图鲜活再现的是实相的特定部组,它们所对应的不同证境无有轩轾:这些证境虽然彼此接近,但由于受灌顶者的根器不同而必有差异。每一怛特罗都以灌顶(dbang)为前提,灌顶将文字转换为内证,并且以确定的方式印可修法者所获致的阶位。

因此,译师(lo tsā ba)的任务不仅仅是翻译,这肯定需要精通记载法本的梵文及其他语言——如我们所知,译成藏文的经论还包括汉语、吉尔吉特(Gilgit, 勃律 bru zha)语[1]、回鹘语等;同时译师还得多少形成自己的语言和风格。这并非易事,因为当时的藏地还缺乏文学经验或者说它正在形成过程中——所用的方言既多又不同,必须推出一种统一的、所有地区都可以理解的语言;同时还要继续
自赤松德赞(khri srong lde btsan)和热巴巾(ral pa can)时代以来许多 9
印藏人士所做的工作,并在多处对它们进行校对。将佛教义理译介

[1] 关于勃律(bru zha, 即吉尔吉特),参见 B. Laufer, "Die Bru-ža Sprache und die historische Stellung des Padmasambhava", *T'oung Pao*, 9, 1908, pp. 1–46。吉尔吉特对西藏的影响应属于藏传佛教最早的时期,除佛教外也影响到苯教。1881 年达斯根据 *grub mtha' shel kyi me long* [宗义晶鉴]认为一个勃律(bru zha)苯教师创立了苯教最早的分类体系。S. C. Das, "Contributions on the Religion, History, etc. of Tibet", *Journal of the Asiatic Society of Bengal*, 50, 1881, p. 198. 这个信息通过苯教文献得到印证,事实上,我即将出版的苯教仪轨论书 *phyag len ltar gsang sngags spyi spungs 'gro lugs zin ris* (=*bris*) *kha skong* [如轨密咒总集规则记录补遗]中提到三个来自勃律(bru zha,在论书中拼为 bru)的苯教大师。另一方面[青史](ga 册,第 2 叶)也提醒我们桑杰意希(sangs rgyas ye shes)到 bru sha(原文拼写如此)是为了跟从 bru sha 大译师赞杰(btsan skyes)学习。吉尔吉特写本的发现清楚地证明当时佛教在该地区的重要性。"Archaeological Discoveries in the Hindukush", *The Journal of Royal Asiatic Society of Great Britain and Ireland*, 4 (October), 1931, p. 863; N. Dutt, "A Buddhist Manuscript at Gilgit", *The Indian Historical Quarterly*, 8, 1932, pp. 93, 342; S. Lévi, "Note sur des manuscrits sanscrits provenant de Bamiyan (Afghanistan) et de Gilgit (Cachemire)", *Journal Asiatique*, 220, 1932, p. 13.

为所有人都能理解的语言绝非易事：译师不得不让梵文句子的精妙结构屈从于另一种句法，并且找寻显密经论中富含表达力的名相来对应，它们是印度不共宗教和哲思经验的硕果。工作肯定繁复而艰巨，译师必须创造的不仅是一种新文学，而且是一种新文化，或者说，必须赋予藏地一种前所未有的文化。这只能通过引介“新”的教法——传入藏地已逾三个世纪，有过荣光，有过失败，有过殉法者——逐渐浸淫人心、重塑整个生命而得以实现。于是，译师不再是单纯的学问僧，当他们赴印求法译经之际，并不满足于经论的不了义；在迎请法本的同时，他们还要探寻密意、现证境界，他们拥有的不再是毫无生气的字词，而是生机勃勃的活力。只有如此才能将法本移植到藏地，并于此延续不断地师徒传承，其一旦中断，法本剩
10 下的只是无解、无用的字句，许多法本就是因为上师传承不再而无法灌顶(dbang)。

三、建寺者仁钦桑波

如果说仁钦桑波的重要性使藏传佛教史家不能再忽视他，那么对于以其出生地而引以为豪的西藏西部尤为如此。在拉达克、拉胡尔(Lāhul)、斯比蒂(Spiti)、古格(gu ge)、布让(pu rang)、萨特莱杰(Sutlej)河谷一带没有一座古寺不在传统上与大译师有联系。确实与否，我们无法得知，但有一件事无可否认，即他不仅是一位大译师，也是遍布西藏西部的印藏塔寺的伟大建造者。公元1000年左右在这些地区的藏传佛教文化亘古中心的伟大建造活动中，仁钦桑波的身影不可或缺。应当指出，通常提到藏传佛教时浮现在脑海中的往往是藏地旅人所描述的驻寺僧人成百上千的大寺，但这是格鲁派创立及西藏政教合一之后的情况，开始时并非如此。藏文“dgon pa”（对应梵文 āraṇyaka）一词本身恰好表明寺院最初的特征：其并非集会场所（拉丁语：conventus），而是僻静处（拉丁语：monasterium），或多或少与聚落有一定的距离，既能过无扰的禅修生活，又不使禅修者亦需要的世俗接触变得困难。或是平面为方形的神殿(lha khang)，如弗兰克(Francke)和萨特沃斯(Shuttleworth)所描述的阿济寺('a lci)、塔波寺(ta pho)、拉隆寺(lha lung)[1]。

许多佛寺历经岁月，几乎未变，至今仍是信众虔诚的朝圣地：这 11
正是那些建于人力物力匮乏、不宜大寺发展的路途崎岖、人口稀少、土地贫瘠的本地佛寺的命运。反之，修建在邻近商道或人口稠密地带的寺院则获得了更多的机遇和发展：随着僧团的不断扩充，它们成为护法施主捐建活动的中心；驻锡于此、研习经论的大善知识们以其无垢行持加持寺院，吸引了无数皈依供养者，不仅弘扬了寺院美誉，亦扩大了其规模。例如，托林寺(tho ling)因受古格诸王的护持，在仁钦桑波所建佛寺的基础上迅速发展起来；喇嘛玉如寺(Lamayuru)也由早期的森格岗殿(seng ge sgang)发展而来，即使其并非真的是仁钦桑波所建。

考虑到仁钦桑波所建且完整无损的寺院和佛殿内有许多壁画、泥塑或木雕，且大部分的装饰和法器毫无疑问受到印度的影响，甚至是由印度工匠所造——例如阿济寺和塔波寺里的木雕，显然，对仁钦桑波活动的研究不应只局限于佛学史，还应包括藏族艺术史。如上所述，他生活在一个藏族文化形成和发展的转型期：此一时期，因婆罗门思潮的压倒性复兴，以及伊斯兰教的冲击，教法中心和僧院渐遭破坏，日落西山的印度佛教通过大量班智达和瑜伽士——藏文史书留存有对他们的记忆——的努力移植到了藏地或尼泊尔；也
正是此一时期，藏区与佛国圣地建立了更为密切的精神联系，并遣 12
其朝圣者和译师越过喜马拉雅屏障，达至印度平原；他们携带法本和新的证验从求法旅程而返。紧随班智达和译师的是工匠和艺术家，因此，佛教的复兴对藏族艺术的推动极大。仁钦桑波的传记给我们指出一条这种影响到达雪域的路线：西藏西部主要从迦湿弥罗引进艺术家。认为藏族艺术完全是在尼泊尔艺术，以及通过尼泊尔的孟加拉艺术影响下展开是错误的，迦湿弥罗艺术家也应占主要地位，这是日后研究的任务。我们将会看到，仁钦桑波的传记对其雇

[1] A. H. Francke, *Antiquities of Indian Tibet*, part I (*Personal Narrative*); H. L. Shuttleworth, *Lha-luṅ Temple, Spyi-ti*, Calcutta, Government of India Central Publication Branch, 1929.

佣迦湿弥罗艺术家直言不讳，而且在我们的文献中清楚地证实了藏地对迦湿弥罗文化的依赖。

因此，西藏西部对公元1000年左右的佛教复兴起着重要的作用，仁钦桑波、桑噶(zangs dkar)译师和邀请阿底峡的古格国王是它的见证者。

四、仁钦桑波时代的佛教状况

佛教进入藏地的历史表明它是在王室的庇护下，特别是在王室成员及要人的资助下传播的。朗达玛(glang dar ma，公元841年)的灭法一度中止了雪域与印度的精神联系[1]。首先，失去王室护持的藏地寺院无法维持昔日的辉煌，早先开始的弘法活动也无法有效地继续；另外，苯教发动了明显的猛烈进攻——即使它所受到的迫害不像佛教资料所说的那么严重，但确实失去了曾经独享的大部分特权——充分利用这未料到的有利时机企图夺回失去的地盘。

13

除了暂时使佛教黯然失色的外因，还有内因：佛教徒被迫隐居，受到迫害，丧失了通过印度上师恢复元气的可能，日渐堕落，不自觉地回归到被佛教初传的热情所窒息却并未完全熄灭的本土信仰上，也可以说是民族传统宗教经验在与外来新宗教的较量中占了上风。

其实，前弘期佛教根本不具有发达的教义，也没有无畏的义理建构，而主要是通过怛特罗仪式征服大众，并且通常不是其最好的形式。我要说的是，广泛传播的怛特罗仪式肯定不是相伴并致力于伟大成就、将密意转译为内证真实，而更多地具有咒术性质。除了译师和能够理解已经译介的经论旨意的少数大善知识外，对于大众来说，佛教可能只是一种比苯教咒术更有效地降服充斥藏地的神灵鬼怪的咒语仪轨体系。

缺乏复苏信仰并给出佛教心髓更清晰、全面视野的上师指引，放任自流的状况使藏地新信徒不可避免地被拽回到本土信仰上，即

---

〔1〕 译者注：关于朗达玛灭法年代，原书写作公元901年，《梵天佛地》第四卷，第二册，第430页对此有修正。此处径改。

便自称为佛教徒，其行持亦与苯教的作法越来越不容易区别。 14

这就是藏族史家正确地称呼大译师时代的佛教复兴为后弘期(phyi dar)的原因，以区别于松赞干布(srong btsan sgam po)时代的第一次传入，那通常被称为前弘期(snga dar)。

五、护持佛教的西藏西部王室

朗达玛灭法后百余年[1]，藏传佛教获得了新的动力，这主要通过西藏西部王室的努力而达成，他们利用灭法赞普遇刺身亡时的混乱局面，形成了若干自治政权，并建立了有着几个世纪自身生活和光荣历史的大小不等的王朝。但它们都源于朗达玛，因为建立者都是其重孙。朗达玛所迫害的佛教由他的后裔注入了新的力量。

对西藏西部复兴藏传佛教的重大作用，历史学家和编年史家均直言不讳，例如：白玛噶波(pad ma dkar po)有专门讲述该地区历史的一段[2]；*deb ther sngon po*［青史］第二章就是以该地区的贡献开始讲述后弘期[3]。

近代也不乏出于各种不同目的关注这个王朝的学者，这是理所当然的。以后会提及，当时的译经活动异常活跃，正确地划定其范围有利于断定部分藏文大藏经版本的年代。胡特(Huth)首先注意到仁钦桑波及其译著正是出于这种目的，而弗兰克(Francke)则从历史的角 15
度并作为拉达克王统记的参照材料来研究该朝代[4]。我使用的资料中部分是前辈学者未见到的，并且他们没有如我一般深入细节。

---

〔1〕 译者注：原文为七十年左右，此处据上文朗达玛灭法年代而作相应调整。

〔2〕 *chos 'byung bstan pa'i padma rgyas pa'i nyin byed*［佛法源流·教莲盛开之日］，第107叶。

〔3〕 译者注：汉译参见郭和卿译，《青史》，拉萨：西藏人民出版社，1985年。

〔4〕 G. Huth, "Nachträgliche Ergebnisse bezüglich der chronologischen Ansetzung der Werke im tibetischen Tanjur, mDo, Band 117 – 124", *Zeitschrift der Deutschen Morgenländischen Gesellschaft*, 49, 1895, p. 279; S. C. Das, "Contributions on the Religion, History, etc. of Tibet", pp. 211 – 251; A. H. Francke, *Antiquities of Indian Tibet*, 1926, part II (*The Chronicles of Ladakh and Minor Chronicles*).

通过已有的而我能够利用的资料，重建鼓励——若非直接护持——仁钦桑波弘法活动的王朝世系不无裨益，尤其是那些统治玛域(mar yul)、古格和布让(pu rang)等被称为阿里三围(mnga' ris bskor gsum)地区的王朝[1]。

显然无法精确地划定这些地区的界限，因为历史沿革、征战与条约，地区间的分界历代都在变化。大体上可以说玛域(mar yul)在最西边，即拉达克。mar yul 的拼法是编年史、历史文献以及题记中的最古形式，近代已被普遍使用的 mang yul 代替。但最初 mang yul 仅指尼泊尔和中国西藏之间的地区，邻近吉隆(skyid rong, skyi rong)一带，与米拉日巴(mi la ras pa)的诞生地相邻[2]。古格位于中间地带，范围并不仅限于地图上曲木底(Chumurti)之下的群山[3]。
16
托林寺(tho ling)至今仍被认为是古格的中心，通常与库那瓦(Kunuwār)接壤的萨特莱杰河(Sutlej)上游西藏的第一个地区被称为古格，那时可能还包括现在的斯比蒂(Spiti)。布让，古代拼作 spu hrangs, pu hrangs，现在写作 spu rangs, pu rangs，包括古格以东至玛旁雍措(ma pham g.yu mtsho)的区域。

重构统治该地的王统世系所能利用的原始资料有：*rgyal rabs gsal ba'i me long*［王统世系明鉴］[4]；桂译师('gos lo tsā ba)熏奴贝

---

〔1〕 德拉·派那(Orazio della Penna)对西藏阿里(mnga' ris)的划分也是三重：ngari sankar (zangs dkar), ngari purang, ngari tamo。J. H. von Klaproth, "Breve notizia Del regno del Thibet, dal frà Francesco Orazio della Penna de Billi. 1730", *Nouveau Journal Asiatique*, 14, 1934, pp. 177-204, 273-296, 406-432.

〔2〕 例如 *Buddhacarita*［佛所行讚］，释经部(mdo 'grel)，nge 函，第 119 叶背面的译跋。进一步的证据是布顿教法史：E. Obermiller (translated by), *History of Buddhism (Chos-ḥbyung) by Bu-ston*, Heidelberg, O. Harrassowitz, 1932, part II (*The History of Buddhism in India and Tibet*), p. 187, "to Kyi-roṅ in Maṅ-yul"（芒域的吉隆）。芒域在古格贡塘(gung thang)的西部交界。

〔3〕 Survey of India, *Kashmīr and Jammu and Tibet, Ladākh District. Hundes or Ngarikhorsum*, No. 52 P, Tāshigong, Published under the direction of Brigadier E. A. Tandy, R. E., Surveyor General of India, 1928.

〔4〕 译者注：汉译参见刘立千译注，《西藏王统记》，北京：民族出版社，1987 年。

(gzhon nu dpal)的[青史],尽管其貌似简略,但无疑是我读到的藏史中最精确、审慎的材料之一;布顿(bu ston)以及白玛噶波(pad ma dkar po)的教法史(chos 'byung)[1];施拉根韦特(Schlagintweit)、马克斯(Marx)和弗兰克(Francke)编辑研究的拉达克王统[2];发现于敦煌、哈肯(Hackin)编辑的梵-藏文汇编中的部分名单[3],以及松巴堪布(sum pa mkhan po)的摘录[4]。

除了某些次要的细节,所有资料的高度一致性保证了其可信度。从这一角度而言,哈肯出版的资料——与我们关注的时代相距不远,连同 *bka' 'gyur* [甘珠尔]与 *bstan 'gyur* [丹珠尔]译跋中钩稽出的稀有材料都十分重要。所列材料的相互依赖也很明显:例如,拉达克编年史显然是晚期编辑而成,其无疑重复了与[王统世系明鉴]近乎相同的版本,而后者也被白玛噶波所遵循。[青史]相当于一个独立的原始资料,而布顿的观点多源于此[5]。

---

[1] 译者注:布顿教法史的汉译参见郭和卿译,《佛教史大宝藏论》,北京:民族出版社,1986 年。

[2] E. Schlagintweit, *Die Könige von Tibet von der Entstehung königlicher Macht in Yárlung bis zum Erlöschen in Ladák,* München, Verlag der k. Akademie, 1866; K. Marx, "Three Documents Relating to the History of Ladakh. Tibetan Text, Translation and Notes", *Journal of the Asiatic Society of Bengal,* 60, part I, 1891, pp. 97-135; 63, part I, 1894, pp. 94-107; 71, 1902, part II, pp. 21-34; A. H. Francke, *Antiquities of Indian Tibet,* 1926, part II (*The Chronicles of Ladakh and Minor Chronicles*).

[3] J. Hackin, *Formulaire sanscrit-tibétain du Xe siécle*, Paris, Librairie Orientaliste P. Geuthner, 1924.

[4] 译者注:图齐在《梵天佛地》第四卷,第二册,第 429 页说还应加上 *lhar bcas 'gro ba'i mchod sdong chen po jo bo dngul sku mched gsum sngon byung gi gtam rabs brjod pa rin chen vai ḍū rya sngon po'i pi wang* [天人之大灵塔觉沃银身三尊稀有事迹叙说·青琉璃宝之琵琶]。这是玛旁雍措(ma pham g.yu mtsho)东南处科加寺('khor chags)寺志,其中说赞德(btsan lde)是沃德('od lde)之子,与[王统世系明鉴]一致;这并不奇怪,因为科加寺和[王统世系明鉴]的作者均为萨迦派。

[5] 译者注:原文如此,布顿教法史的成书年代为 1322 年,[青史]的成书年代为 1478 年,前者远早于后者。

17 **王统世系明鉴〔1〕**

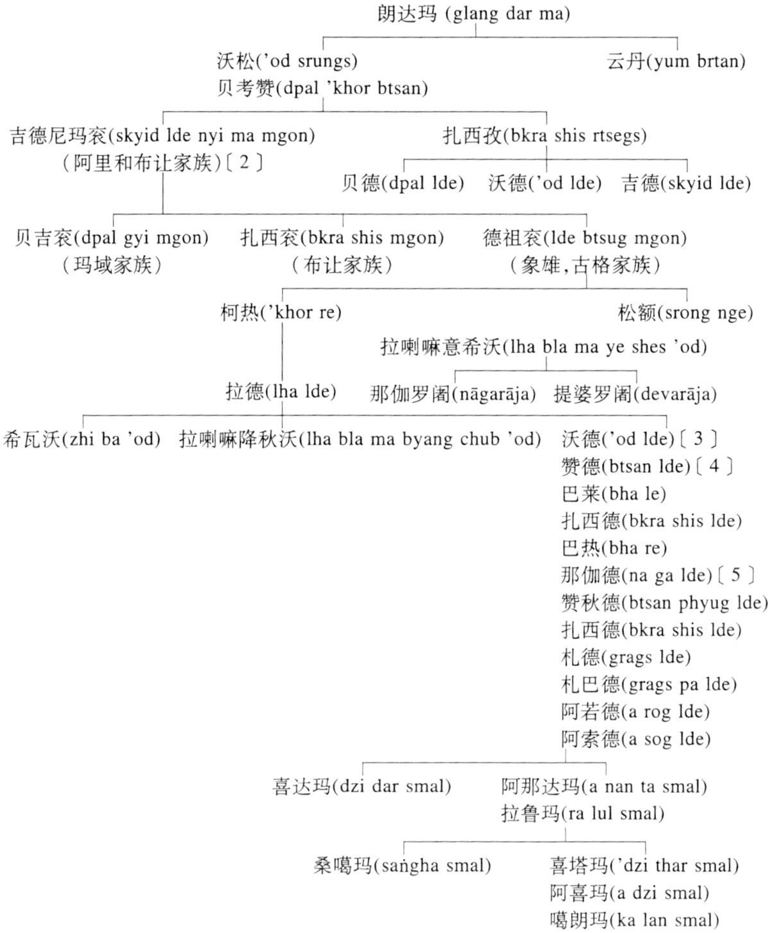
朗达玛 (glang dar ma)
沃松('od srungs)
贝考赞(dpal 'khor btsan)
云丹(yum brtan)
吉德尼玛衮(skyid lde nyi ma mgon)
（阿里和布让家族）〔2〕
扎西孜(bkra shis rtsegs)
贝德(dpal lde)
沃德('od lde)
吉德(skyid lde)
贝吉衮(dpal gyi mgon)
（玛域家族）
扎西衮(bkra shis mgon)
（布让家族）
德祖衮(lde btsug mgon)
（象雄，古格家族）
柯热('khor re)
松额(srong nge)
拉喇嘛意希沃(lha bla ma ye shes 'od)
拉德(lha lde)
那伽罗阇(nāgarāja)
提婆罗阇(devarāja)
希瓦沃(zhi ba 'od)
拉喇嘛降秋沃(lha bla ma byang chub 'od)
沃德('od lde)〔3〕
赞德(btsan lde)〔4〕
巴莱(bha le)
扎西德(bkra shis lde)
巴热(bha re)
那伽德(na ga lde)〔5〕
赞秋德(btsan phyug lde)
扎西德(bkra shis lde)
札德(grags lde)
札巴德(grags pa lde)
阿若德(a rog lde)
阿索德(a sog lde)
喜达玛(dzi dar smal)
阿那达玛(a nan ta smal)
拉鲁玛(ra lul smal)
桑噶玛(saṅgha smal)
喜塔玛('dzi thar smal)
阿喜玛(a dzi smal)
噶朗玛(ka lan smal)

〔1〕 扎西衮及之前的王统世系在宇妥·永丹贡波(g.yu thog yon tan mgon po)的传记中也可见。

〔2〕 第142叶拼作 mnga' rigs;第140叶拼作 gya rig。

〔3〕 隆多喇嘛(klong rdol bla ma)也照此世系排列。

〔4〕 译者注：图齐在《梵天佛地》第四卷，第二册，第429页有增补：隆多喇嘛于此处同于布顿和[青史]，将赞德(btsan lde)代之以孜德(rtse lde)。

〔5〕 其统治范围除古格外还包括玛域(mar yul)和布让(pu rangs)。

白玛噶波教法史 18

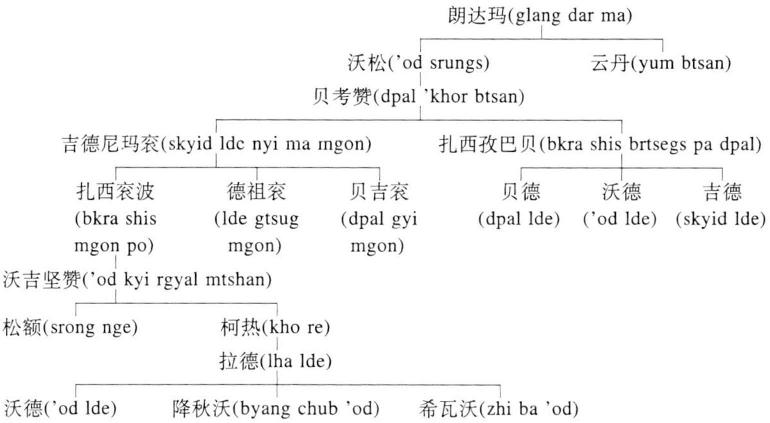
朗达玛(glang dar ma)
沃松('od srungs)
云丹(yum btsan)
贝考赞(dpal 'khor btsan)
吉德尼玛衮(skyid ldc nyi ma mgon)
扎西孜巴贝(bkra shis brtsegs pa dpal)
扎西衮波(bkra shis mgon po)
德祖衮(lde gtsug mgon)
贝吉衮(dpal gyi mgon)
贝德(dpal lde)
沃德('od lde)
吉德(skyid lde)
沃吉坚赞('od kyi rgyal mtshan)
松额(srong nge)
柯热(kho re)
拉德(lha lde)
沃德('od lde)
降秋沃(byang chub 'od)
希瓦沃(zhi ba 'od)

19 [青史]和布顿教法史〔1〕

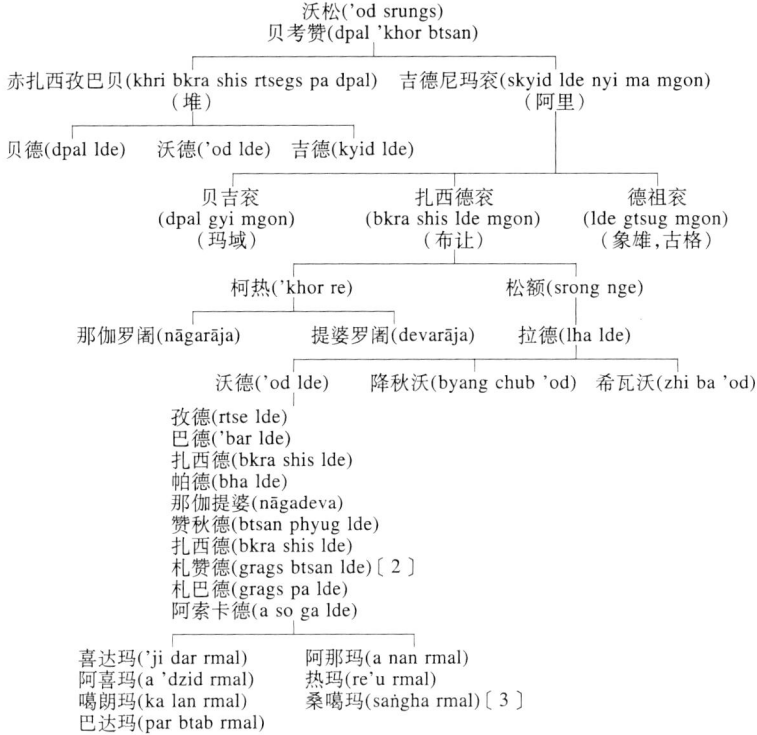

沃松('od srungs)
贝考赞(dpal 'khor btsan)

- 赤扎西孜巴贝(khri bkra shis rtsegs pa dpal)（堆）
  - 贝德(dpal lde)
  - 沃德('od lde)
  - 吉德(kyid lde)
- 吉德尼玛衮(skyid lde nyi ma mgon)（阿里）
  - 贝吉衮(dpal gyi mgon)（玛域）
  - 扎西德衮(bkra shis lde mgon)（布让）
    - 柯热('khor re)
      - 那伽罗阇(nāgarāja)
      - 提婆罗阇(devarāja)
    - 松额(srong nge)
      - 拉德(lha lde)
        - 沃德('od lde)
          - 孜德(rtse lde)
          - 巴德('bar lde)
          - 扎西德(bkra shis lde)
          - 帕德(bha lde)
          - 那伽提婆(nāgadeva)
          - 赞秋德(btsan phyug lde)
          - 扎西德(bkra shis lde)
          - 札赞德(grags btsan lde)〔2〕
          - 札巴德(grags pa lde)
          - 阿索卡德(a so ga lde)
            - 喜达玛('ji dar rmal)
              - 阿喜玛(a 'dzid rmal)
              - 噶朗玛(ka lan rmal)
              - 巴达玛(par btab rmal)
            - 阿那玛(a nan rmal)
              - 热玛(re'u rmal)
              - 桑噶玛(saṅgha rmal)〔3〕
        - 降秋沃(byang chub 'od)
        - 希瓦沃(zhi ba 'od)
  - 德祖衮(lde gtsug mgon)（象雄，古格）

---

〔1〕 [青史]，ka 册，第 19 叶。
dpag bsam ljon bzang [如意宝树史]记载的世系在希瓦沃(zhi ba 'od)之前，与[青史]一致，然而从孜德(rtse lde)开始，则依照[王统世系明鉴]排列。[青史]和布顿完全一致，只是拼写上有点不同，如布顿将 dpal gyi mgon 写作 dpal gyi lde rig pa mgon；'khor re 写作 'khor lde；srong nge 写作 srong de；'bar lde 写作 dbang lde。bkra shis lde 就是布顿的 khri bkra shis dbang phyug nam mkha' btsan。E. Obermiller (translated by), *History of Buddhism (Chos-ḥbyung) by Bu-ston*, part II (*The History of Buddhism in India and Tibet*), pp. 200, 212, 216.
名单中最后几位国王的名字 rmal 或 smal 显然是一个王朝的名称，无疑等于梵文的 Malla。众所周知，同一个名称的王朝曾统治尼泊尔。S. Lévi, *Le Népal. Étude historique d'un royaume hindou*, Paris, Imprimerie Nationale E. Leroux, 1905, vol. II, p. 212.

〔2〕 译者注：原书未记，据附录[青史]补。

〔3〕 译者注：原书列表将噶朗玛和巴达玛写于桑噶玛之下，喜达玛之下无子，此据附录[青史]改正。

伯希和文献 20

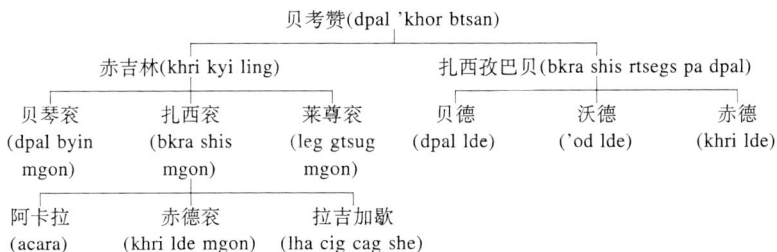

- 贝考赞(dpal 'khor btsan)
  - 赤吉林(khri kyi ling)
    - 贝琴衮(dpal byin mgon)
    - 扎西衮(bkra shis mgon)
      - 阿卡拉(acara)
      - 赤德衮(khri lde mgon)
      - 拉吉加歇(lha cig cag she)
    - 莱尊衮(leg gtsug mgon)
  - 扎西孜巴贝(bkra shis rtsegs pa dpal)
    - 贝德(dpal lde)
    - 沃德('od lde)
    - 赤德(khri lde)

阿底峡传

- (朗)达玛(dar ma)
  - 沃松('od srungs)
    - 阿达贝考赞(mnga' bdag dpal 'khor btsan)
      - 赤扎西孜贝(khri bkra shis brtsegs dpal)
      - 赤吉德尼玛衮(khri skyid lde nyi ma mgon)(阿里,堆)
        - 扎西衮(bkra shis mgon)(布让)
          - 阿达柯热(mnga' bdag kho re)〔1〕
            - 拉喇嘛意希沃(lha bla ma ye shes 'od)
              - 提婆罗阇(devarāja)
              - 那伽罗阇(nāgarāja)
          - 松额(srong nge)
            - 拉德(lha lde)
              - 沃德('od lde)
              - 希瓦沃(zhi ba 'od)
              - 拉尊降秋沃(lha btsun byang chub 'od)
        - 贝吉衮(dpal gyi mgon)(象雄)
        - 德祖衮(lde gtsug mgon)(芒域)
  - 云丹(yum brtan)

---

〔1〕 他将王位禅让给拉德(lha lde)。

21 **五部遗教**〔1〕

- （朗）达玛(dar ma)
  - 沃松('od srongs)
    - 贝考赞(dpal 'khor can)（玛隆王，原文如此）
      - 赤拉衮(khri la mgon)
        - 扎西衮(bkra shis mgon)
          - 拉喇嘛意希沃(lha bla ma ye shes 'od)
          - 赤贝(khri dpal)
            - 尊巴降沃(btsun pa byang 'od)
  - 云丹(yum bstan)

以上国王和王子的世系中，无论是现在或是将来，大多数人物对我们而言仅仅是一个名字而已，但我们最感兴趣的毫无疑问是柯热('khor re)、松额(srong nge)〔2〕、拉德(lha lde)、沃德('od lde)、拉喇嘛降秋沃(lha bla ma byang chub 'od)、希瓦沃(zhi ba 'od)和孜德(rtse lde)，因为他们是十、十一世纪佛教复兴的开创者，正是在他们的护持下，仁钦桑波与从印度迎请来的众多上师通力合作。在这个时期的译师中甚至有上面提及的王室中的王子。

吉德尼玛衮(skyid lde nyi ma mgon)有两个孙子，［王统世系明鉴］认为是德祖衮(lde btsug mgon)的儿子，即古格王子，白玛噶波和隆多喇嘛与其一致〔3〕；而［青史］则认为是扎西衮(bkra shis mgon)的儿子，即暗示其为布让王子。原始资料一致提到他们中有一位将王位让予其弟，并和两个儿子一起出家，但究竟是兄弟中的哪位，

〔1〕 nga 函，第69叶。

〔2〕 几乎所有的文献都用该拼法。但其他的写法也有，如布顿的 'khor lde 和 srong de。只有同时的题记才会让我们知道哪种拼法最正确。名字中常见的 lde 形式让我们推测该形式可能为原形。

〔3〕 原文如此，白玛噶波在此处与［青史］一致，即认为吉德尼玛衮的孙子是扎西衮之子。

看法有分歧。[王统世系明鉴][1]——白玛噶波亦与其一致——认为出家的是那伽罗阇(nāgarāja)和提婆罗阇(devarāja)的父亲、国王松额(srong nge),而[青史]——布顿认同其观点[2]——则明确地说长子柯热('khor re)与两个儿子出家,并将政权交给其弟松额[3]。 22

这一问题的完全解决有待于更早的编年史的发现,或未来西藏西部探险中新题记资料的寻获。弗兰克(Francke)早已发现一个类似的题记,并在1914年刊布[4];不幸题记仅余王子受戒后的法名,冠之以当时的王室头衔贝拉赞普(dpal lha btsan po),与我用的史料里通常记录的拉喇嘛意希沃(lha bla ma ye shes 'od)的头衔一致。因熏奴贝(gzhon nu dpal)和布顿的著作更早并且通常更准确,我认为[青史]中的信息比其他编年史和史书的记述更可靠,而其他编年史和史书只是简单地重复[王统世系明鉴]所采用的同一模式,或者[王统世系明鉴]本身。

尽管如此,有理由认为拉喇嘛意希沃没有绝对脱离政治。他所用的拉喇嘛(lha bla ma,梵文 devaguru)的头衔肯定不只是宗教性的。

我们也经常看到此头衔被他的许多继承人采用,这可能暗示国王已经出家,并且暗示国王除了是国家首领外,还是宗教领

---

〔1〕 据萨囊彻辰,受戒的是柯热('khor re)。Ssanang Ssetsen [Saγang Sečen], *Geschichte der Ost-Mongolen und ihres Fürstenhauses.* Aus dem Mongolischen übersetzt, und mit dem Originaltexte, nebst Anmerkungen, Erläuterungen und Citaten aus andern unedirten Originalwerken herausgegeben von Isaac J. Schmidt, St. Petersburg, N. Gretsch-Leipzig, C. Cnobloch, 1829, pp. 53, 368.
译者注:萨囊彻辰著作的汉译参见道润梯步译校,《新译校注〈蒙古源流〉》,呼和浩特:内蒙古人民出版社,1980年。

〔2〕 原文如此,布顿教法史的成书年代为1322年,[青史]的成书年代为1478年,前者远早于后者。

〔3〕 [青史], ka 册,第19叶, ca 册,第2叶。

〔4〕 A. H. Francke, *Antiquities of Indian Tibet*, part I (*Personal Narrative*), p. 19.

23 袖[1]。从白玛噶波还得知，意希沃(ye shes ’od)曾自己授予自己具足戒，但这并不意味着他要真正放弃王国的统治。可以这样理解，他还是国家实际的首领，只是把日常公事或次要的事务交给他的摄政。事实上，在他被囚禁之前，一直追随他的松额(srong nge)和拉德(lha lde)被熏奴贝称之为 rgyal tshab (yuvarāja)[2]，即表明松额和拉德不仅是王位的继承人，而且也是摄政，即作为 yuvarāja 在某种程度上参与政治。这种自发承担的宗教权力背后所隐藏政治动机将从随后的讨论中得出。

不乏别的论据证实我的论点。按［王统世系明鉴］的记述，意希沃在亲自赴印迎请上师的途中，或者根据白玛噶波的说法[3]，在为迎师而筹集黄金的时候，被外道抓获。

这些史家和传记作者缺乏古代编年史家的谨慎精准，因为他们的主要目的不是忠实地记述史实，而旨在教谕和宣传。因此在意希沃的所有活动中他们仅仅看到令人敬慕的信仰和无尽的虔诚。但是［青史］的作者对他的出行提供了另一个理由。他告诉我们，虽然意希沃已经放弃了王位，但仍然是国家军队的首领，由于当时与噶逻禄(gar log)有冲突[4]，他重新接手指挥军队，但因失败而被俘。
24 正是在监禁期间，这位国王建议前去敌营以高价救赎他的侄孙降秋沃，用赎金去迎请印度佛教的著名上师。众所周知，建议被采纳，阿底峡得以入藏弘法。我们不知道意希沃被俘时他的哥哥是否还在世，资料中没有相关记录，但可以肯定，拉德(lha lde)立刻或在很短

---

〔1〕 在佛教国度，将王子称为菩萨十分普遍。G. Coedès, “Les inscriptions malaises de Śrīvijaya”, *Bulletin de l’École Française d’Extrême-Orient*, 30, 1930, p. 57; Don Martino de Silva Wicremasinghe (edited and translated by), *Epigraphia Zeylanica being Lithic and other Inscriptions of Ceylon*, London, Oxford University Press, 1912, vol. I, p. 240; L. de la Vallée Poussin, “Notes et bibliographie bouddhiques”, *Mélanges chinois et bouddhiques*, 1, 1931－1932, p. 378.

〔2〕 ［青史］, ca 册，第 2 叶。

〔3〕 *chos ’byung bstan pa’i padma rgyas pa’i nyin byed*［佛法源流・教莲盛开之日］，第 109 叶。

〔4〕 ［青史］, ca 册，第 2 叶。我们不能确定这里指的是哪个部落。

的时间内就继承了王位，在 *Aṣṭasāhasrikāprajñāpāramitā*［般若波罗蜜多八千颂］译跋中，拉德已被称为国王[1]。看来他也未享高寿，阿底峡到达阿里时[2]，他的长子沃德已经在位，尽管迎请之事主要由沃德之弟降秋沃负责，后者继承了爷爷的头衔，并且遵命从印度迎请上师赴藏。

从弗兰克(Francke)发表的塔波(ta pho)题记看[3]，似乎沃德('od lde)在位时间也不长，因为降秋沃(byang chub 'od)继承了王位，并且修复了四十六年前由拉衣布降秋赛贝(lha yi bu byang chub sems dpa')建造的塔波寺。或者，我认为更可能的是意希沃(ye shes 'od)圆寂后，最高宗教权力传给了他的侄孙降秋沃，其身边有掌权的摄政(rgyal tshab)。“天子菩萨”(Devaputra Bodhisattva)肯定不是弗兰克认为的拉达克编年史记载的、其真实性可疑的该国早期国王降 25
秋赛贝(byang chub sems dpa')，而也许是意希沃的后人给他追封的头衔。

关于仁钦桑波时代阿里王族的情况可以获知的就这么多。

是否能够界定王朝的年代呢？我们唯一能利用的纪年是关于仁钦桑波和阿底峡的。仁钦桑波生于土马年(958年)[4]，与629年出生的松赞干布(srong btsan sgam po)相隔329年[5]；他十三岁出家，随即被意希沃(ye shes 'od)下令派往印度；八十五岁(1042年)得

---

[1] 他下令对该经书进行校订，为此迎请善说(Subhāṣita)由印赴藏。译跋中他被称作正自在领主、吐蕃圣神赞普扎西拉德赞(dbang phyug dam pa'i mnga' dbag bod kyi dpal lha btsan po bkra shis lha lde btsan)。

[2] ［青史］，kha 册，第4、6叶。然而，别处说阿底峡抵藏时的国王有“拉喇嘛”的头衔(ca 册，第4叶)。白玛噶波也如此：lha btsun（拉尊，ca 函，第3叶正面)，相当于 devabhadanta，这应为降秋沃的头衔。

[3] A. H. Francke, *Antiquities of Indian Tibet*, part I (*Personal Narrative*), p. 41.

[4] ［青史］，kha 册，第3叶。不是弗兰克(Francke)所说的956年。H. L. Shuttleworth, *Lha-luṅ Temple, Spyi-ti*, “Preface”.

[5] C. Bell, *The Religion of Tibet*, Oxford, Clarendon Press, 1931, pp. 202－203. 萨囊彻辰所提的年代，即 Schim Drachen Jahr（932年或992年）是不正确的。Ssanang Ssetsen［Saγang Sečen］, *Geschichte der Ost-Mongolen*, p. 53.

遇阿底峡；木羊年（1055 年）圆寂，世寿九十八岁。根据几乎一致的材料，阿底峡于金龙年（1040 年）离开印度；金蛇年（1041 年）抵达尼泊尔；水马年（1042 年）沃德王在位时抵达阿里[1]。除了这些纪年，还应加上孜德在塔波寺举办法会的 1076 年[2]。这些纪年给予我们关于西藏西部史更可靠的参照，以此为基础，前人提出的若干年代应予纠正。

六、以仁钦桑波为中心的学派

仁钦桑波的高寿和彪炳事迹，几乎是王室崇佛的集中体现。由
26 诸王之令会聚于其身边的庞大人群不仅包括弟子，还有王室迎请而来与其合作、续佛慧命、使教法久驻的印度上师。这样，在古格和布让(pu rang)王宫，一个真正的学派得以形成。该学派翻译了今保存于 *bka' 'gyur*［甘珠尔］和 *bstan 'gyur*［丹珠尔］中的数百部译本，并且首次将契经、大量的怛特罗及其诠释、毗奈耶(vinaya)、因明论书的阐释体系引介入藏地，称之为西部学派或者堆派(stod)，或者依据其所引入的印度地区，称为迦湿弥罗(Kashmir)学派。根据我们所用的传记，以及被［青史］所肯定的传统说法，聚集在阿里(mnga' ris)王宫的班智达有七十五人。考虑到该数字除上师外还应包括跟随上师穿越喜马拉雅的弟子，并且考虑到其非一个固定的时间段，而是囊括了一段较长的时间，这一数字可能是准确的。

这样，仁钦桑波的合作者可以分为两类：一类是授其大小五明和修法的印度上师，一类是由王室迎请，驻锡于藏地静寺、或译师所建——更恰当地说，劝请慷慨的国王修建的——佛寺中的人。将仁

---

[1] ［青史］，kha 册，第 4 叶背面。哈肯的 1048 年是不正确的。J. Hackin, *Formulaire sanscrit-tibétain*, p. 74. 一些编年史家认为阿底峡入藏的时间是 1026 年，如索南札巴(bsod nams grags pa)的噶当派(bka' gdams pa)教法史。

[2] 译者注：原书写作托林寺(tho ling)，图齐在《梵天佛地》第四卷，第二册，第 429 页修正为塔波寺，此处径改，以下涉及此次法会之处亦作如是改正。

钦桑波生平细节和传记的研究暂时搁置，而首先凸显他作为译师和弘法者的活动并非不合时宜。这可以通过追寻他的印度上师和合作者，以及藏地弟子，列举藏文大藏经中提及的归属于他的译本来完成。

这项研究——如胡特(Huth)所意识到的——并非无益，其尽管是间接的，我们仍可据此阐明十世纪末十一世纪初繁荣于印度的学 27
派和教法中心的情况。

其次，我们不仅会对阿里(mnga' ris)教法中心的实际重要性和它对佛教进入藏地所起的重要作用有个明确的理解，而且通过比勘译于该地的译本，会对目前尚未着手研究的 *bka' 'gyur*［甘珠尔］和 *bstan 'gyur*［丹珠尔］的形成过程有所贡献。

此项工作最合适的办法是梳理目前我所得到的关于仁钦桑波及其译经活动的历史资料，并且以藏文大藏经目录来确证其可靠性。

七、有关仁钦桑波的资料及其历史价值

知道我们所用资料的源头当然有用，但不幸的是，我们所能得到的藏文文献仍然相当稀少、零散，不足以探查我们参考的传记作者和史家的原始资料。应该指出，仁钦桑波的基本材料可以在托林寺(tho ling)的档案中找到，像所有的寺院一样，它肯定保留有自己的记载。这些记载常常以枯燥的编年形式记于任何稍有名望的寺院都不缺少的寺志(dkar chag)中，无论是刻本还是写本。再说，熏奴贝(gzhon nu dpal)提到他收集的关于仁钦桑波资料的来源是赤塘·扎雅(khri thang jñāna)所写的仁钦桑波传。如果这位扎雅就是［青史］中记录的仁钦桑波四位高足中的奇诺·扎雅(skyi nor jñāna)的话[1]，那么原来已经很准确的这部分资料会更有价值，因为它出自大译师的亲传弟子。

不排除传记作者可能使用与熏奴贝同样的原始资料，前者虽然更详尽，但两部著作还是相当一致。很明显，来自古格的传记(rnam 28

〔1〕［青史］，ja 册，第 2 叶。

thar)作者广泛汲取了至今仍盛行于整个西藏西部的称颂大译师及其光辉事迹的民间传说。

八、[青史]记载的仁钦桑波及其学派

[青史]对仁钦桑波的一些记载可以简述如下[1]：

> 在松赞干布诞生三百二十九年之后的阳土马年，译师仁钦桑波诞生。据赤塘·扎雅所著仁钦桑波传记，他十三岁时随堪布意希桑波出家。由此来看，译师出家之年，从（朗达玛）灭法之铁鸡年始计[2]，已有七十年。佛法在阿里的出现早于卫藏。译师八十五岁时，至尊阿底峡到达藏地，译师与其相见。总体而论，大译师年少时就前往迦湿弥罗，广学各种密咒法相经典，学问渊博，大量译入显密经典，详细撰著般若和两类密续之注释[3]，广示灌顶和修行之法。
>
> 后弘期藏地密法的弘扬，比前弘期更为兴盛，这多半也是大译师的恩德。译师依止七十五位班智达学习，广闻
> 29 妙法。大喇嘛拉德赞将其奉为主要福田和金刚阿阇梨，虔诚供奉，贡献布让的协尔为其住地，并修建寺院。修建了卡孜的祖拉康和绒地的祖拉康等许多祖拉康和佛塔。以古新·尊追坚赞为首的许多有成就的弟子，以及主校译师等十余人，也都出自译师门下……
>
> 阴木羊年，译师九十八岁，在卡孜翁奇示现涅槃。

---

[1] [青史]，kha 册，第 3 叶背面。

[2] 我不清楚弗兰克怎么会将此换算成公元 814 年。A. H. Francke, "Notes on Khotan and Ladakh", *The Indian Antiquary. A Journal of Oriental Research*, 59, 1930, p. 41. 然而在第 68 页他将吉德尼玛衮(skid〔skyid〕lde nyi ma mgon)对西藏西部的征服系于 930 年。

译者注：关于朗达玛灭法年代，原书写作公元 901 年，《梵天佛地》第四卷，第二册，第 430 页对此有修正。关于[青史]的纪年，参见伯戴克在《梵天佛地》第四卷，第二册，第 430 页的专论。

[3] 即按照藏地的习惯分为 pha 和 ma：父续和母续。前者与以悲(karuṇā)构成的方便(upāya)相联系，后者与般若(prajñā)有关。

[青史]接着叙述[1]：意希沃(ye shes 'od)迎请东印度班智达法护(Dharmapāla)入藏，由他产生了三位毗奈耶(vinaya)的注疏家，即通常所说的"三护"：善护(Sādhupāla)、德护(Guṇapāla)和般若护(Prajñāpāla)，从他们所传承的学派称为"上部律传"。另有须菩提吉祥寂(Subhūtiśrīśānti)，他翻译了 *Aṣṭasāhasrikāprajñāpāramitā* [般若波罗蜜多八千颂]本经及广疏('grel chen)、*Abhisamayālaṅkāra* (*mngon par rtogs pa'i rgyan*) [现观庄严论]本论及释。

另一方面，仁钦桑波的弟子在三个领域继续其工作：律藏(vinayapiṭaka)[2]、般若波罗蜜多(prajñāpāramitā)、真言(mantra)。他们中应提及玛(rma)译师格威洛卓(dge ba'i blo gros)，他译了 *Pramāṇavārttika* (*tshad ma rnam 'grel*) [释量论(颂)]以及该论作者法称(Dharmakīrti)所造的 *Pramāṇavārttikavṛtti* [释量论注]、天主慧(Devendrabuddhi, lha dbang blo)的注释以及释迦慧(Śākyabuddhi, shā kya blo)的集注(ṭīkā)。

这是因明学首次传入藏地：其初译于西部，慢慢地在稍晚时候传播到卫藏(dbus gtsang)，因此，习惯上称此时期为"旧因明期"[3]，以与后来洛丹协饶(blo ldan shes rab)开创的新因明相区别。洛丹协 30
饶也被称为翱(rngog)译师，我们知道他曾被孜德(rtse lde)派往迦湿弥罗(Kashmir)，依止于利益贤(Parahitabhadra)和婆毗耶王(Bhavyarāja)学习因明，并师从萨加那(Sajjana)和阿摩罗瞿民(Amaragomin)等专学慈氏(Maitreya)法门。虽然他不是西藏西部本地人，但从布顿的叙述中可以明显看出古格王是其施主。在圆满众多译事之际，对已有而不够精当的旧译亦进行了校订，此事发生于沃德('od lde)迎请阿底峡入藏之时。沃德的儿子孜德(rtse lde)在阳火龙年(me pho

[1] kha 册，第 4 叶。

[2] 译者注：此处图齐写为 Sūtra，即契经，但藏文本为 'dul ba'i sde snod，即律藏，参考附录[青史]，kha 册，第 4 叶。

[3] 很可能色拉寺(se ra)三个因明学派之一以此因明传规得名：阿里札仓(mnga' ris grva tshang)。T. Stcherbatsky, *Buddhist Logic*, Leningrad, Academy of Sciences of the USSR, 1932, vol. I, p. 56, n. 9.
译者注：舍尔巴茨基的著作汉译参见宋立道、舒晓炜译，《佛教逻辑》，北京：商务印书馆，1997 年。

'brug, 1076 年)举行了一次法会[1],当时卫、藏、康(khams)三区几乎所有的论师都参加了此次法会,各尽所长而转法轮。也正是这个时期,桑噶(zangs dkar)译师帕巴协饶('phags pa shes rab)校订了由洛丹协饶和婆毗耶王始译的 *Pramāṇavārttikālaṅkāra* (*tshad ma rgyan*)［释量论庄严］[2]。

31 如阿里诸王那样虔心供奉佛法者,绝无仅有——这是熏奴贝的结论。

这部著作的另一章对怛特罗学派进行了分类,并且阐述了它们在藏地的传播,从而确立了藏地密法与印度的联系[3],作者在其中指出许多怛特罗体系因仁钦桑波的努力而首次被引介到雪域。如上所述,他不仅是译师,而且是将传承自印度古鲁(guru)的佛法移植入藏地的上师:这是通过对诸多弟子的灌顶传承,以及对大批译师和善知识传授密意的方式达成,这些译师和善知识散布藏土各地,在因古格王室护持而恢复昔日辉煌的教法再弘中各尽所能。据［青史］记载,仁钦桑波三次前往迦湿弥罗(Kashmir)[4],将诸多班智达

---

[1] 此次丙辰法会记录在孜德下令翻译的 *Pramāṇavārttikālaṅkāra*［释量论庄严］译跋中。P. Cordier, *Catalogue du Fonds Tibétain de la Biblio- thèque Nationale. Index du Bstan-ḥgyur (Tibétain 180 - 332)*, Paris, Impri- merie Nationale E. Leroux, 1915, III, p. 442. *bstan 'gyur*［丹珠尔］,释经部(mdo 'grel), the 函。
译者注:《西藏大藏经总目录》第 4221 号。

[2] 在热(rva)译师传中也提到了此次法会(chos 'khor),［青史］也说热译师是法会的参与者之一。但据热译师传(rnam thar),这位冲动和个性凶猛的喇嘛因与桑噶(zangs dkar)译师的争执而离会。传记记录参加法会的其他人物有(第 91 叶):翱·洛丹协饶(rngog blo ldan shes rab)、念·达玛札(gnyan dar ma grags)、赞喀沃切(btsan kha bo che)、琼波曲尊(khyung po chos brston,布顿教法史,第 215 叶拼为 khvang po)、玛尔通·德巴协饶(mar thung dad pa shes rab)、芒沃·降秋协饶(mang 'or byang chub shes rab。据 Cordier III, p. 443, *bstan 'gyur*［丹珠尔］,释经部(mdo 'grel), ne 函译跋,芒沃在象雄(zhang zhung)或古格)、塔波旺杰(dvags po dbang rgyal);其中前五位［青史］亦有记载。传记中还提到此次法会与桑噶(zangs dkar)译师翻译 *Pramāṇavārttikālaṇkāra*［释量论庄严］同时。

[3] ［青史］, ja 册,第 1 叶往后。

[4] 只有这里提及仁钦桑波三次到印度。传记中仅提到两次。

迎请入藏,开启瑜伽部怛特罗(Yogatantra)阐释之规,尤其是庆喜藏(Ānandagarbha)对*Tattvasaṃgraha* (*de nyid bsdus pa'i rgyud*) [真性集]和 *Paramāditantra* (*dpal mchog*) [最上本初怛特罗]的注释、与 *Vajrodayatantra* (*rdo rje 'byung*) [金刚生起怛特罗]有关的仪轨、*Māyājālatantra* (*sgyu 'phrul dra*) [幻网怛特罗]庆喜藏注释之传规,以及商底巴(Śāntipa)对 *Sarvarahasyatanra* [一切秘密怛特罗]的注释。

会聚于译师仁钦桑波周围的藏土各地的弟子不仅来自阿里,还来自卫藏地区,雄辩地见证了古格作为教法中心繁荣发展的重要性。这些弟子中,熏奴贝(gzhon nu dpal)提到的有小译师雷必协饶(legs pa'i shes rab)、玛朗(mang nang)的古新・尊追坚赞(gur shing brtson 'grus rgyal mtshan)、查巴・熏奴协饶(gra pa gzhon nu shes rab)和奇诺・扎雅(skyi nor jñāna),他们是仁钦桑波的心传弟子。另 32
有四个是大译师、小译师共同的弟子:布让巴・安顿札仁(spu hrangs pa an ston grags rin)、嘉耶楚(rgya ye tshul)、贡巴・格协(gung pa dge shes)和玛域瓦・贡却孜(mar yul ba dkon mchog brtsegs)。年堆江若贝邬玛(myang stod rgyang ro spe'u dmar)地区的江巴曲洛(rgyang pa chos blos)从大译师学习由信作铠(Śraddhākaravarman)传给仁钦桑波的金刚生起(Vajrodaya)灌顶,并且学习 *Kosalālaṅkāra* [俱差罗庄严],即对 *Tattvasaṃgraha* [真性集]的广释,以及智足(Jñānapāda, ye shes zhabs)的 *Guhyasamāja* [密集]传规,并从大禅师夺波(dol po)学习仪轨——他还应该算是小译师的弟子。

大译师的另一弟子是香(shangs)地区的松顿耶巴(sum ston ye 'bar),他依止大译师七年,学习上述怛特罗传规,尽管其后来主要依止小译师。年堆(myang stod)地区的介夏(lce zhar)初遇仁钦桑波,后依止小译师,他专精于瑜伽部怛特罗(Yogatantra)中的 *Paramāditantra* [最上本初怛特罗]。其他众多弟子情况类似,虽然得遇仁钦桑波,但或许因为其年事已高,后来都成了雷必协饶(legs pa'i shes rab)的弟子。其中有:熏奴嘉措(gzhon nu rgya mtsho);勒堆(las stod)地区的札登巴(brag stengs pa);古钦如(kul 'ching ru)地方的玛尔顿・曲吉坚赞(dmar ston chos kyi rgyal mtshan);多巴・勒顿(ldog pa kle ston);

伯·释迦多吉(bal shā kya rdo rje)〔1〕,多贡喀巴(ldog gong kha pa)。翱·格色尔(rngog ge ser)和香地区的色耶熏(srid ye gzhon)没有得遇仁钦桑波,翱·格色尔先依止小译师学习,后在被称为“译师”的希瓦沃(zhi ba 'od)王子指引下将许多经论译成藏文〔2〕。该学派中还有西藏西部最伟大的修行者和译师之一,桑噶(zangs dkar)译师帕巴协饶('phags pa shes rab),他晚于仁钦桑波,但跟从小译师及前面已提
33 到的小译师传法助手安顿札仁(an ston grags rin)一起学习〔3〕。

九、白玛噶波记载的仁钦桑波及其学派

白玛噶波(pad ma dkar po)教法史(chos 'byung)中的信息不像[青史]那样提纲挈领,虽有大量细节却并不一定有益于其准确性。作者交代了许多促使古格王室派遣仁钦桑波赴印的动机,记载迎请

---

〔1〕 译者注：据附录[青史],ja 册,第 1 叶正面,此处漏掉了塘敦·贡喀巴(thang ston kong kha pa)。

〔2〕 译者注：原文如此,[青史]中说:“翱·格色尔和香地区的色耶熏二人由于跟随大译师未成,转而向小译师学习。翱·格色尔对于[文殊师利真实名经广注]十分精通。大译师圆寂后,希瓦沃殿下精通译事,并翻译了不少经论。”参见附录[青史],ja 册,第 1 叶正面。

〔3〕 在研究西藏西部的此卷中,有必要简述[青史]保留的桑噶(热译师传第 91 叶的 zangs mkhar 显为讹误)译师帕巴协饶的情况。桑噶译师从其上师处不仅学习 *Tattvasaṃgraha*[真性集]和 *Paramāditantra*[最上本初怛特罗],还听受了行部怛特罗(Caryātantra)。他后来邀请班智达熏奴奔巴(gzhon nu bum pa)来到卫藏,依据以前班智达业金刚(Karmavajra)和桑噶·熏奴楚臣(zangs dkar gzhon nu tshul khrims)的译本,以及熏奴奔巴携来的梵本,阐释了 *Vajraśikharatantra* (*rtse mo*)[金刚顶怛特罗](Beckh, *Verzeichnis*, p. 91)。获得博学声名后,他周围聚集了许多意欲学习该怛特罗传规的弟子,其中值得一提的有：门卓的玛尔巴·多吉意希(smon gro'i mar pa rdor yes);康巴·噶顿(khams pa rgva ston)和羊雄鲁琼(yam shud klu chung)。桑噶译师与印度班智达一起到达拉萨后,另有弟子涅巴·尼玛协饶(gnyal pa nyi ma shes rab)随他们受金刚顶(Vajraśikhara)灌顶。后来,该弟子随桑噶译师到尼泊尔朝圣,然后回到阿里,译师则前往迦湿弥罗。桑噶译师写有 *Vajraśikharatantra*[金刚顶怛特罗]的一个集注(ṭīkā);他的弟子中四位尤其值得提到：涅巴·尼玛协饶;玛尔巴·多吉意希;念顿·楚巴(gnyan ston tshul 'bar);森格坚赞(seng ge rgyal mtshan)。

入藏的上师名录，这不像是要继承某一确实的传统，更像是白玛噶波为了把仁钦桑波置于印度当时的佛教运动、从而将他事业的一大部分与印度的注释传规联系起来而作的精心重构。可能仁钦桑波的确遇见了书中记载的众多上师，并从他们那里接受了白玛噶波提 34
及的各种怛特罗传规，但我们应该从 *bka' 'gyur*［甘珠尔］和 *bstan 'gyur*［丹珠尔］中他所翻译的经论译跋找出证据。

据白玛噶波的记述[1]，松额(srong nge)曾建造了托林寺(tho ling)，并以拉喇嘛意希沃(lha bla ma ye shes 'od)的法名受戒。他为了更好地在其国境弘法，从王族子弟中选择了二十一个年轻人[2]，将他们买下，视其智力情况依次分为三组，第二、三组分别依附于前一组，再让他们携带大量黄金，去迎请当时印度最杰出、最有名的上师入藏。国王认为这些上师是迦湿弥罗(Kashmir)的宝金刚(Ratnavajra, rin chen rdo rje)，东印度的法护(Dharmapāla)，西印度的悲班智达(Karuṇāpaṇḍita)，亦称诺布林巴(nor bu gling pa，即来自宝洲者 Ratnadvīpa)，以及般若波利(Prajñāvalī)。他期望派往印度的年轻人专攻怛特罗经典，并择选出一些期望他们寻师受教的经论。众所周知，怛特罗论书若无灌顶上师的亲炙，其密意无从领悟。这些经论主要有：*Guhyasamāja*［密集］的两个根本注释[3]和庆喜藏(Ānandagarbha, kun dga' snying po)注释的 *Tattvasaṃgraha*［真性集］。必须指出的是，后者绝不是寂护(Śāntirakṣita)所造、莲花戒(Kamalaśīla)作注的同名论书，而是被某些学派视作佛陀亲口宣说的怛特罗经典，从保存的残叶判断，至少部分是用古体风格书写，与 *Prajñāpāramitā*［般若波罗蜜多］很相似[4]。 35

---

[1] ［佛法源流·教莲盛开之日］，第 107 叶。

[2] 同样的信息可参见萨囊彻辰。Ssanang Ssetsen［Saγang Sečen］, *Geschichte der Ost-Mongolen*, pp. 53, 368.

[3] 即佛智(Buddhajñāna)和龙树(Nāgārjuna)的注释。

[4] 如 *Jñānasiddhi*［智成就］。B. Bhattacharyya (edited by), *Two Vajrayāna Works*, Baroda, Oriental Institute, 1929.
译者注：［真性集］已有梵文精校本。［Isshi Yamada (edited by), *Sarva-tathāgata-tattva-saṅgraha nāma Mahāyāna-sūtra: A Critical Edition Based on a Sanskrit Manuscript and Chinese and Tibetan Translations*, New Delhi, Sharada Rani, 1981］.

他们还应听受诺布林巴(nor bu gling pa)和法护(Dharmapāla)所传的 *Karmāvaraṇapraśrabdhitantra* (las kyi sgrib pa rgyun gcod kyi rgyud)［常时断除业障怛特罗］，以及阿阇梨(ācārya)婆苏达(Vasanta, dpyid)对其所作的注释；阿阇梨胜天(Jinadeva, rgyal ba'i lha)撰著的曼荼罗三百四十身天众；佛智(Buddhajñāna)和龙树(Nāgārjuna)作注的 *Guhyasamāja*［密集］[1]；从宝金刚(Ratnavajra)听受 *Kālacakra*［时轮］和 *Vajrāsana*［金刚(四)座］怛特罗注疏。然后他建议他们去超岩寺(Vikramaśīlā)，那里会聚了众多上师善知识，是他们教法不共之所依。

提到松额(srong nge)放弃王政后，白玛噶波记录了他所派遣的二十一位十岁至二十岁之间的年轻求法者的悲惨命运，其中十九人死在迦湿弥罗(Kashmir)，只有仁钦桑波和小译师雷必协饶(legs pa'i shes rab)经过在印度长期居留之后幸运地返回故乡。

至于译师仁钦桑波的印度经历，白玛噶波告诉我们，他在迦湿弥罗从宝金刚(Ratnavajra)学到了瑜伽部怛特罗(Yogatantra)传规和与此相关的曼荼罗仪轨；尔后得遇那若巴(Nāropā)，并从那若巴处听受了 *Guhyasamāja*［密集］的两种传规。由于无缘依止业已圆寂的般若波利(Prajñāvalī)，也没有遇见法护(Dharmapāla)，于是他成为诺布林巴(nor bu gling pa)的弟子。诺布林巴向他讲解了 *Durgatipariśodhanatantra*［恶趣清净怛特罗］，以及方便怛特罗(Upāyatantra)——*Akṣobhya (mi 'khrugs pa'i rgyud)*［不动佛(怛特罗)］。在超岩寺(Vikramaśīlā)，他遇见了燃灯贤(Dīpaṅkarabhadra)、无能胜月(mi thub zla ba)和杰威迥乃(Jinākara, rgyal ba'i byung gnas)，向他们请教了真言和法相。他最后的一些问题和疑惑由迦湿弥罗的宝金刚(Ratnavajra)予以解决。三十三岁时他回到藏地，四十九岁时受戒于班智达月光(Candraprabha)、毗那塞(Bhi na se?)及莲花护(Ka-
36 malarakṣita)。后来，又与诺布林巴派往入藏的信作铠(Śraddhākaravarman)会面，请他讲解了 *Vajrodaya (rdo rje 'byung)*［金刚生起］和智足(Jñānapāda, ye shes zhabs)的注释，并且校订了噶(ska)和焦

---

[1] 译者注：附录藏文原文为 sangs rgyas ye shes zhabs，即"佛智足"。

(cog)译师的译本[1]。最后,终于见到了来藏的法护(Dharmapāla),并从他那里学到了东印度传承的瑜伽教法。

我们下面将要讨论的传记也记录了仁钦桑波所依止的上师;但是名字传写讹变相当严重,难以辨识。

在他的主要弟子中,白玛噶波提到了小译师雷必协饶(legs pa'i shes rab)、熏奴协饶(gzhon nu shes rab)、奇诺·意希旺秋(kyi nor ye shes dbang phyug)和古新·尊追坚赞(gur shing brtson 'grus rgyal mtshan)。作为他的古鲁,或者最广泛意义上的上师,传记中有时记录为 da ka ra bar ma(第 21 叶)、有时为 sra ta kar bar ma(第 22 叶)、有时为 tratakara(第 25、28 叶)、有时为 tra ta kar bar ma(第 26 叶),尽管有这些讹变,但认出其为白玛噶波所提的班智达信作铠(Śraddhākaravarman)并不困难。

据传记所述,仁钦桑波在迦湿弥罗(Kashmir)还遇见了此地最有名的成就者(siddha)那若巴(Nāropā)。如前所述,玛尔巴(mar pa)的根本上师那若巴,以及那若巴的古鲁底洛巴(Tilopa)均为噶举派(bka' brgyud pa)的祖师。仁钦桑波向那若巴学习了与大手印(mahāmudrā)教法有关的经论。他在印度还依止了众多上师,传记引述的有:'dzin mi tra, pa na gnyan na, shi len dra bho dhi。第一个名字显然是 dzi na mi tra 的讹变,即胜友(Jinamitra);第三个应是戒主慧(Śīlendrabodhi),他是赤松德赞(khri srong lde btsan)时期的著名译师,传记作者在此犯了严重的年代错误,将其系于古格王国时期。

十、藏地与印度的宗教交流 37

依据上述三重传统,我们对古格诸王与印度上师间的关系,以及在他们护持下仁钦桑波师徒和合作者的事业会有一个全面的视域。在开创藏传佛教史的新时代、以数百部经论充实藏文大藏经从而为藏传佛教注入新的活力、促成对深邃的佛教显密义理和内证更

[1] 这是赤松德赞(khri srong lde btsan)时期的两个译师:噶瓦·贝则(ska ba dpal brtsegs)和焦若·鲁益坚赞(cog ro klu'i rgyal mtshan)。

圆满的信解、保存因婆罗门教复兴而可能永远丧失的佛教思想精髓等方面，阿里(mnga' ris)王室功不可没。

这是西藏西部无比辉煌的时期，如今穿越斯比蒂(Spiti)或古格干涸的山谷或荒原时，或许无人能够想像公元1000年左右，在这些零星分散的寺院或遗世独立的禅房中曾凝聚过如此炽烈的生命，曾成就过对藏族文化影响如此深远的功业。这是一个非凡的时代，印度的高僧大德并未不屑于救度其藏族昆弟，后者满怀虔信和热忱，沿着家乡陡峭的山脉而下，毫不犹豫地面对喜马拉雅山口的艰难险阻，无悔于炎热潮湿的印度平原所招致的种种苦难，成为文明的信使、佛法的弘传者，再现了与汉地求法僧同样的勇毅。这一大批译师今虽仅余其名，但印度佛教及与之相伴的印度文化输入雪域高原，从而使藏地走向文明，应归功于这些弘法者的努力和坚韧。他们多数时候没给后人留下自己的任何印记，却完成了至今依然激起我们深切敬慕的伟大功业，使我们深思由此付出的前所未闻的牺牲和捐弃身命。

38 然而，不要以为西藏西部王国的所有印度上师都由国王迎请。穆斯林的冲击以及婆罗门教的复兴已经开始威胁印度佛教的命运。从业已伊斯兰化的土耳其斯坦(Turkestan)和吉尔吉特(Gilgit，勃律 bru zha)地区，通过至今连接拉达克和中亚的商道，高僧大德能很容易地进入藏地。但是大多数的迁移毫无疑问来自迦湿弥罗(Kashmir)，这不仅由于两地地域上的接近，以及至今仍有的便利的商贸交往，还因为当时迦湿弥罗忍受着因卡兰那(Kalhaṇa)的谴责而恶名昭著的一系列暴君的残酷统治。从至今仍留存的拉达克传说中还可证实那时确实有大量的迦湿弥罗人迁移，以致藏王鉴于王国有限的资源规定移民居留不得超过三年[1]。

另一方面，当时的迦湿弥罗佛教即使不再是国教，但作为大善知识和论师的故乡，其地仍是佛教最为盛行的地区之一。

至今在藏地仍广为弘传的噶举派(bka' brgyud pa)最著名的古鲁、玛尔巴(mar pa)的上师那若巴(Nāropā)、阿卡罗悉地(Ākarasiddhi)[2]、

---

〔1〕 A. H. Francke, "Notes on Khotan and Ladakh", p. 42.

〔2〕 白玛噶波，[佛法源流 · 教莲盛开之日]，第85叶。

那若巴的弟子智吉祥友(Jñānaśrīmitra)都是迦湿弥罗人(Kashmir)[1]。备受重视的时轮(Kālacakra)传规的一些大论师也是迦湿弥罗人,如苏摩那它(Somanātha)。甚至在安隐因陀罗(Kṣemendra)的时代,佛教在迦湿弥罗仍有许多受众,因为这位大诗人着力编撰了卷帙浩繁的*Avadānakalpalatā*［譬喻如意藤］,这无疑是其无限天才中最优美而丰富的作品之一。 39

西藏西部佛教至少部分承续自迦湿弥罗,而仁钦桑波引入藏地的怛特罗传规及其注疏在我们的原始资料中一致被称为迦湿弥罗传规,正好证实了这一点。

十一、仁钦桑波的合作者及其所译经论

根据现存文献,可以将仁钦桑波的上师、合作者、弟子的名单列如表一[2]:

查询*bka' 'gyur*［甘珠尔］和*bstan 'gyur*［丹珠尔］经录,会发现 40
我们所用的原始材料全部属实,甚至因藏经中包括许多合译经论,使得我们可以考定属于同时期的上师和译师,从而可大致判断将佛教成功引入藏地的一些主要译师和上师活动的年代。

我们将仁钦桑波所译经论列出一个索引,并将其分为三组:(一) *bka' 'gyur*［甘珠尔］中的契经和怛特罗部;(二) 释经部;(三) 释怛特罗部。

(一) ***bka' 'gyur***［甘珠尔］

1. *Laghusaṃvaratantra*［胜乐小品怛特罗］,(OKC I, p. 7; Beckh, *Verzeichnis*, p. 75, 他没有提到仁钦桑波)。
2. *Abhidhānottaratantra*［现诵上怛特罗］,燃灯吉祥智(Dīpaṅkaraśrījñāna)与仁钦桑波合译(OKC I, p. 8; Beckh, *Verzeichnis*, p. 75)。

[1] 白玛噶波,［佛法源流·教莲盛开之日］,第83、106叶。
[2] 译者注:该名单原书排列如此。

表一

青史	白玛噶波教法史	仁钦桑波传
法护(Dharmapāla)	法护(Dharmapāla)	
德护(Guṇapāla)		
善护(Sādhupāla)		
般若护(Prajñāpāla)		
尊追坚赞（弟子）(brtson 'grus rgyal mtshan)		
格威洛卓(dge ba'i blo gros)		格威洛卓（弟子）(dge ba'i blo gros)
雷必协饶(legs pa'i shes rab)	宝金刚(Ratnavajra)	
熏奴协饶(gzhon nu shes rab)	悲班智达(Karuṇāpaṇḍita)	
扎雅(Jñāna)	月光(Candraprabha)	
安顿札仁(an ston grags rin)	毗那塞(Bhinase ?)	
嘉耶楚(rgya ye tshul)	莲花护(Kamalarakṣita)	
格协(dge shes)	信作铠(Śraddhākaravarman)	
贡却孜(dkon mchog brtsegs)	雷必协饶(legs pa'i shes rab)	
曲洛(chos blos)	意希旺秋(ye shes dbang phyug)	
松顿耶巴(sum ston ye 'bar)	熏奴协饶(gzhon nu shes rab)	
燃灯(Dīpaṅkara)	燃灯(Dīpaṅkara)	燃灯(Dīpaṅkara)
		胜友(Jinamitra)
		戒主慧(Śīlendrabodhi)〔1〕
		莲作铠(Padmākaravarman)
		仁钦熏奴(rin chen gzhon nu)
		降秋协饶(byang chub shes rab)

〔1〕 关于胜友和戒主慧参见上面的论述，第 27 页。

3. *Sarvatathāgatakāyavākcittarahasyaguhyasamāja* [一切如来身语意大秘密之秘密集会][1],信作铠(Śraddhākaravarman)与仁钦桑波合译(OKC I, p. 23; Beckh, *Verzeichnis*, p. 85)。
4. *Māyājālamahātantrarāja* [怛特罗大王幻网][2],仁钦桑波翻译(OKC I, p. 33; Beckh, *Verzeichnis*, p. 89)。
5. *Śrīcandraguhyatilakamahātantrarāja* [吉祥月秘密明点怛特罗大王], 仁钦桑波翻译 (OKC I, p. 33; Beckh, *Verzeichnis*, p. 91)。
6. *Sarvatathāgatatattvasaṃgraha* [一切如来真性集][3],信作铠(Śraddhākaravarman)与仁钦桑波合译(OKC I, p. 36; Beckh, *Verzeichnis*, p. 91)。
7. *Sarvarahasyatantrarāja* [一切秘密怛特罗王][4], 莲作铠(Padmākaravarman)与仁钦桑波合译(OKC I, p. 39; Beckh, *Verzeichnis*, p. 91)。
8. *Śrīparamādimahāyānakalparāja* [吉祥最上本初大乘仪轨王][5],信作铠(Śraddhākaravarman)与仁钦桑波合译(OKC I, p. 41; Beckh, *Verzeichnis*, p. 92)。
9. *Āryavajrapāṇinīlāmbaradharatrilokavinaya* [圣青衣金刚手三世间调伏][6],燃灯(Dīpaṅkara)与仁钦桑波合译(OKC I, p. 51; Beckh, *Verzeichnis*, p. 96)。
10. *Aṣṭasāhasrikāprajñāpāramitā* [般若波罗蜜多八千颂],善说(Subhāṣita)与仁钦桑波。后来,燃灯(Dīpaṅkara)和仁钦桑波利

〔1〕 译者注:汉译参见《佛说一切如来金刚三业最上秘密大教王经》,《大正藏》第18册,经号885。
〔2〕 译者注:汉译参见《佛说瑜伽大教王经》,《大正藏》第18册,经号890。
〔3〕 译者注:汉译参见《佛说一切如来真实摄大乘现证三昧大教王经》,《大正藏》第18册,经号882。
〔4〕 译者注:汉译参见《一切秘密最上名义大教王仪轨》,《大正藏》第18册,经号888。
〔5〕 译者注:汉译参见《佛说最上根本大乐金刚不空三昧大教王经(第一分至第十三分)》,《大正藏》第8册,经号244。
〔6〕 译者注:原书写作 *Āryavajrapāṇinīlāmbaradhāraṇītrilokavijaya*。

用新的写本进行了校定(OKC II, p. 215; Beckh, *Verzeichnis*, p. 8)[1]。

41 11. *Mahāparinirvāṇasūtra*［大般涅槃经］[2]，莲花护(Kamalagupta)与仁钦桑波合译(OKC II, p. 292; Beckh, *Verzeichnis*, p. 33)。

12. *Nairātmyaparipṛcchā*［问无我经］[3]，莲花护(Kamalagupta)与仁钦桑波合译(OKC II, p. 321; Beckh, *Verzeichnis*, p. 42)。

13. *Ghaṇṭīsūtra*［犍稚经］，法吉祥贤(Dharmaśrībhadra)、楚臣永丹(tshul khrims yon tan)与仁钦桑波合译(OKC III, p. 374; Beckh, *Verzeichnis*, p. 61)[4]。

14. *Abhiniṣkramaṇasūtra*［出家经］，法吉祥贤(Dharmaśrībhadra)与仁钦桑波合译[5](OKC III, p. 375; Beckh, *Verzeichnis*, p. 62)。

15. *Sumagadhāvadāna*［摩揭陀贤女阿波陀那］，(OKC III, p. 392; Beckh, *Verzeichnis*, p. 68)[6]。

16. *Candraprabhāvadāna*［月光阿波陀那］[7]，法吉祥贤(Dharmaśrībhadra)、协饶雷巴(shes rab legs pa)与仁钦桑波合译(OKC III, p. 393; Beckh, *Verzeichnis*, p. 69)[8]。

17. *Śrīsenāvadāna*［吉祥军阿波陀那］，法吉祥贤(Dharmaśrībhadra)、协饶雷巴(shes rab legs pa)与仁钦桑波合译(OKC III, p. 393; Beckh, *Verzeichnis*, p. 69)[9]。

---

[1] 译者注：该经最早由释迦军(Śākyasena)、智成就(Jñānasiddhi)和法性戒(Dharmatāśīla)翻译，前后经过六次校订：第一次的校订者为善说和仁钦桑波，第二次的校订者为燃灯吉祥智和仁钦桑波，第三次的校订者为燃灯吉祥智和种·杰威迥乃('brom rgyal ba'i 'byung gnas)，第四、五次的校订者均为种·杰威迥乃，第六次的校订者为洛丹协饶(blo ldan shes rab)。

[2] 译者注：汉译参见《佛临涅槃记法住经》，《大正藏》第12册，经号390。

[3] 译者注：汉译参见《尼乾子问无我义经》，《大正藏》第32册，经号1643。

[4] 译者注：该经由法吉祥贤(Dharmaśrībhadra)和楚臣永丹(tshul khrims yon tan)翻译，仁钦桑波校订。

[5] 译者注：原书写作同上。

[6] 译者注：该经由法吉祥贤和楚臣永丹翻译，仁钦桑波校订。

[7] 译者注：汉译参见《佛说月光菩萨经》，《大正藏》第3册，经号166。

[8] 译者注：该经由法吉祥贤和协饶雷巴翻译，仁钦桑波校订。

[9] 译者注：该经由法吉祥贤和协饶雷巴翻译，仁钦桑波校订。

（二）释经部(mdo 'grel)

1. 师子贤(Haribhadra)的 *Abhisamayālaṅkārāloka*［现观庄严明］，与善说(Subhāṣita)合译，同燃灯(Dīpaṅkara)校订(Cordier III, p. 276)[1]。
2. *Abhisamayālaṅkāra*［现观庄严论］的 *Durbodhāloka*［难语明］注疏[2]，与燃灯吉祥智(Dīpaṅkaraśrījñāna)合译(Cordier III, p. 278)。
3. *Prajñāpāramitānavaślokapiṇḍārtha*［般若波罗蜜多九颂精义论］，与信作铠(Śraddhākaravarman)合译(Cordier III, p. 286)。
4. *Bhagavatīprajñāpāramitāpiṇḍārthaṭīkā*［薄伽梵母般若波罗蜜多摄义九颂广疏］[3]，与莲花护(Kamalagupta)合译(Cordier III, p. 287)。
5. *Hastavālaprakaraṇa*［掌中论］[4]，与信作铠(Śraddhākaravarman)合译(Cordier III, p. 296)[5]。
6. *Bodhicaryāvatāra*［入菩萨行论］的校订[6]，与法吉祥贤(Dharmaśrībhadra)和释迦洛卓(shā kya blo gros)合作(Cordier III, p. 306)[7]。

---

〔1〕译者注：提罗巴拉(Dhirapāla)与洛丹协饶(blo ldan shes rab)再次校订。

〔2〕译者注：即 *Abhisamayālaṅkāranāmaprajñāpāramitopadeśaśāstravṛttidur-avabodhālokanāmaṭīkā* (*shes rab kyi pha rol tu phyin pa'i man ngag gi bstan bcos mngon par rtogs pa'i rgyan zhes bya ba'i 'grel pa rtogs par dka' ba'i snang ba zhes bya ba'i 'grel bshad*)［现观庄严论注难语明］。

〔3〕译者注：汉译参见《佛母般若波罗蜜多九颂精义论》，《大正藏》第 25 册，经号 1516。

〔4〕译者注：原书写作 *Hastabalaprakaraṇa*。

〔5〕译者注：二人还翻译了该论的注(*Hastavālanāmaprakaraṇavṛtti*, *cha shas kyi yan lag ces bya ba'i rab tu byed pa'i 'grel pa*)，《西藏大藏经总目录》第 3845 号。汉译有两见，一为真谛译《解卷论》，一为义净译《掌中论》，参见《大正藏》第 32 册，经号 1620、1621。

〔6〕译者注：亦写作 *Bodhisattvacaryāvatāra*。汉译参见《菩提行经》，《大正藏》第 32 册，经号 1662。

〔7〕该论由善意称(Sumatikīrti)和洛丹协饶(blo ldan shes rab)再次校订。

7. *Saṃvṛttibodhicittabhāvanopadeśavarṇasaṃgraha*［俗谛菩提心修习优波提舍书］，与莲作铠(Padmākaravarman)合译(Cordier III, pp. 317, 349)。
8. *Paramārthabodhicittabhāvanākramavarṇasaṃgraha*［真谛菩提心修习次第书］，与莲作铠(Padmākaravarman)合译(Cordier III, pp. 317, 344)。
9. *Pāramitāyānabhāvanākramopadeśa*［波罗蜜多乘修习次第优波提舍］，与莲作铠(Padmākaravarman)合译(Cordier III, pp. 319, 354－355)。

42 10. *Dhyānaṣaḍdharmavyavasthāna*［禅定六法安立］，与法吉祥贤(Dharmaśrībhadra)合译(Cordier III, pp. 320－321)。
11. *Dhyānaṣaḍdharmavyavasthānavṛtti*［禅定六法安立注］，与法吉祥贤(Dharmaśrībhadra)合译(Cordier III, p. 320)。
12. *Bodhisattvacaryāsaṃgrahapradīparatnamālā*［菩萨行集灯宝鬘］，与智作铠(Prajñākaravarman)合译(Cordier III, p. 324)。
13. *Vimalapraśnottararatnamālā*［无垢问答宝鬘］，与莲花护(Kamalagupta)合译(Cordier III, p. 344)。
14. *Saptaguṇaparivarṇanakathā*［七功德正说论］，与持恒河(Gaṅgādhara)合译(Cordier III, p. 346)[1]。
15. *Saṃbhāraparikathā*［资粮论］，与持恒河(Gaṅgādhara)合译(Cordier III, pp. 346, 424)。
16. *Caturviparyayaparihārakathā*［四颠倒断捨论］，与佛贤(Buddhabhadra)合译(Cordier III, pp. 347, 424)。
17. *Pañcakāmaguṇopālambhanirdeśa*［五欲功德过患演说］[2]，与法吉祥贤(Dharmaśrībhadra)合译(Cordier III, p. 350)。
18. *Dhyānaṣaḍdharmavyavasthāna*［禅定六法安立］[3]，与法吉祥贤(Dharmaśrībhadra)合译(Cordier III, p. 352)。

---

[1] 译者注：德格版梵文题名为 *Saptaguṇaparivadanakathā*。
[2] 译者注：原书写作 *Pañcavidhakāmaguṇopalambhanirdeśa*。
[3] 译者注：原书写作 *Dhyānasaddharmavyavasthāna*。

19. *Yogāvatāra*［入瑜伽］，与法吉祥贤(Dharmaśrībhadra)合译(Cordier III, p. 354)。
20. *Yogāvatāropadeśa*［入瑜伽优波提舍］，与阇那檀那(Janārdana)合译(Cordier III, p. 355)。
21. *Saptaguṇavivaraṇakathā*［七功德说示论］[1]，与莲花护(Kamalagupta)合译(Cordier III, p. 356)。
22. *Triśaraṇagamanasaptati*［三皈依七十］，与阿底峡合译(Cordier III, p. 360)。
23. *Yogāvatāropadeśa*［入瑜伽优波提舍］，与阇那檀那(Janārdana)合译(Cordier III, p. 390)[2]。
24. *Prātimokṣabhāṣyāsampramuṣitasmaraṇamātralekha*［波罗提木叉疏等唯不忘忆持书］，与阇那檀那(Janārdana)合译(Cordier III, p. 402)。
25. *Suvarṇavarṇāvadāna*［金色童子因缘经］，与法吉祥贤(Dharmaśrībhadra)合译(Cordier III, p. 416)。
26. *Saptaguṇaparivarṇanākathā*［七功德正说论］[3]，与持恒河(Gaṅgādhara)合译(Cordier III, p. 423)[4]。
27. *Supathadeśanāparikathā*［善道说示论］[5]，与阿底峡合译(Cordier III, p. 426)。
28. *Dṛṣṭāntamālya*［譬喻鬘］，与法吉祥贤(Dharmaśrībhadra)合译 43
(Cordier III, p. 432)[6]。
29. *Aṣṭāṅgahṛdayasaṃhitā*［八支心髓集］，与阇那檀那(Janārdana)合译(Cordier III, p. 470)。
30. *Padārthacandrikāprabhāsanāmāṣṭāṅgahṛdayavivṛti*［八支心髓

[1] 译者注：原书写作 *Saptaguṇavarṇanākathā*。
[2] 译者注：这其实和上面第20条是同一个译本。
[3] 译者注：德格版题作 *Saptaguṇaparivadanakathā*。
[4] 译者注：这其实和上面第14条是同一个译本。
[5] 译者注：德格版题作 *Supathanirdeśaparikathā*。
[6] 译者注：该经由法吉祥贤和楚臣永丹(tshul khrims yon tan)翻译，仁钦桑波校订。

注解·句义月光]，与阇那檀那(Janārdana)合译(Cordier III, pp. 471 -472)。

31 和 32. *Dhūpayogaratnamāla*［香混合宝鬘］，(Cordier III, p. 475) 和 *Aṣṭāpadīkṛtadhūpayoga*［香混合偈］(Cordier III, p. 475)，与阇那檀那(Janārdana)合译[1]。

33. *Śālihotrīyāśvāyurvedasaṃhitā*［娑利哺特罗马生命吠陀本集］，与法吉祥贤(Dharmaśrībhadra)和佛吉祥寂(Buddhaśrīśānti)合译(Cordier III, p. 501)。

（三）释怛特罗部(rgyud 'grel)

1. *Viśeṣastavaṭīkā*［殊胜讚广释］，与阇那檀那(Janārdana)合译(Cordier II, p. 3)。
2. *Devātiśayastotraṭīkā*［天胜讚广注］，与阇那檀那(Janārdana)合译(Cordier II, p. 4)。
3. *Kāyatrayastotravivaraṇa*［三身讚注释］，与信作铠(Śraddhākaravarman)合译(Cordier II, p. 5)。
4. *Varṇārhavarṇe bhagavato buddhasya stotre 'śakyastava*［讚无能讚］[2]，与莲作铠(Padmākaravarman)合译第13品(Cordier II, pp. 7 -8)。
5. *Ekottarikastotra*［增一讚］[3]，与法吉祥贤(Dharmaśrībhadra)合译(Cordier II, pp. 7 -8)[4]。
6. *Sugatapañcatrimśatstotra*［三十五善逝讚］，与莲作铠(Padmākaravarman)合译(Cordier II, p. 8)[5]。
7. *Deśanāstava*［忏悔讚］，与佛作铠(Buddhākaravarman)合译

[1] 译者注：［香混合宝鬘］未见于德格版，根据德格版，［香混合偈］的校订者为那塘·福德光(snar thang puṇyaraśmi)。科尔迪埃目录中记载［香混合宝鬘］的译者为阇那檀那(Janārdana)和仁钦桑波，［香混合偈］则未见译者。

[2] 译者注：义净《南海寄归内法传》题名为《四百讚》。

[3] 译者注：原书写作 *Ekottarikāstotra*。

[4] 译者注：德格版无译跋。

[5] 译者注：德格版无译跋。

(Cordier II, p. 11)[1]。

8. *Buddhābhiṣekanāmastotra*［佛灌顶讚］,翻译(Cordier II, p. 11)。
9. *Pañcatathāgatastava*［五如来讚］,与信作［铠］(Śraddhākara［varman］)合译(Cordier II, p. 12)[2]。
10. *Saptatathāgatastotra*［七如来讚］,与信作［铠］(Śraddhākara［varman］)合译(Cordier II, p. 12)[3]。
11. *Śrīcakrasaṃvara*［吉祥总摄轮］的注释 *Śūramanojñā*［勇者悦 44
意］[4],与法吉祥贤(Dharmaśrībhadra)合译(Cordier II, p. 28)。
12. *Śrībhagavadabhisamaya*［吉祥薄伽梵现观］,与信作铠(Śraddhākaravarman)合译(Cordier II, p. 33)。
13. *Bhagavacchrīcakrasaṃvaramaṇḍalavidhi*［薄伽梵吉祥胜乐轮曼荼罗仪轨］,与佛吉祥寂(Buddhaśrīśānti)合译(Cordier II, p. 37)。
14. *Bhagavacchrīcakrasaṃvaramaṇḍalavidhi*［薄伽梵吉祥胜乐轮曼荼罗仪轨］,与法吉祥贤(Dharmaśrībhadra)合译(Cordier II, p. 37)[5]。
15. *Herukasādhana*［嘿噜嘎成就法］,与法吉祥贤(Dharmaśrībhadra)合译(Cordier II, p. 43)。
16. *Herukaviśuddhi*［嘿噜嘎清净］,与信作铠(Śraddhākaravarman)合译(Cordier II, p. 44)。
17. *Śrīcakrasaṃvarasādhana*［吉祥总摄轮成就法］,与阿底峡合译(Cordier II, pp. 45－46)。
18. *Bhagavadabhisamaya*［薄伽梵现观］,与阿底峡合译(Cordier II, p. 46)。

---

[1] 译者注：仁钦桑波还与佛吉祥寂(Buddhaśrīśānti)一起翻译了 *Deśanāstavavṛtti* (*bshags pa'i bstod pa'i 'grel pa*)［忏悔讚注释］,《西藏大藏经总目录》第 1160 号。

[2] 译者注：德格版记载为莲作铠(Padmākaravarman)与仁钦桑波共译。

[3] 译者注：德格版记载为莲作铠(Padmākaravarman)与仁钦桑波共译。

[4] 译者注：全称为 *Śrīcakrasaṃvarapañjikāśūramanojñā* (*bpal 'khor lo sdom pa'i dka' 'grel dpa' bo'i yid du 'ong ba*)［吉祥总摄轮难语释 · 勇者悦意］。

[5] 译者注：德格版阙。北京版译跋记载该论后由善意称(Sumatikīrti)及曲吉旺秋(chos kyi dbang phyug)校订。

19. *Cakrasaṃvaravistaraprabandha*［胜乐轮常住忏悔大（品）］，与阿底峡合译(Cordier II, p. 53)。
20. *Vajrayoginīstotra*［金刚瑜伽母讚］，与阿底峡合译(Cordier II, p. 64)。
21. *Caturpīṭhayogatantrasādhanopāyikā*［瑜伽怛特罗四座成就法］，与莲花护(Kamalagupta)合译(Cordier II, p. 99)。
22. *Tattvopadeśa*［真性优波提舍］，与莲花护(Kamalagupta)合译(Cordier II, p. 103)。
23. *Sarvabuddhasamayogatantrapañjikā*［一切佛平等和合怛特罗难语释］，与信作铠(Śraddhākaravarman)合译(Cordier II, p. 108)。
24. *Sarvabuddhasamayogapañjikā*［一切佛平等和合难语释］，与信作铠(Śraddhākaravarman)、法吉祥贤(Dharmaśrībhadra)合译(Cordier II, p. 109)。
25. *Mṛtyuvañcanopadeśa*［死避优波提舍］，与阿底峡合译(Cordier II, p. 126)。
26. *Pradīpodyotana*［灯作明］，即 *Guhyasamāja*［密集］的注释，与信作铠(Śraddhākaravarman)合译(Cordier II, p. 131)。
27. *Ṣaḍaṅgayogaṭīkā*［六支瑜伽注释］，与信作铠(Śraddhākaravarman)合译(Cordier II, p. 132)。
28. *Vajrajāpaṭīkā*［金刚念诵广释］，与信作铠(Śraddhākaravarman)合译(Cordier II, p. 132)。
45 29. *Jñānavajrasamuccayatantrodbhavasaptālaṅkāravimocana*［智慧金刚集怛特罗中所出七庄严解］，与信作铠(Śraddhākaravarman)合译(Cordier II, p. 132)。
30. *Piṇḍīkṛtasādhana*［成就法略集］，与信作铠(Śraddhākaravarman)合译(Cordier II, p. 134)。
31. *Guhyasamāja*［密集］的注释 *Sūtramelāpaka*［经合集］[1]，与法

---

〔1〕 译者注：全称为 *Guhyasamājamahāyogatantrotpādakramasādhanasūtramelāpaka* (*rnal 'byor chen po'i rgyud dpal gsang ba 'dus pa'i skyed pa'i rim pa bsgom pa'i thabs mdo dang bsres pa zhes bya ba*)［大瑜伽怛特罗吉祥秘密会生起次第修习法经合集］。

吉祥贤(Dharmaśrībhadra)合译 (Cordier II, p. 135)。

32. *Guhyasamājamaṇḍalavidhi* [密集曼荼罗仪轨],与善说(Subhāṣita)合译(Cordier II, p. 135)。

33. *Pañcakrama* [五次第],与信作铠(Śraddhākaravarman)及莲花护(Kamalagupta)合译(Cordier II, p. 136)[1]。

34. *Svādhiṣṭhānakramaprabheda* [自身加持次第差别],与信作铠(Śraddhākaravarman)及莲花护(Kamalagupta)合译(Cordier II, p. 136)[2]。

35. *Abhisambodhikramopadeśa* [现觉次第优波提舍],与信作铠(Śraddhākaravarman)及莲花护(Kamalagupta)合译(Cordier II, p. 136)[3]。

36. *Amṛtakuṇḍalīsādhana* [甘露军荼利成就法],与信作铠(Śraddhākaravarman)及莲花护(Kamalagupta)合译(Cordier II, p. 138)[4]。

37. *Mahāvajradharapathakramopadeśaamṛtaguhya* [大金刚持道次第优波提舍甘露秘密],与法吉祥贤(Dharmaśrībhadra)合译(Cordier II, p. 140)。

38. *Homavidhi* [护摩仪轨],与信作铠(Śraddhākaravarman)和法吉祥贤(Dharmaśrībhadra)合译(Cordier II, p. 140)。

39. *Guhyasamājamaṇḍaladevakāyastotra* [密集曼荼罗诸尊身讃叹],与信作铠(Śraddhākaravarman)合译(Cordier II, p. 141)。

40. *Śraddhāpralāpastava* [信言讃],与般若吉祥护(Prajñāśrīgupta)合译(Cordier II, p. 141)。

---

[1] 译者注：该论首先由信作铠和仁钦桑波翻译,再由莲花护和仁钦桑波校订。信作铠和仁钦桑波还翻译了 *Caryāmelāpakapradīpa* (*spyod pa bsdus pa'i sgron ma*) [行合集灯],《西藏大藏经总目录》第 1803 号。

[2] 译者注：科尔迪埃目录中记载无译跋,但其提及据圣彼得堡目录,该论为信作铠和仁钦桑波翻译。北京版和德格版中无译跋。

[3] 译者注：译者中没有莲花护。信作铠和仁钦桑波还翻译了 *Śmaśānavidhi* (*ro bsreg pa'i cho ga*) [烧尸仪轨],《西藏大藏经总目录》第 1807 号。

[4] 译者注：译者中没有莲花护。

41. *Guhyasamājavivaraṇa*［密集注释］，与信作铠(Śraddhākaravarman)合译(Cordier II, p. 144)[1]。

42. *Mukhāgama*［口传］的翻译(Cordier II, p. 147)。

43. *Samantabhadrasādhana*［普贤成就法］，与信作铠(Śraddhākaravarman)合译(Cordier II, p. 147)。

44. *Guhyasamājamaṇḍalavidhi*［密集曼荼罗仪轨］，与莲作铠(Padmākaravarman)合译(Cordier II, pp. 148－149)。

45. *Samantabhadrasādhanavṛtti*［普贤成就法注释］[2]，与精进贤(Vīryabhadra)合译(Cordier II, p. 149)[3]。

46. *Samantabhadrasādhanavṛtti*［普贤成就法注释］，与信作铠(Śraddhākaravarman)合译(Cordier II, p. 149)。

46 47. *Muktitilakavyākhyāna*［解脱明点注释］，与秘密莲花(Kamalaguhya)合译(Cordier II, p. 150)[4]。

48. *Guhyasamājamaṇḍalavidhiṭīkā*［密集曼荼罗仪轨注释］，与精进贤(Vīryabhadra)合译(Cordier II, p. 150)。

49. *Guhyasamājābhisamayasādhana*［密集现观成就法］和 *Maṇḍalavidhi*［曼荼罗仪轨］，与信作铠(Śraddhākaravarman)合译(Cordier II, p. 152)。

50. *Priyasādhana*［欢喜成就法］的翻译(Cordier II, p. 152)[5]。

51. *Akṣobhyavajrasādhana*［不动金刚成就法］，与莲作铠(Padmākaravarman)合译(Cordier II, pp. 152－153)。

52. *Suviśiṣṭasādhanopāyikā*［善明成就法］[6]，与精进贤(Vīryabhadra)合译(Cordier II, p. 154)。

---

〔1〕 译者注：该论的全称为*Śrīguhyasamājatantravivaraṇa* (*dpal gsang ba 'dus pa'i rgyud kyi 'grel pa*)［吉祥密集(怛特罗)注释］。德格版提及的译者还有法吉祥贤(Dharmaśrībhadra)。

〔2〕 译者注：原书写作 Samantabhadravṛtti。

〔3〕 译者注：据译跋，译者还应加上光明藏(Vibhākara)。

〔4〕 译者注：德格版译跋记载为秘密莲花(Kamalaguhya)和意希坚赞(ye shes rgyal mtshan)共译。

〔5〕 译者注：据德格版译跋，该论为莲作铠(Padmākaravarman)与仁钦桑波共译。

〔6〕 译者注：德格版题作 *Suviśasādhana* 或 *Suviṣṭisādhanopayika*。

53. *Guhyasamājalokeśvarasādhana*［密集世自在成就法］,与阿底峡合译(Cordier II, p. 154)[1]。
54. *Abhiṣekaprakaraṇa*［灌顶论］,与如来护(Tathāgatarakṣita)合译(Cordier II, p. 155)。
55. *Guhyasamājapañjikā*［密集难处释］,与胜吉祥持(Vijayaśrīdhara)、信作铠(Śraddhākaravarman)合译(Cordier II, p. 159)[2]。
56. *Yamārisādhana*［阎摩敌成就法］,与阿底峡译(Cordier II, p. 167)。
57. *Vajrabhairavatantrapañjikā*［金刚怖畏怛特罗难语释］,与如来护(Tathāgatarakṣita)合译(Cordier II, p. 169)[3]。
58. *Devīprabhādharādhiṣṭhāna*［持光天女加持］,与天作(Devākara)合译(Cordier II, p. 181)[4]。
59. *Jñānasiddhisādhanopāyikā*［智慧悉地成就法］的翻译(Cordier II, p. 211)[5]。
60. *Vajrayānasthūlāpatti*［金刚乘大过失］,与莲作铠(Padmākaravarman)合译(Cordier II, p. 254)[6]。
61. *Kosalālaṅkāra*［俱差罗庄严］[7],与法吉祥贤(Dharmaśrībhadra)合译(Cordier II, pp. 258－259)。
62. *Vajradhātumahāmaṇḍalasarvadevavyavasthāna*［金刚界大曼荼罗诸天建立］[8],与莲作铠(Padmākaravarman)合译(Cordier

［1］ 译者注：据德格版目录,二人还翻译了 *Avalokiteśvarasādhana* (*'phags pa spyan ras gzigs 'jig rten dbang phyug sgrub pa'i thabs*)［观音成就法］(但译跋中未出现译者的名字)和 *Guhyasamājastotra* (*dpal gsang ba 'dus pa'i bstod pa*)［密集讃］,《西藏大藏经总目录》第 1893、1894 号。
［2］ 译者注：该论为胜吉祥持和仁钦桑波翻译,后由信作铠校订。
［3］ 译者注：该论为如来护和巴日・仁钦札(ba ri rin chen grags)共译。
［4］ 译者注：后由镜阿阇梨(Darpaṇācārya)和协当多吉(zhe sdang rdo rje)校订。
［5］ 译者注：据德格版,应为信作铠(Śraddhākaravarman)与仁钦桑波共译,后由那措(nag tsho)校订。
［6］ 译者注：后由宝吉祥智(Maṇikaśrījñāna)和曲杰贝(chos rje dpal)校订。
［7］ 译者注：该论全称为 *Kosalālaṅkāratattvasaṃgraha* (*de kho na nyid bsdus pa'i rgya cher bshad pa ko sa la'i rgyan*)［真性集广释俱差罗庄严］。
［8］ 译者注：原书写作 *Vajradhātumaṇḍalasarvadevavyavasthāna*。

II, p. 259）。

63. *Saṅkṣiptamaṇḍalasūtravṛtti*［曼荼罗尺度略摄注释］，与信作铠(Śraddhākaravarman)合译(Cordier II, p. 259)[1]。

64. *Tattvasaṃgraha*［真性集］注释[2]，部分翻译(Cordier II, p. 260)[3]。

47 65. *Paramādivṛtti*［最上本初注释］，与莲作铠(Padmākaravarman)合译(Cordier II, p. 260)。

66. *Paramādiṭīkā*［最上本初广释］，与信作铠(Śraddhākaravarman)合译(Cordier II, p. 261)[4]。

67. *Māyājāla*［幻网］注释的翻译(Cordier II, p. 261)[5]。

68. *Māyājāla*［幻网］的 *pañjikā*［难处释］[6]，与信作铠(Śraddhākaravarman)合译(Cordier II, p. 262)。

69. *Sarvavajrodaya*［一切金刚出现］[7]，与佛吉祥寂(Buddhaśrīśānti)合译(Cordier II, p. 262)。

70. *Trailokyavijayamaṇḍalopāyikā*［三界尊胜曼荼罗仪轨］的翻译

---

〔1〕译者注：仁钦桑波还与班达作铠(Pratakaravarman)共同翻译了本论，即 *Saṅkṣiptamaṇḍalasūtra* (*dkyil 'khor gyi thig gdab pa'i mdor bsdus pa*)［曼荼罗尺度略摄］。

〔2〕译者注：全称为 *Sarvatathāgatatattvasaṃgrahamahāyānābhisamayanāmatantratattvālokakarīnāmavyākhyā* (*de bzhin gshegs pa thams cad kyi de kho na nyid bsdus pa theg pa chen po mngon par rtogs pa zhes bya ba'i rgyud kyi bshad pa de kho na nyid snang bar byed pa*)［一切如来真性集大乘现观怛特罗释真性光作］。

〔3〕译者注：德格版译跋记载此论书为大悲(thugs rje chen po)和帕巴协饶('phags pa shes rab)共译。

〔4〕译者注：德格版译跋记载该论书为信作铠、莲花护和仁钦桑波共译，后由曼怛罗迦罗舍(Mantrakalaśa)和希瓦沃(zhi ba 'od)校订。

〔5〕译者注：全称为 *Māyājālamahātantrarājaṭīkākhyā* (*rgyud kyi rgyal po chen po sgyu 'phrul dra ba'i rgya cher bshad pa*)［怛特罗大王幻网广释］。

〔6〕译者注：全称为 *Māyājālatantrarājapañjikā* (*rgyud kyi rgyal po sgyu 'phrul dra ba'i dka' 'grel*)［（怛特罗王幻网）难处释］。

〔7〕译者注：全称为 *Vajradhātumahāmaṇḍalavidhisarvavajrodaya* (*rdo rje dbyings kyi dkyil 'khor chen po'i cho ga rdo rje thams cad 'byung ba*)［金刚界大曼荼罗仪轨一切金刚出现］。

(Cordier II, pp. 262 - 263)[1]。

71. *Pratiṣṭhāvidhi*［开光仪轨］和 *Karuṇodaya*［悲出现］，与信作铠(Śraddhākaravarman)合译(Cordier II, p. 263)[2]。

72. *Pratiṣṭhāvidhi*［开眼仪轨］，与法吉祥贤(Dharmaśrībhadra)合译(Cordier II, p. 263)。

73. *Homavidhi*［护摩仪轨］，与信作铠(Śraddhākaravarman)合译(Cordier II, p. 264)。

74. *Nāmasaṃgītivṛtti*［名等诵注释］，与信作铠(Śraddhākaravarman)合译(Cordier II, p. 265)。

75. *Mañjuśrināmasaṃgītiṭīkā*［文殊师利名等诵广释］，与信作铠(Śraddhākaravarman)合译(Cordier II, pp. 265 - 266)[3]。

76. *Sarvadurgatipariśodhanamaṇḍalasādhanopāyikā*［一切恶趣清净大曼荼罗成就法］，与须菩提吉祥贤(Subhūtiśrībhadra)合译(Cordier II, p. 284)[4]。

77. *Sarvadurgatipariśodhanapretahomavidhi*［一切恶趣清净死尸护摩仪轨］，与金铠(Kanakavarman)合译(Cordier II, p. 285)。

78. *Śavaśuddhisaṃskārasūtrapiṇḍitavidhi*［死尸清净焚烧方便仪轨经会］，与信作铠(Śraddhākaravarman)合译(Cordier II, p. 285)[5]。

---

〔1〕 译者注：全称为 *Trailokyavijayamaṇḍalavidhyāryatattvasaṃgrahatantroddhṛtā* (*dpal khams gsum rnam par rgyal ba'i dkyil 'khor gyi cho ga 'phags pa de kho na nyid bsdus pa'i rgyud las btus pa*)［三界尊胜曼荼罗仪轨圣真性集怛特罗摄］。

〔2〕 译者注：后一部论书的全称为 *Karuṇodayanāmabhāvanājāpavidhi* (*thugs rje 'byung ba zhes bya ba bsgom pa dang bzlas pa'i cho ga*)［悲出现·修习念诵仪轨］。

〔3〕 译者注：译者中还有莲花护。

〔4〕 译者注：德格版译跋记载为念智称(Smṛtijñānakīrti)译。

〔5〕 译者注：图齐写作 *Sarvaśuddhisaṃskārasūtrapiṇḍitavidhi*，科尔迪埃目录中的全称为 *Sarvadurgatipariśodhanāgame śavaśuddhisaṃskārasūtrapiṇḍitavidhi* (*ngan song thams cad yongs su sbyong ba'i lung las ro sbyong zhing sreg pa'i thabs kyi cho ga mdo dang bsres pa*)［一切恶趣清净阿笈摩中所出死尸清净焚烧方便仪轨经会］，该论书未见于德格版及北京版。Cordier II, p. 285 还记载了佛吉祥寂(Buddhaśrīśānti)和仁钦桑波共译的 *Sarvadurgatipariśodhanamaṇḍalavidhi* (*ngan song thams cad yongs su sbyong ba'i*

79. *Mahāvairocanābhisambodhisambaddhatantrapūjāvidhi*［摩诃毗卢遮那现等觉所属供养仪轨］，与莲作铠(Padmākaravarman)合译(Cordier II, p. 291)。

80. *Vajravidāraṇīdhāraṇīṭīkā*［摧破金刚陀罗尼注释］，与信作铠(Śraddhākaravarman)合译(Cordier II, p. 295)[1]。

81. *Vajravidāraṇīdhāraṇīvyākhyānabṛhaṭṭīkā*［摧破金刚陀罗尼释广注］[2]，与信作铠(Śraddhākaravarman)合译(Cordier II, p. 295)。

82. *Vṛttipradīpa*［广注明灯］，与信作铠(Śraddhākaravarman)合译并校订(Cordier II, p. 296)[3]。

48 83. *Āryamañjughoṣastotra*［圣文殊瞿沙讚］，与信作铠(Śraddhākaravarman)合译(Cordier II, p. 301)。

84. *Sahasrabhujāvalokiteśvarasādhana*［千手观音成就法］，与阿底峡合译(Cordier II, p. 305)[4]。

85. *Sthiracakrabhāvanā*［坚轮仪轨］，与精进贤(Vīryabhadra)合译(Cordier III, p. 3)。

86. *Arapacanasādhana*［阿罗波遮那成就法］，与莲花护(Kamalagupta)合译(Cordier III, p. 4)。

---

dkyil 'khor gyi cho ga)［一切恶趣清净曼荼罗仪轨］。另外，德格版中还记载有信作铠和仁钦桑波共译的 *Sarvadurgatipariśodhanamarahomavidhikarmakrama* (*ngan song thams cad yongs su sbyong ba'i shi ba'i sbyin sreg gi cho ga'i las kyi rim pa*)［一切恶趣清净死护摩仪轨作法次第］，《西藏大藏经总目录》第 2633 号。

[1] 译者注：德格版题作 *Vajravidāraṇanāmadhāraṇīṭīkā*，无译跋。

[2] 译者注：德格版题作 *Vajravidāraṇanāmadhāraṇīvyākhyānabṛhaṭṭīkā*。

[3] 译者注：全称为 *Vajravidāraṇanāmadhāraṇīpaṭalakramabhāṣyavṛttipradīpa* (*rdo rje rnam par 'joms pa'i gzungs zhes bya ba'i rim par phye ba'i rgya cher 'grel pa gsal ba'i sgron ma*)［摧破金刚陀罗尼章次第广注明灯］，该论的作者为智金刚(ye shes rdo rje, Jñānavajra)，译者为佛密(Buddhaguhya)和贝则护(dpal brtsegs rakṣita)，校订者为信作铠和仁钦桑波。

[4] 译者注：二人还翻译了 *Bhaṭṭārakāryaikādaśamukhāvalokiteśvarasādhana* (*rje btsun 'phags pa spyan ras gzigs dbang phyug zhal bcu gcig pa'i sgrub thabs*)［十一面圣观自在尊成就法］，《西藏大藏经总目录》第 2737 号。

87. *Nāgeśvararājasādhana*［龙自在王成就法］，与阿底峡合译(Cordier III, p. 66)。
88. *Nayatrayapradīpa*［三理趣灯］，与莲作铠(Padmākaravarman)合译(Cordier III, p. 81)。
89. *Tattvasiddhiprakaraṇa*［真性成就论］，与阿底峡合译(Cordier III, p. 81)。
90. *Tattvāvatāra*［入真性］，与莲作铠(Padmākaravarman)合译(Cordier III, p. 81)[1]。
91. *Mantranayāloka*［秘密真言理趣光］，与莲作铠(Padmākaravarman)合译(Cordier III, pp. 81-82)。
92. *Tattvasārasaṃgraha*［真性心髓集］，与阇那檀那(Janārdana)合译(Cordier III, p. 82)。
93. *Yogānuttaratantrārthāvatārasaṃgraha*［入无上瑜伽怛特罗义集］，与信作铠(Śraddhākaravarman)合译(Cordier III, p. 82)。
94. *Gurupañcāśikā*［事师法五十颂］[2]，与莲作铠(Padmākaravarman)合译(Cordier III, p. 84)。
95. *Madhyamabhāgatrayavidhi*［三中分仪轨］，与信作铠(Śraddhākaravarman)合译(Cordier III, pp. 95-96)。
96. *Jalabalividhi*［水供物仪轨］，翻译(Cordier III, p. 96)。
97. *Mahāmudrāyogāvatārapiṇḍārtha*［入大手印瑜伽口诀释］，翻译(Cordier III, p. 96)。
98. *Nāgabalividhi*［龙供物仪轨］，与阿底峡合译(Cordier III, p. 97)[3]。
99. *Balipūjāvidhi*［供物仪轨］，与阿底峡合译(Cordier III, pp. 106-107)[4]。

---

[1] 译者注：全称为 *Tattvāvatārākhyasakalasugatavācasaṅkṣiptavyākhyāprakaraṇa* (*de kho na nyid la 'jug pa zhes bya ba bde bar gshegs pa'i bka' ma lus pa mdor bsdus te bshad pa'i rab tu byed pa*)［入真性·善逝无余说法略摄释论］。
[2] 译者注：原书写作 *Guhyapañcaśikha*。
[3] 译者注：该论的作者为阿底峡，译者为仁钦桑波。
[4] 译者注：该论的作者为阿底峡，译者为仁钦桑波。德格版阙此论。

100. *Daṇḍakabhagavaccakrasaṃvarastotra*［薄伽梵胜乐轮讚杖］，与精进贤（Vīryabhadra）合译（Cordier III, p. 114）[1]。

101. *Vajrayoginīsādhana*［金刚瑜伽母成就法］，与阿底峡合译（Cordier III, p. 118）。

102. *Piṇḍīkramasādhana*［简要次第成就法］，与信作铠（Śraddhākaravarman）合译（Cordier III, p. 162）[2]。

103. *Nīlāmbaradharavajrapāṇisādhana*［青衣金刚手成就法］，与阿底峡合译（Cordier III, pp. 180－181）[3]。

49 104. *Vajradharavajrapāṇikarmasādhana*［金刚持金刚手羯磨成就法］，与阿底峡合译（Cordier III, p. 181）[4]。

105. *Vajravidāraṇīmaṇḍalavidhi*［摧破金刚曼荼罗仪轨］，翻译（Cordier III, p. 182）[5]。

106. *Karmakarastotra*［行者讚］，与信作铠（Śraddhākaravarman）合译（Cordier III, p. 200）[6]。

107. *Yamārisādhana*［阎摩敌成就法］，与阿底峡合译（Cordier III, p. 260）[7]。

108. *Bhūmisūtra*［地经］，与莲作铠（Padmākaravarman）合译（Lalou, mdo mang, n. 112）[8]。

---

〔1〕译者注：据藏译标题及科尔迪埃目录，梵文标题应为 *Bhagavaccakrasaṃvarastotradaṇḍaka*，德格版阙此论。

〔2〕译者注：德格版阙此论。北京版译跋记载该论后由离婆陀罗（Revendra）和曲吉贝（chos rje dpal）校订。

〔3〕译者注：原书写作 *Nīlāmbaravajrapāṇisādhana*，据科尔迪埃目录，全称为 *Mahāyakṣasenāpatinīlāmbaradharavajrapāṇisādhananāma*（*gnod sbyin gyi sde dpon chen po lag na rdo rje gos sngon can gyi bsgrub thabs zhes bya ba*）［药叉大将军青衣金刚手成就法］。德格版阙此论。

〔4〕译者注：德格版阙此论。

〔5〕译者注：德格版阙此论。

〔6〕译者注：德格版阙此论。

〔7〕译者注：与上面第56条为同一部论书。

〔8〕M. Lalou, *Catalogue du Fonds Tibétain de la Bibliothèque Nationale*, Paris, Librairie Orientaliste P. Geuthner, 1931, quatrième partie (I. *Le Mdo-maṅ*), p. 44, n. 112.

十二、译师与所译经论的共时性

上述可以框定在具体年代范围内的经论列表中涉及到的译师有：信作铠(Śraddhākaravarman)、莲作铠(Padmākaravarman)、善说(Subhāṣita)、莲花护(Kamalagupta 或 Kamalarakṣita、Kamalaguhya)、法吉祥贤(Dharmaśrībhadra)、须菩提吉祥贤(Subhūtiśrībhadra)、释迦洛卓(Śākyamati, shā kya blo gros)、持恒河(Gaṅgādhara)、佛贤(Buddhabhadra)、胜吉祥持(Vijayaśrīdhara)、阇那檀那(Janārdana)、佛吉祥寂(Buddhaśrīśānti)、精进贤(Vīryabhadra)、如来护(Tathāgatarakṣita,他积极参加了 *Avadānakalpalatā* [譬喻如意藤]的校订)[1]、天作(Devākara)、金铠(Kanakavarman)、阿底峡、楚臣永丹(tshul khrims yon tan)。由于这些班智达和译师与仁钦桑波是同时代的,因此他们的活动时代可以限定在一个具体的范围内,即十世纪下半叶到十一世纪前七十五年。

这种同时代也可反映其他的共时性。我们知道白玛噶波(pad ma dkar po)提到的宝金刚(Ratnavajra, rin chen rdo rje)是持恒河(Gaṅgādhara)的弟子[2],而持恒河又是仁钦桑波长期的合作者;莲花护(Kamalagupta)与索南杰瓦(bsod nams rgyal ba)合作[3];有些经论是信作铠(Śraddhākaravarman)与译师永丹尸罗(Guṇaśīla, yon tan

---

[1] Cordier III, p. 420. *bstan 'gyur* [丹珠尔],本生部(skyes rabs), ge 函。
译者注:全称为 *Bodhisattvāvadānakalpalatā* (*byang chub sems dpa'i rtogs pa brjod pa dpal bsam gyi 'khri shing*)[菩萨譬喻如意藤],《西藏大藏经总目录》第 4155 号。

[2] Cordier III, p. 377. *bstan 'gyur* [丹珠尔],释经部(mdo 'grel), tshi 函。
译者注:*Sūtrālaṅkārapiṇḍārtha* (*mdo sde rgyan gyi don bsdus pa*)[经庄严摄义],《西藏大藏经总目录》第 4031 号。

[3] Cordier III, p. 85. *bstan 'gyur* [丹珠尔],释怛特罗部(rgyud 'grel), nu 函。
译者注:*Prathamakarmasamayasūtrasaṃgraha* (*las dang po pa'i dam tshig mdo bsdus pa*)[初羯磨誓言略摄],《西藏大藏经总目录》第 3726 号。

śī la)共同翻译的[1]。另一方面，须菩提吉祥寂(Subhūtiśrīśānti)和释迦洛卓(Śākyamati)曾与尼泊尔大班智达寂贤(Śāntibhadra)合作，
50 而后者亦与阿底峡的高足之一、以那措(nag tsho)译师著称的楚臣杰瓦(tshul khrims rgyal ba)共襄译事[2]。从译跋看，寂贤在意希沃(ye shes 'od)之孙、拉尊降秋沃(lha btsun byang chub 'od)的要求下至少翻译了三部论书：*Yogacaryābhūmau bodhisattvabhūmivyākhyā*［瑜伽行地中菩萨地解说］；*Samādhirāja*［月灯三昧经］的注疏[3]；大德解脱军(Bhadanta Vimuktisena)的 *Abhisamayālaṅkāra*［现观庄严论］注，该注是与释迦光(Śākyaprabha, shā kya 'od)合译的[4]。降秋沃(byang chub 'od)之弟希瓦沃(zhi ba 'od)与德作吉祥贤(Guṇākara-śrībhadra)合作，将寂护(Śāntirakṣita)的 *Tattvasa- ṃgraha*［摄真实论］

---

〔1〕 Cordier III, pp. 198, 199. *bstan 'gyur*［丹珠尔］，释怛特罗部(rgyud 'grel)，zu 函。
译者注：*Mahākālastotra* (*nag po chen po la bstod pa*)［大黑天讚］，*Śrīdevīkālīstotranāma* (*dpal lha mo nag mo la bstod pa zhes bya ba*)，［吉祥大黑天女讚］，两部论书德格版阙。

〔2〕 Cordier III, p. 276. *bstan 'gyur*［丹珠尔］，释经部(mdo 'grel)，ga，nga，ca 函。
译者注：*Pañcaviṃśatisāhasrikāprajñāpāramitā* (*shes rab kyi pha rol tu phyin pa stong phrag nyi shu lnga pa*)［般若波罗蜜多二万五千颂］，《西藏大藏经总目录》第 3790 号。

〔3〕 Cordier III, p. 382, 369. *bstan 'gyur*［丹珠尔］，释经部(mdo 'grel)，ri 函，nyi 函。
译者注：《西藏大藏经总目录》第 4047、4010 号。后一部论书全称为 *Sarvadharmasvabhāvasamatāvipañcitasamādhirājanāmamahāyānasūtraṭīkākīrtimālā* (*'phags pa chos thams cad kyi rang bzhin mnyam pa nyid rnam par spros pa'i ting nge 'dzin gyi rgyal po zhes bya ba theg pa chen po'i mdo'i 'grel pa grags pa'i phreng ba*)［圣一切法自性平等性广大三摩地王大乘经注释·名称鬘］。

〔4〕 译者注：全称为 *Pañcaviṃśatisāhasrikāprajñāpāramitopadeśaśāstraabhisamayālaṅkāra kārikāvārttika* (*'phags pa shes rab kyi pha rol tu phyin pa stong phrag nyi shu lnga pa'i man ngag gi bstan bcos mngon par rtogs pa'i rgyan gyi tshig le'ur byas pa'i rnam par 'grel pa*)［圣般若波罗蜜多二万五千优波提舍论现观庄严颂释］，《西藏大藏经总目录》第 3788 号。

本颂(kārikā)译成藏文,在译跋中希瓦沃也被称为大译师。

降秋沃(byang chub 'od)本人命令须菩提吉祥寂(Subhūtiśrīśānti)翻译了天主慧(Devendrabuddhi)的 *Pramāṇavārttikavṛtti*［释量论注］[1]。假如 *Pañcaskandhaprakaraṇa*［五蕴论］译跋中提及的吉祥天大德菩提王(dpal lha bstun pa bodhi rāja)就是降秋沃的话——这几乎毫无疑问——他还命令燃灯(Dīpaṅkara)翻译了月称(Candrakīrti)的该部论书[2]。

从拉德(lha lde)时代我们就有了师子贤(Haribhadra)的 *Abhisamayālaṅkārāloka*［现观庄严明］。在该论的那塘版(snar thang)译跋中赤扎西拉德赞(khri bkra shis lha lde btsan)的名号清晰可读,因此,他不可能像科尔迪埃所说是拉德的继位者沃德('od lde)[3];而且,在这位国王的命令下,善说(Subhāṣita)翻译了 *Aṣṭasāhasrikāprajñāpāramitā*［般若波罗蜜多八千颂］,而 *Abhisamayālaṅkārāloka*［现观庄严明］正是该经的注释。拉德还劝令翻译了 *Śālihotrīyāśvāyurvedasaṃhitā*［娑利哺特罗马生命吠陀本集］[4]。

沃德('od lde)是拉德(lha lde)的继位者,其在位期间阿底峡抵藏。我们知道他让须菩提吉祥寂(Subhūtiśrīśānti)、释迦洛卓(Śākyamati, shā kya blo gros)和格威洛卓(dge ba'i blo gros)翻译了 51

〔1〕 Cordier III, p. 440. *bstan 'gyur*［丹珠尔］,释经部(mdo 'grel), che 函。
译者注:《西藏大藏经总目录》第 4217 号。

〔2〕 Cordier III, p. 304. *bstan 'gyur*［丹珠尔］,释经部(mdo 'grel), ya 函。
译者注:《西藏大藏经总目录》第 3866 号。

〔3〕 Cordier III, p. 277. *bstan 'gyur*［丹珠尔］,释经部(mdo 'grel), cha 函。
译者注:该论书全称为 *Aṣṭasāhasrikāprajñāpāramitāvyākhyābhisamayālaṅkārāloka* (*'phags pa shes rab kyi pha rol tu phyin pa brgyad stong pa'i bshad pa mngon par rtogs pa'i rgyan gyi snang ba*)［般若波罗蜜多八千颂解说 · 现观庄严明］,《西藏大藏经总目录》第 3791 号。

〔4〕 Cordier III, p. 500. *bstan 'gyur*［丹珠尔］,释经部(mdo 'grel), do 函。
P. Cordier, "Introduction à l'étude des traites medicaux sanscrits inclus dans le Tanjur tibétain", *Bulletin de l'École Française d'Extrême-Orient*, 3, 1903, p. 620.
译者注:《西藏大藏经总目录》第 4345 号。

Śuddhimatī［有净］[1]，该论后由寂贤(Śāntibhadra)校订。沃德的继位者孜德(rtse lde)在位期间，寂贤亦与大量译作收录在藏文大藏经中的拉则(lhas btsas)译师合作过。

孜德(rtse lde)是沃德('od lde)的继位者，其在位时所译经论也给我们提供了某些共时性：他当政的时期是在仁钦桑波圆寂后，即大约在1055年以后。他经常被冠以贝拉赞普(dpal lha btsan po)、赤扎西阿达孜德赞(khri bkra shis mnga' bdag rtse lde btsan)的头衔，我们知道他下令翻译了 *Vinayasaṃgraha*［律摄］，译者是迦湿弥罗(Kashmir)无譬城(Anupamapura, grong khyer dpe med)的班智达智吉祥贤(Jñānaśrībhadra)，以及译师杰瓦协饶(rgyal ba shes rab)和释迦协涅(shā kya bshes gnyen)[2]。并且，依照孜德和贝拉尊希瓦沃(dpal lha btsun zhi ba 'od)的意愿，智吉祥贤与仁钦桑波的弟子格威洛卓(dge ba'i blo gros)合作翻译了法称(Dharmakīrti)的 *Vādanyāya*［诤正理］[3]。孜德还与希瓦沃(zhi ba 'od)一起，遵从二王（叔父 khu 和侄孙 dbon），即意希沃(ye shes 'od)和降秋沃(byang chub 'od)的意愿（而不是科尔迪埃认为的希瓦沃），下令翻译了释迦慧(Śākyabuddhi)和般若作护(Prajñākaragupta)所造的 *Pramāṇavārttikaṭīkā*［释量论注释］[4]，

---

〔1〕 Cordier III, p. 281. *bstan 'gyur*［丹珠尔］，释经部(mdo 'grel)，ta 函。
译者注：即［现观庄严论］的注释，全称为 *Abhisamayālaṅkārakārikāvṛttiśuddhamatī* (*mngon par rtogs pa'i rgyan gyi tshig le'ur byas pa'i 'grel pa dag ldan*)［现观庄严颂注有净］，《西藏大藏经总目录》第 3801 号。

〔2〕 译者注：上述三人只是该论的校订者，真正的译者为戒主慧(Śīlendrabodhi)、释迦光(Śākyaprabha)和毗卢遮那护(Vairocanarakṣita)。Cordier III, p. 401. *bstan 'gyur*［丹珠尔］，释经部(mdo 'grel)，phu 函，《西藏大藏经总目录》第 4105 号。汉译参见《根本萨婆多部律摄》，《大正藏》第 24 册，经号 1458。

〔3〕 译者注：全称为 *Vādanyāyanāmaprakaraṇa* (*rtsod pa'i rigs pa zhes bya ba'i rab tu byed pa*)［诤正理论］。Cordier III, p. 439. *bstan 'gyur*［丹珠尔］，释经部(mdo 'grel)，ce 函，《西藏大藏经总目录》第 4218 号。

〔4〕 Cordier III, p. 440ff. *bstan 'gyur*［丹珠尔］，释经部(mdo 'grel)，je、nye、te、the 函。
译者注：释迦慧所造论书题名为 *Pramāṇavārttikaṭīkā* (*tshad ma rnam 'grel gyi 'grel bshad*)［释量论注释］，般若作护所造论书题名为 *Pramāṇavārttikālaṅkāra* (*tshad ma rnam 'grel gyi rgyan*)［释量论庄严］，二者各占两函。参见《西藏大藏经总目录》第 4220、4221 号。

在许多论师会聚的塔波寺法会上，译事被委托给了超岩寺(Vikramaśīlā)的妙眼吉祥友(Sunayanaśrīmitra)和童子吉祥(Kumāraśrī)。仍依意希沃和降秋沃之意，孜德与希瓦沃又下令燃灯护(Dīpaṅkararakṣita)和象雄(zhang zhung，古格)芒沃(mang 'or)的译师降秋协饶(byang chub shes rab)将 *Pramāṇavārttikālaṅkāraṭīkā* [释量论庄严注疏]译成藏文[1]。

比较研究表明从我们的资料中得出的信息完全由藏文大藏经总目录证实。传记中明显的年代错误当然属于例外，比如，将胜友(Jinamitra)和戒主慧(Śīlendrabodhi)作为仁钦桑波的上师；众所周知， 52
他们应属于藏文译经的第一期，因为他们都生活在赤松德赞(khri srong lde btsan)时代，与鲁益坚赞(klu'i rgyal mtshan)、施戒(Dānaśīla)等人合作。

另外，无法找到白玛噶波所提及的仁钦桑波与那若巴之间的任何联系，古格所译论书中没有这位大成就者的作品，并且看来该地区那时没有任何人知道那若巴作为首批注疏者之一的 *Kālacakratantra* [时轮怛特罗]。将那若巴的传规引介入藏地的功劳属于洛札(lho brag)译师玛尔巴，而不是弗兰克(Francke)所说的桑噶(zangs dkar)译师[2]。

看来，我上面提到仁钦桑波时代是藏传佛教历史上印度学说传入雪域后得到准确阐发的最为繁荣和重要的时刻之一的说法，被完全证实。从现在开始必须重视西藏西部的文化运动，因为它比至今人们所认识到的更加令人瞩目。弗兰克(Francke)以大量无可争辩的系列著作——虽然其中有某些失误——阐述了印藏历史和文化，但对我们讨论的这个时代也没有搜集到准确的信息。尽管他是最初提及仁钦桑波的人，并且将这个伟大人物称为藏传佛教在玛域(mar yul)的弘法者和杰出的佛寺建造者，但他在不同情况下所提供的信息仍不完整，并不足以使我们完全理解仁钦桑波所做工作的价

[1] Cordier III, p. 443. *bstan 'gyur* [丹珠尔]，释经部(mdo 'grel)，de、ne 函。译者注：《西藏大藏经总目录》第 4222 号。

[2] A. H. Francke, "Notes on Khotan and Ladakh", p. 69.

值和意义，问题在于我们缺乏原始资料，或者至少我们还未能获取它们。

53

十三、仁钦桑波传

我知道有一部仁钦桑波的传记(rnam thar)，但 1928 年和 1930 年探险期间曾上下搜求却无法得到。弗兰克(Francke)也仅使用了吉尔甘(Gergan)于 1926 年在列城(Leh)寻获的略传，我不知道它的版本，但 1931 年我再次遇见吉尔甘询问相关情况，证实了该传仅有几叶，这就使我推断它有可能是 1932 年 9 月我从普地(Poo)得到的另一版本的略本。该版本共 58 叶、每叶 4 行，某些专有名词的不同拼法不应当视作传抄粗心而导致的讹误，因为同样的拼法经常反复出现，这也让我相信我的版本和吉尔甘的不同。

跋文证明传记不止一个版本：

གུ་གེའི་ཁྱི་དང་པ་དཔལ་ཡེ་ཤེས་ཀྱིས་ཐོ་ལིང་དུ་བྲིས་པའི་རྣཾ་ཐར་འབྲིང་པོ་རྫོགས་སོ།

gu ge'i khyi dang pa dpal ye shes kyis tho ling du bris pa'i rnaṃ thar 'bring po rdzogs so/

古格的赤塘·扎雅在托林所写的中篇传记完成。

由此推测传记可能还有两个版本：一部是广传，一部是略传。这种情况在藏族文学中并不鲜见，阿底峡传也是如此。我拥有的这部传记是写本，从保存状况判断，颇为古老。写本书写形式的不定性显露抄手未能掌握拼写规则，并经常受到单词发音的影响，对前加字也拿不准。我并不想在此给出该文献的全部译文。如决心翻译藏地所有的传记，是给自己加载难以承受的重担，而且其结果往往得不偿失。

54 使用这些传记应当十分谨慎。一般来说，不能把它们当成完全的信史，如同欧洲中世纪的圣人传，它们是宗教劝谕文学的分支。除了罕见的例外，传记所述的事迹彪炳的大人物并非英雄、勇士或权贵，而只是高僧大德。它们谈及内证、描述观境、宣示成就。在藏地充斥咒术和虔信的氛围中，叠加于史实之上并占优势的显然是奇迹、传说和神变。总之,藏人关注的是另一种真实,尽管它并不属于历史,但比起历史对我们而言,此种真实对他们来说一点也不缺乏现实活力。这类文学栩栩如生地描绘了虔诚藏地至今鲜活的奇幻氛围,其心理学上的价值更为突出。

然而,不可忽略的一个事实是历史学家可以在传记中得到一些在其他文献中搜寻注定徒劳的宝贵资料。为了补充上面所用的原始资料中的信息,我们将对此予以特别强调。从文学角度而言,仁钦桑波传并非传记文学的代表作,它也不足以使我们全面完满地理解传记文学,而这类文学中并不乏精彩作品,如米拉日巴传或玛尔巴传。

传记作者把叙述的主题分列为十一个子目,即:

1. 如何授记大士。佛教通常认为每位大士的诞生都有佛菩萨授记。
2. 族裔为何。
3. 何地诞生。
4. 何地出家。
5. 何地进行译事等的学习。 *55*
6. 于何等喇嘛堪布处求法。
7. 如何译出正法。
8. 如何建立四大驻地及祖拉康。
9. 如何供养二十一处小地。
10. 何地行殊胜成就。
11. 由何地逝往空行。

撇开授记,我们先讨论他的诞生。传记并未直接叙述仁钦桑波的诞生地,而是在描述其族裔之前先指出了他的主要居住地,这看来像是注释或后来补入的(第4叶):

> བླ་མ་དམ་པ་དེའི་བཞུགས་ཡུལ་རྩ་བ་ནི། གུ་གེའི་ཁ་ཙེའི་ལྷ་ལུངས་ཡིན།
>
> bla ma dam pa de'i bzhugs yul rtsa ba ni gu ge kha tse'i lha lungs yin /
>
> 师尊的根本驻地是古格卡孜拉隆。

尽管拉隆在藏地是一个相当常见的地名,但可以认定它是斯比蒂(Spiti)灵提(Lingti)河谷沿岸的拉隆[1]。该地有一座著名的佛寺,被认为是仁钦桑波所建,萨特沃斯(Shuttleworth)对其有描述[2]。如此,[青史]中也有记载的卡孜(kha tse)应该等于斯比蒂。离拉隆不远的一个村子至今仍称作卡则(Kaze[3]),从遗存的废墟看来,它一度比今天更重要,卡则或许就是卡孜,这可以支持如上假设[4]。

以古格指称整个地区与我们的比定并不矛盾,因为,正如我们所看到的,资料将整个西藏西部划分为三大地区:玛域(mar yul)、古格、布让(pu rang),它们肯定被细分为许多小区,其名称可能
56 和今天常用的不同。卡孜(kha tse)原来是区名,可由如下事实证明:其境内除拉隆(lha lung)外,还有恭卡尔(go khar),仁钦桑波由王室慷慨资助,在该地建有一座佛寺,其与[青史]记录的应是同一座[5];以及翁奇(weng gir),传记和[青史]载其为译师圆寂之地。

仁钦桑波的诞生地在写本中拼法各异,根据第8叶(叙述其出生神兆)、第30叶(指出其母住地)、第35叶(明确表明其家乡),他的诞生地是脚旺(skyu wang 或 kyu wang)。该名字肯定有讹误,其正确形式保存于 *bstan 'gyur*[丹珠尔]目录中。译师与信作铠(Śraddhākaravarman)合译的 *Mukhāgama*[口传]译跋中记录仁钦桑

---

[1] 印度测量局地图标注为 Lilung。Survey of India, *Kashmīr and Jammu, Punjab and Tibet, Ladākh District. Bashahr State and Kangra District. Hundes or Ngarikhorsum*, No. 52 L, Tso Morari, Published under the direction of Colonel Commandant E. A. Tandy, R. E., Surveyor General of India, 1928.
译者注:根据图齐的修订,拉隆在古格境内。参见《梵天佛地》第三卷,第一册,第4-5页。

[2] H. L. Shuttleworth, *Lha-luṅ Temple, Spyi-ti*.

[3] 或是印度测量局地图上的 Kaja。Survey of India, *Kashmīr and Jammu, Punjab and Tibet, Ladākh District. Bashahr State and Kangra District. Hundes or Ngarikhorsum*, No. 52 L.

[4] 译者注:根据图齐的修订,卡孜在古格境内。参见《梵天佛地》第三卷,第一册,第5页。

[5] [青史], kha 册,第3叶背面。

波的诞生地是 khyung weng〔1〕。由于该地名的前半部分在古格地名中很常见，很难遽断其精确位置（gyung wo 在托林〔tho ling〕东部，曲龙〔khyung lung〕在托林—玛旁雍措〔ma pham g.yu mtsho〕道上的温泉附近，等等），但得出一个大致的结论也并非不可能，从第 35 叶读到的 ཁྲུངས་ཡུལ་ཡིན་པས། ཀྱུ་ཝང་རད་ནིས་སུ། khrungs yul yin pas kyu wang rad nis su 来判断，仁钦桑波建寺的惹尼(rad nis)在脚旺境内。惹尼寺的地点现在可以确定：它位于什布奇(Shipki)东北部的谷口，离什布奇村不远，至今依然是朝圣地。我从噶南寺(bka' nam)的喇嘛那里首次听说该地，应我的要求，他们写下了它的名字，但拼写不同，即 rva nid。承他们告知那里仍能看见古老的壁画，因此以后探险定要到那里〔2〕。

仁钦桑波的家族属于玉札(g.yu sgra)部落，其起源地在卡切(kha che)。卡切指迦湿弥罗(Kashmir)，近代甚至用以表示穆斯林，但它广泛用来指西藏西部边境地带的非藏族居民。关于仁钦桑波族裔 57
的这种说法可能具有双重含义：或者仅仅是将大译师的家族与他年轻时学习梵文的迦湿弥罗联系起来，从而将他的家族渊源归于印度；或者是对西藏西部习见的以藏语为母语的异族间共存和交叉元素的记忆的保留。

撇开传记虔诚地汇集并流传的明显传奇般的细节，我们注意到（第 5 叶）在仁钦桑波的祖父玉札董兴（g.yu sgra stong shan，或者 bshan，第 6 叶正面）时，家族分为两支，长子的一支叫做玉札兴巴(g.yu sgra shan pa)〔3〕，弟弟的那一支叫做玉札穷(g.yu sgra chung)，定居在稍东的地方，以地理方位称呼为萨尚瓦(zar zhang ba)、迅卡巴(shon 'khar pa)、马阳巴(ma yang pa)、扎让瓦(tsa rang ba)等。马阳

---

〔1〕 Cordier II, p. 147. *bstan 'gyur*［丹珠尔］，释怛特罗部(rgyud 'grel)，ti 函。译者注：《西藏大藏经总目录》第 1854 号。

〔2〕 译者注：据图齐 1933 年实地考察，惹尼在萨特莱杰河(Sutlej)左岸的底雅(bsti yag)以南。参见《梵天佛地》第三卷，第一册，第 6 页。

〔3〕 该形式相当奇怪：shan 或 bshan 的意思是屠户。如果第 6 叶没有 bshan，我认为它是 chen 的变体，与 chung 对立，此种对立保留在两个人物身上，他们来自该家族的两个支系，分别被称为大(chen)译师和小(chung)译师。

肯定是旧印度测量局(Survey of India)地图上的Miang[1],位于底雅(bsti yag)东边的印藏商道上。扎让与其说是扎布让(tsa pa rang, rtsa ba rang),更像是古格和巴夏尔(Bashahr)之间达奇(Tangi)山口附近的恰让(Charang),或是曲苏寺(chu su)附近的萨让(za hreng)[2]。仁钦桑波是这个家族长子分支的嫡系,父亲是班钦波熏奴旺秋(ban chen po gzhon nu dbang phyug),母亲是焦若·贡桑协饶丹玛(cog ro kun bzang shes rab bstan ma)。他出生于马年季夏,这个日期还需依据[青史]来补充完善。日后成为其同伴和弟子的雷必协饶(legs pa'i shes
58 rab)是其堂弟,被称为小译师,其所译经论也保留在藏文大藏经中。仁钦桑波有两个兄弟和一个妹妹(第6叶背面);哥哥叫协饶旺秋(shes rab dbang phyug),弟弟叫永丹旺秋(yon tan[3] dbang phyug),他是老二,取名为仁钦旺秋(rin chen dbang phyug);他的妹妹叫衮申协措(kun sring shes mtsho)。据至今藏族社会生活中仍然保留的习俗,长子应继承家业、延续子嗣。仁钦桑波的弟弟妹妹也出家受戒,传记甚至给出了妹妹的法名:瑜伽母曲吉准玛(rnal 'byor ma chos kyi sgron ma),看来她以持戒精严而著称。

传记中所述大译师家庭的资料是如此简约朴素,没有理由不把它作为事实,况且它与简要提及译师生平的阿济寺('a lci)题记相符[4]。关于译师出家的时间,传记与[青史]一致认定是青年之时,具体而言,他十三岁时于大堪布班智达雷巴桑波(legs pa bzang po)座前出家,取法名为仁钦桑波(第9叶)。对于班智达的名字,传记作者与[青史]有不同之处,这个区别完全可以认为是抄写的错误,因为草书 ye shes 很容易被误认为 legs;或者是由于抄写员被小译师,即他堂弟的名字 legs pa'i shes rab(雷必协饶)误导而致。

---

[1] 今 Ma Dzong。

[2] 译者注:根据图齐的修订,扎让是岛通卡尔(to dung gar)山谷中茂让(Morang)之后、库那瓦(Kunavar)上部的恰让(Charang)。参见《梵天佛地》第三卷,第一册,第6页。

[3] 写本:stan。

[4] 很明显它依据[青史]。

十四、印度之旅及路线

传记并未提及仁钦桑波曾受古格王之命同国王挑选的其他青年一起去印度。因此是什么动机促使这个藏族青年离开故乡到教法中心求学并从源头获取经教,我们不得而知。无论是否有国王的 59
命令,随着修学的深入,他一定渐渐认识到现存藏译本的不足,并进而意识到有大量的经论还没有翻译。那不只是出于对新事物的好奇,而是进一步深入了解不同时期、不同途径传入藏地的经藏的需要。对于经藏中涉及的众多经论,藏地喇嘛可能仅闻其名;另一方面,绝大多数的印度宗教和哲学文献往往以一部论书阐明另一部,忽略其一则对正确理解另一论书构成障碍。因此必须深入拥有大量经论和教证双全的上师的印度寺院,了解藏地论师尚未闻知的众多法本,然后加以修学、翻译,并将其迎请至雪域。

于是,仁钦桑波,一个十七岁的青年,与父母离别,踏上了漫长而艰辛的迦湿弥罗(Kashmir)之旅,相伴左右的仅有一个叫扎西孜摩(bkra shis rtse mo)的优婆塞(upāsaka),以及一个非常熟悉路线的纽提(nyung ti)本土门巴(mon pa)[1]。纽提至今仍指库鲁(Kulu),库鲁与巴夏尔(Bashahr)的居民至今仍在夏季的几个月里从事印度与斯比蒂(Spiti)、古格、日土(ru thog)、拉达克的居民点之间的活跃的小商品贸易,换回盐、硼砂和羊毛。看来,几个世纪的时光并没有深刻改变此地的生活模式。

仁钦桑波去迦湿弥罗走的是哪条路线呢?他很可能没走今天 60
最好走的路,即,肯定不是下至阇烂达罗(Jalandhara, Jullundur),再攀上班尼哈尔(Banihal)或考哈拉(Kohāla)山口到迦湿弥罗。由于他到库鲁(Kulu)时,同伴畏惧将要跨越的大雪山,可推测他走的可能是穿过喜马拉雅的直行路线。他可能经斯比蒂抵达库鲁,如此他只能沿当时肯定畅通的迁德拉(Chandra)河谷前行,此地还未被

[1] mon 意为非藏族。R. Biasutti e G. Dainelli, *I tipi umani*, Bologna, N. Zanichelli, 1925, pp. 135 – 140.

上个世纪沉陷的希古(Shigri)冰川滚下来的奇形巨石完全阻塞；这样他可以在四五天内从斯比蒂终端的罗萨尔(Losar)到达迁德拉河与巴迦河(Bhāga)的交汇点。这是当时最近的路线，今天已无法通行。我认为他没走今天通常行经巴罗拉恰(Bārālācha)的路。如果沿萨特莱杰河(Sutlej)下来，不论他跨越罗塘(Rohtang)山口，还是到库鲁后左行穿过分隔库鲁与恰巴(Chamba)的山脉，肯定会到达迁德拉巴迦(Chandra Bhāga)河谷；一旦抵达河谷，道路就直通克拉尔(Kilar)、阿塔尔(Arthal)、毗耶斯(Piyas)、克什瓦尔(Kishtwar)。根据传记，一个月零三天后，他到达盖日噶(ke ri ka)城；两天后，又到了玛哈桑噶(ma hā gsang 'gal)大桥。这两个地点的地理位置不容易确定。如果我推测的路线正确的话，盖日噶城可能就在恰巴区迁德拉巴迦河附近的克拉尔(Kilar)，而大桥正巧在阿塔尔(Arthal, Atholi)，横跨迁德拉巴迦河，因为河右岸的路于此转到对岸。这种推断与下面(第16叶背面)提到的一致，即仁钦桑波和他的同伴尽管身处森林之
61 中，但三天没有食物。阿塔尔和克什瓦尔之间大约需要四天行程，虽然森林繁茂，但缺乏供给[1]。

仁钦桑波在迦湿弥罗(Kashmir)的哪些城市停留我们一无所知，传记中有两个地名：噶拉恰提(ka la cag ti，第20叶)，以及塔玛拉潘提(Tamalapanti，第21、22叶)，仁钦桑波在后一处遇见信作铠(Śraddhākaravarman)[2]，这两个词的发音不能使人联想到任何迦湿弥罗城市。也许这是转写异域名字时常常发生的对早已变形的梵文原词更严重的讹变。

仁钦桑波在域外停留的时间似乎应该分成三个阶段：第一阶段在迦湿弥罗留居七年，显然不只是为了学习口语，更重要的是学习梵文，以便掌握必要的学识来进行他所预期的繁重译事。第二阶段，留驻于东印度，可能是在超岩寺(Vikramaśīlā)，目的是寻找并抄录其他法本，并于住世上师座前听受讲解。第三阶段，再次留居迦

---

〔1〕 关于这条路线参照梅森简略而确切的信息。K. Mason, *Routes in Western-Himalaya, Kashmir etc. Ladakh*, Dehra Dun, Government of India Press, 1922, route 54.

〔2〕 写本：da ka ra bar ma。

湿弥罗,也许是为了整理所收集的大量经论,同时与其最初的上师合作完成一些业已开始的译事。

第一阶段留居迦湿弥罗(Kashmir)可能是七年,第二阶段和第三阶段共十年,仁钦桑波远离故乡共十七年。

当仁钦桑波回到脚旺(khyung weng)时,却永远失去了同父母欢聚的快乐。在他远离故土的日子里,父亲以为不会还归,绝望地去世
了。我们看到仁钦桑波开始其事业:在拉德赞(lha lde btsan)召集的 62
七十五位班智达的协助下,他着手校订旧译,并开始翻译新的经论。

十五、三座大寺的建立

但是,如前所述,仁钦桑波的事业并不限于经论的翻译或校订。迦湿弥罗和印度的求法尽管出于修学目的和弘法热忱,仍然表明仁钦桑波天性的活泼,禀赋进取精神且渴望游历,这样的人并不会拘于纯粹的静修生活,而会将内在的诉求付诸行动。他屡次中断译事,在全境建修大量的佛殿寺庙,比起经论,这更能有效地激起生活于西藏西部崇山峻岭中纯朴牧人对以更清净形式引入的新信仰的礼敬,并激活其内心的虔信。传说他修建了大小不等的一百零八座佛寺。一百零八在佛教中是一个圣数,因此不能被认为是实数,但可以肯定的是今天仍然矗立在西藏西部的许多佛寺是由他创建的。尽管我们对拉达克、拉胡尔(Lāhul)、斯比蒂(Spiti)、库那瓦(Kunuwār)、古格等地众多村落自夸的仁钦桑波译师神殿(rin chen bzang po lo tsā ba'i lha khang)无法苟同,但传说在多数情况下切中事实。这不仅由我们业已讨论、通常值得信赖的传记证实,亦由题记、字体学,尤其是佛寺保存的绘画、塑像或法器证实,这些作品无疑可回溯至我们所讨论的时代,并且如弗兰克(Francke)反复提及的,它们大多数应是印度艺术家的作品。仁钦桑波的事业就算不是开创,也无疑巩固了佛教在西
藏西部的地位。如前所述,仁钦桑波的成功在于古格诸王的发心护 63
持,他与意希沃(ye shes 'od)和降秋沃(byang chub 'od)密不可分,古格诸王给了他极大的尊荣:根据我们的传记和[青史]记载,当他求法归来时,拉德(lha lde)尊称他为 དབུའི་མཆོད་གནས dbu'i mchod gnas 和

རྡོ་རྗེ་སློབ་དཔོན། rdo rje slob dpon 即“主要福田”和“金刚阿阇梨”(vajrācārya)，这两个光荣的头衔肯定在皇宫和王国里提高了他的声望和权威。拉德并且效仿印度土王(rāja)，赐给仁钦桑波封地，根据传记，四块封地在布让(pu rang)地区。不久我们看见译师建立了最初的几座大寺，它们是科加寺(kha char，或 'kha' char、'kha 'char)〔1〕、托林寺(tho ling)、娘尔玛寺(myar ma)。

科加寺(kha char)直接由拉德(lha lde)劝请而建(第 29 叶)：

དེ་ནས་བླ་ཆེན་པོ་ལྷ་ལྡེས། ཁ་ཆར་ཀྱི་གཙུག་ལྷ་ཁང་བཞེངས་སུ་གསོལ།

de nas bla chen po lha ldes kha char kyi gtsug lha khang bzhengsu gsol /

由是喇钦波拉德请求建立科加祖拉康。

但这条记载与[王统世系明鉴]不完全一致，因为后者以为建寺者是柯热('khor re)。建寺地点无法准确比定，但传记第 30 叶明确表明是在布让：པུ་ཧྲངས་ཀྱི་འཁ་འཆར pu hrangs kyi 'kha 'char (第 44 叶写作 འཁའ་ཆར 'kha' char)〔2〕。然而，为了宣扬译师建寺的壮举，传记说仁钦桑波从布让的科加('kha' char)到豪布伦噶(ho bu lang bka'，第 44 叶，第 29 叶写作 ho bu lang ka)共建造了一百零八座佛寺，这似乎表明科加寺应当在西藏的布让边境；豪布伦噶并不靠近奇尼(Chini)〔3〕，而应当位于拉达克西北部的卡巴鲁(Khapalu)，因为在它附近现仍有一座村子叫伦噶(lang ka)，而在我们讨论的时代该区无疑崇信佛教〔4〕。

---

〔1〕 译者注：《梵天佛地》第四卷，第二册，第 429 页补充说科加寺(kha char)肯定应比定为 'khor chags，今称之为 Khojarnath，是玛旁雍措(ma pham g.yu mtsho)东南处一座非常有名的寺院，参见[G. Tucci, *Santi e briganti nel Tibet ignoto. (Diario della spedizione nel Tibet occidentale 1935)*, Milano, U. Hoepli, 1937, p. 38]。

〔2〕 但在托林寺(tho ling)东南和萨特莱杰河(Sutlej)南有康萨(kang sar)。

〔3〕 如吉尔甘(Gergan)提出。H. L. Shuttleworth, *Lha-luṅ Temple, Spyi-ti*.

〔4〕 译者注：根据图齐的修订，迄今豪布(ho bu)还是库那瓦(Kunavar)从邦吉(Pangi)到奇尼(Chini)整个地区的名称。参见《梵天佛地》第三卷，第一册，第 7 页。

科加寺的正确拼写可能保存在*Sūtrālaṅkārādiślokadvayavyā-* 64
khyāna［经庄严初二颂疏］的译跋中[1]，该论书译于 khva char 的吉祥如意天成寺(dpal yid bzhin lhun gyis grub pa)，看来它与传记中提及的佛寺是同一座。这可由以下事实得以证明：寺中译师有迦湿弥罗班智达利他贤(Parahitabhadra)，他也是在托林寺(tho ling)进行译事的论师之一，*Dharmadharmatāvibhaṅga*［辨法法性论］的译跋对此有清楚说明[2]。科加与［青史］所记录的卡孜(khva tse)没有任何关系，因为我们已经知道后者不在布让(spu hrangs)，而在靠近什布奇(Shipki)的惹尼(rad nis)边界。

娘尔玛寺(myar ma)在玛域(mar yul)，即拉达克。地图上没有标注出来，但可以确定它就是我屡次造访的底克塞(Tikse)附近蓝比浦(Rambirpur)周边地区，其废墟至今可见[3]。

最后也是最大的是托林寺(tho ling，老地图上拼作 Totling，新地图为 Toling, Tolingmāth)[4]。关于托林寺，斯文・赫定(Hedin)、洛林(Rawling)，尤其是杨(Young)均有述及，杨的论文没有引起注意但更值得重视[5]。托林寺由意希沃(ye shes 'od)劝请建造，可能

---

[1] Cordier III, p. 377. *bstan 'gyur*［丹珠尔］，释经部(mdo 'grel)，tshi 函。译者注：《西藏大藏经总目录》第 4030 号。

[2] Cordier III, p. 374. *bstan 'gyur*［丹珠尔］，释经部(mdo 'grel)，phi 函。译者注：《西藏大藏经总目录》第 4022 号。

[3] 参见《梵天佛地》第一卷，第 29－30 页的 myar ma。

[4] 托林寺的拼法各异：*bka' 'gyur*［甘珠尔］和 *bstan 'gyur*［丹珠尔］译跋通常写作 tho ling，传记和［王统世系明鉴］中也是如此。*bka' thang sde lnga*［五部遗教］（nga 函，第 70 叶）中讹变为：མཐོ་མཐིང mtho mthing。［青史］（ca 册，第 4 叶）拼作 མཐོ་ལྡིང mtho lding，白玛噶波(pad ma dkar po)的教法史中（第 110 叶）也是如此。隆多喇嘛(klong rdol bla ma)的文集中（第 2、9 叶）拼作 ཐོ་ལྡིང tho lding。

[5] S. Hedin, *Southern Tibet. Discoveries in Former Times Compared with my own Researches in 1906－1908*, Stockholm, Lithographic Institute of the General Staff of the Swedish Army, 1917－1922, 9 vols.; C. G. Rawling, *The Great Plateau being an Account of Exploration in Central Tibet, 1903, and of the Gartok Expedition, 1904－1905*, London, Edward Arnold, 1905; G. M. Young, "A Journey to Toling and Tsaparang in Western Tibet", *Journal of the Panjab Historical Society*, 7, 1919, p. 177.

位于当时王国的首府。建寺时间无法确定，萨囊彻辰(Ssanang Ssetsen)提出的1014年(ga panther jahr)并不令人信服[1]，如前所
65 述，他有关意希沃和仁钦桑波的年代与我们的藏文文献相悖。达斯(Das)提出的1025年也很可疑[2]。传记记载托林寺是译师由印返藏后建造，而白玛噶波(pad ma dkar po)则认为是仁钦桑波赴印前由古格王所建。据*Śūnyatāsaptativivṛtti*［七十空性论注］的译跋，托林寺位于阿里贡塘古格(mnga' ris gung thang gu ge)。正是在此期间，在诸法王的护持下，这里成为研习经论的温床。该寺在*bka' 'gyur*［甘珠尔］和*bstan 'gyur*［丹珠尔］译跋中屡被提及，许多重要译事在此举行，例如：*Śūnyatāsaptativivṛtti*［七十空性论注］[3]、*Bodhipathapradīpa*［菩提道灯论］[4]、*Vinayasaṃgraha*［律摄］的校订本[5]、*Dharmadharmatāvibhaṅga*［辨法法性论］[6]、*Pramāṇavārttikālaṅkāra*［释量论庄严］及其注疏(ṭīkā)[7]、*Śrīparamādiṭīkā*［吉祥最上本初广释］[8]、*Sitātapatrāsācchakavidhi*［白伞盖佛母擦擦仪轨］[9]。

托林寺(tho ling)中专门举行译事的精舍(vihāra)被称为吉祥无

---

〔1〕 Ssanang Ssetsen［Saγang Sečen］, *Geschichte der Ost-Mongolen*, p. 53.

〔2〕 S. C. Das, *Indian Pandits in the Land of Snow*, Calcutta, The Baptist Mission Press, 1893, p. 52.

〔3〕 由上面提到的利他贤(Parahitabhadra)译。Cordier III, p. 305. *bstan 'gyur*［丹珠尔］，释经部(mdo 'grel)，ya 函。
译者注：《西藏大藏经总目录》第3868号。

〔4〕 Cordier III, p. 336. *bstan 'gyur*［丹珠尔］，释经部(mdo 'grel)，gi 函。
译者注：《西藏大藏经总目录》第3947号。

〔5〕 Cordier III, p. 401. *bstan 'gyur*［丹珠尔］，释经部(mdo 'grel)，phu 函。

〔6〕 Cordier III, p. 374. *bstan 'gyur*［丹珠尔］，释经部(mdo 'grel)，phi 函。

〔7〕 Cordier III, pp. 442, 443. *bstan 'gyur*［丹珠尔］，释经部(mdo 'grel)，te、the、de、ne 函。

〔8〕 Cordier II, p. 261. *bstan 'gyur*［丹珠尔］，释怛特罗部(rgyud 'grel)，yi、ri、li 函。
译者注：《西藏大藏经总目录》第2512号。

〔9〕 Cordier II, p. 364. *bstan 'gyur*［丹珠尔］，释怛特罗部(rgyud 'grel)，tu 函。
译者注：《西藏大藏经总目录》第3107号。

譬天成殿(dpal dpe med lhun gyis grub pa),*Pramāṇavārttikālaṅkāra*［释量论庄严］的注疏和*Paramādiṭīkā*［最上本初广释］在此译出〔1〕;另一间叫做金殿(gser khang),为这一时期常见的佛殿名称〔2〕。 66

十六、再次赴印

建了这些大寺之后,仁钦桑波再一次踏上了前往印度的艰辛旅途,这次他背负着拉喇嘛意希沃(lha bla ma ye shes 'od)和拉喇嘛降秋沃(lha bla ma byang chub 'od)的指令,要为他们迎请一些法本和塑师。显然,藏地佛寺还相当简陋,无法对其随意庄严。仁钦桑波肯定在王宫向其怙主和朋友描述了印度佛寺的富丽堂皇,从而被委以使藏地佛寺堪与印土媲美的重任。他做得相当成功:塔波寺(ta pho)和阿济寺('a lci)均直接取材自同时期的印度艺术,据说托林寺(tho ling)亦是如此。对这些佛寺保留的珍贵资料应不惜任何代价加以保护。

传记中提到的一条信息引起我的注意,其中说仁钦桑波在迦湿弥罗(Kashmir)时曾请求一位叫毗达卡('bi ta ka,吉尔甘〔Gergan〕的写本拼作 bhitaka)的工匠造了一尊他父亲的铜像,并送至藏地,在传记作者的时代该铜像还一直保存在卡孜(kha rtse)的恭卡尔寺(go khar)。就我所知,藏人没有为逝者造像的习俗,除非是为施主,以及做画像等善事功德之人绘制肖像。但这不符合我们所了解的情况,因为仁钦桑波的父亲早几年已经去世。无论如何,该塑像不能看做肖像,因为这是艺术家在异域所造,而他与要塑造的对象从未谋面。

---

〔1〕 通过［青史］我们得知,从阿底峡时期佛寺的墙壁就绘满了各类怛特罗传规的主要天众(ca 册,第4叶),参见 G. M. Young, "A Journey to Toling and Tsaparang", p. 192。布顿教法史对此亦有记载。据后者,壁画绘于译师寝殿,这只是表面上的矛盾,当缺乏真正的寺院时,上师会住于神殿中,甚至现在也是如此。E. Obermiller (translated by), *History of Buddhism (Chos-ḥbyung) by Bu-ston*, part II (*The History of Buddhism in India and Tibet*), p. 213.

〔2〕 参见 Beckh, *Verzeichnis*, p. 97, no. 8; OKC I, p. 52, no. 137,那里写的 tho ring 应该为 tho ling。

也许这是藏地前佛教时期流行的葬俗，后来被佛教逐渐地完全排斥了；也许，因为恭卡尔寺(go khar)专为纪念仁钦桑波的父亲而建，故将该像供于寺中。

67 不过，译师的第二次离藏，不像第一次时间那样久。

十七、仁钦桑波新的行迹

六年后仁钦桑波带着三十二位迦湿弥罗(Kashmir)艺术家（第33叶）回到故乡。但这次归来的愉悦也被一件不幸的事故搅扰了：拉喇嘛意希沃(lha bla ma ye shes 'od)已被囚禁，译师从此再也不曾见过他。但已经开始的事业并没有停止：由于拉喇嘛降秋沃(lha bla ma byang chub 'od)和拉德(lha lde)的关注，仁钦桑波把迎请的印度艺术家分配在诸王给他的二十一处封地，逐步建起二十一座佛寺，加上上述三个大寺，完成了佛教在西藏西部部落的传播。它们犹如佛教的触角，伸展到每一个角落，与仍然存在的苯教(bon po)信仰进行艰苦卓绝的斗争。一年之中，仁钦桑波遍游这些佛寺，并在各寺留下三套诸经部(mdo mang)、七套般若部(prajñā)写本（第34叶）。其中他对脚旺(khyung weng)的惹尼寺(rad nis)格外偏爱，如前所述，这是译师的诞生地。

惹尼寺（rad nis，第36叶）的建造似乎引起了势力依然强盛的苯教(bon po)的抗议。以龙女(nāgī, klu 'brog mo)玛萨拉马提(sman 'dza la ma ti，即Jalamati)及其四兄弟，以及其他神祇为代表的地祇(sa bdag)被仁钦桑波完全降服并成为惹尼寺护法神的传说，我认为即应从这个角度理解[1]。

68 可见，这似乎部分重复了莲花生(Padmasambhava)的行迹；然而我们不应该将传记叙事仅视为传说，显然，佛教在彻底征服全境之

---

〔1〕 译师与本土神祇的斗争，即与信仰它们的宗教斗争的传说在布顿教法史中也有简述："大译师仁钦桑波调伏了龙王噶迦(nāga kar gyal)，以佛法批驳了密咒邪行"。E. Obermiller (translated by), *History of Buddhism (Chos-ḥbyung) by Bu-ston*, part II (*The History of Buddhism in India and Tibet*), p. 214.

前,必须安抚本土信仰的敌视情绪,佛教的胜利在很大程度上取决于它对本土信仰的不断吸收、接纳、改造,即使这往往是外在的。

佛教就是以这种方式成功地取代了一度传播广泛、势力强大的苯教(bon po),众所周知,象雄(zhang zhung,即古格)正是苯教的创始人辛饶(gshen rab)的故乡。立于普地(Poo)的意希沃(ye shes 'od)题记也提及了与苯教的艰苦斗争。其中提到天神信仰,也被称为佛教传入前的信仰:神教(lha chos)和前教(sngar chos)。lha 实际上就是苯教神祇,藏人至今认为它们栖居于险隘、津梁、要道,必须加以安抚以避其震怒;苯教经典几乎总以费解的标题开头:lha'i skad du。

应该补充的是,古格诸王弘法的动力很可能是政治因素,无论他们的信仰多么纯粹,不应忘记意希沃是一个国王,且其家族在其统治的地域居住的时间很短,因此,他一定遭到了在东方通常以具体宗教运动或教派为首的敌对势力的攻击。

不能排除在有组织的苯教故土积极弘法的背后隐藏着或多或少的政治目的:即,推翻苯教,或者更正确地说,将其吸纳到佛教里以统一思想;同时,国王作为宗教领袖,能够取得凌驾于信佛臣民之上的无上威权。

十八、佛寺经藏及法物 69

惹尼寺(rad nis)建成后,仁钦桑波决定陈设法器,并以艺术品显其庄严。作为古格当地人的传记作者应该非常了解这座佛寺,因此对他描述的神殿(lha khang)及其内供法物的简述并非徒劳。判别其中的真伪及佛寺的保存状况是未来调查的任务。仁钦桑波在惹尼寺安置有:

> བ་སོའི་ཐུགས་རྗེ་ཆེན་པོའི་རྟེན
> ba so'i thugs rje chen po'i rten
> 象牙雕的"大悲像"[1];

〔1〕 佛,或许更可能是观音(Avalokiteśvara)。

བྱང་ཆུབ་ཀྱི་ཤིང་ལས〔1〕་བཞེངས་པའི་དཔལ་དགེས་པ་རྡོ་རྗེའི་རྟེན

byang chub kyi shing las〔2〕bzhengs pa'i dpal dges pa rdo rje'i rten

稀有的菩提树雕喜金刚像(Hevajra)；

དཔལ་གསང་བ་འདུས་པའི་དཔེ〔3〕་རྒྱ་དཀར〔4〕་ཀྱི་ཤིང་ཤུན་ལ་རྒྱ་ཡིག་གི(ས)་བྲིས་པ

dpal gsang ba 'dus pa'i dpe〔5〕rgya dkar〔6〕kyi shing shun la rgya yig gi(s) bris pa

以印度字体写在印度树皮上的 Guhyasamāja［密集］写本。

从传记第36叶背面我们得知，仁钦桑波在寺中还请人绘制了密集(Guhyasamāja)曼荼罗的所有天众：这可能意味着壁画与他专修的怛特罗部组有关，如上所述，仁钦桑波在着力引介该怛特罗部组入藏方面功不可没。另外，他还在寺中安置了四十五尊红铜和青铜造像：

གཞན〔7〕་ཡང་ཟངས〔8〕་སྐུ་རག་སྐུ་ལ་སོགས་པའི་རྟེན་རྣམ་པ་བཞི་བཅུ་ཞེ་ལྔ་བཞུགས་སོ

gzhan yan〔9〕zangs〔10〕sku rag sku la sogs pa'i rten rnam pa bzhi bcu zhe lnga bzhugs so

但是，在佛教作为意之所依(thugs rten)的每座佛寺不仅供有天众身像，还供奉有经教。根据印度传统，经教是佛语(buddhabhāṣita)，代

〔1〕写本为 ལ。
〔2〕写本为 la。
〔3〕写本为 སྤེ。
〔4〕写本为 བརྒྱ་དཀར。
〔5〕写本为 spe。
〔6〕写本为 brgya dkar。
〔7〕写本为 བཞན。
〔8〕写本为 ཟང。
〔9〕写本为 bzhan。
〔10〕写本为 zang。

表由佛陀本人所开示的佛法的延续,佛寺最神圣的法物中肯定供奉有经教。忠于这一原则,据说大译师在惹尼寺(rad nis)供奉有总数 70
为四百六十八函的三藏(Tripiṭaka)。该数目远远超过 *bka' 'gyur*［甘珠尔］和 *bstan 'gyur*［丹珠尔］的总函数,基本上不足信。因为在大译师时代,译经事业远未结束,而且藏地的佛教文献尚未如日后那样系统化。传记作者无疑是将后来的情况错移于译师时代,另有可能,按照上述通常的习惯,这座佛寺可能供有同一部经的若干抄本。据传记记录的经论题目可以推测出惹尼寺供奉的只是 *Prajñā-pāramitā*［般若波罗蜜多］的不同版本(第 39 叶),弗兰克(Francke)在塔波寺(ta pho)也发现了该经的许多抄本。传记没有提到这些经藏所用的语言,但不能排除在藏文之外,可能还保存有迎请自印度、作为翻译母本的梵本。我们不知道这些写本是否仍有留存,存于何处,也许某些不知名的小寺中会有部分留存,因为僧侣越无知,越会小心翼翼地提防俗眼觊觎。但当大僧院开始发展之际,写本的大多数肯定都被转移到了这些地方:其时,藏书丰富的藏经殿成为文化和学问的中心,并且转变为教导僧侣精研经教——那时在雪域高原比现在更普遍——的著名僧院。这些印度写本的大部也可能在古格与拉达克的战争中,尤其在卫藏与西藏西部的地方战争中被毁坏或散佚。因为在战争中,僧侣往往成为战士,而通常建在山顶或悬 71
崖附近的寺院,因其地势变成了城堡;当胜利者拆毁保护寺院的堡垒时,随之而来的就是寺院本身的坍塌和毁坏。

传记接着列出由大译师和小译师雷必协饶(legs pa'i shes rab)供于寺中的各种法物;但这只是任何佛殿进行法事必不可少的法器清单。

十九、仁钦桑波修建的其他小寺

除了惹尼寺(rad nis)外,传记还列出了其他二十一座小寺,其中许多或多或少还保存部分残迹,我指的是那些我可以比定并亲自造访过,以及被人们认定与仁钦桑波有关的佛寺。它们通常称为译师神殿(lo tsā ba'i lha khang)。还有许多小寺由于它们所在的村落被破坏或废弃,因而无任何痕迹可寻。无论如何,我将给出一个完整的名录，它对意欲完成西藏西部的考古以及重建其政治、宗教以及艺术史的人而言，是很好的指南（传记第 43、44 叶）：

1. 布让(pu hrangs)的协萨(zher sa[1])；可以确定［青史］提到布让的 zher 就是该寺[2]。
2. 卡孜(kha rtse[3])的恭卡尔(go khar)。
3. 普卡(phur khar)[4]。
4. 普日(bu ri[5])，可以肯定普日寺面对什布奇(Shipki[6])。

72 5. 阳固(g.yang skur[7])，在底雅(bsti yag)的西北。

6. 底雅(ti yag[8])，位于印藏商道上，距什布奇(Shipki)两天行程。
7. 瑭麦(stang med[9])，可能就是地图上的 Stang 或 Thang，在毗米切(Pimikche)山口下面[10]。
8. 乃胡(sne 'u)[11]。
9. 聂旺(nye wang)。
10. 雪林(zho ling)。

---

［1］ 吉尔甘(Gergan)写本拼为 bzher wer。

［2］ ［青史］，kha 册，第 3 叶。

［3］ 吉尔甘(Gergan)写本拼为 tse；［青史］写作 khva tse。

［4］ 译者注：据图齐 1933 年实地考察，普卡(phur khar)遗址位于距扎布让(tsa pa rang)足有一天行程的多香南面的山谷，沿边缘转向波林(Puling)山口的地方。参见《梵天佛地》第三卷，第一册，第 5 页。

［5］ 吉尔甘(Gergan)写本拼为 pho ri。

［6］ 旧印度测量局地图标注为 Booree。Survey of India, *Punjab, Tibet, and United Provinces. Kāngra District and Simla Hill States. Tibet. Tehrī State*, No. 53 I, Chīni, Published under the direction of Colonel Sir S. G. Burrard K.C.S.I., R.E., F.R.S., Surveyor General of India, 1916.

［7］ 吉尔甘(Gergan)写本拼为 gyan skur ri hri。

［8］ 印度测量局地图标注为 Tiak。Survey of India, *Punjab, Tibet, and United Provinces. Kāngra District and Simla Hill States. Tibet. Tehrī State*, No. 53 I.

［9］ 第 43 叶写作 tang med，吉尔甘(Gergan)写本拼为 tsangs med。

［10］ 译者注：根据图齐的修订，瑭麦是底雅(bsti yag)东北、夏季商队往来噶大克(sgar thog)的商道上、至今还保留着原名的小村落。参见《梵天佛地》第三卷，第一册，第 5 页。

［11］ 译者注：据图齐 1933 年实地考察，乃胡遗迹位于底雅(bsti yag)西北的山谷。参见《梵天佛地》第三卷，第一册，第 5 页。

11. 居芒(sgyu mang[1])。
12. 饶巴(ro dpag)[2]。
13. 焦若(bcog ro)。
14. 热日(re hri[3]),也许就是萨特莱杰河(Sutlej)沿岸、努克(Nuk)对面的热(ri)[4]。
15. 昌常(drang drang)[5]。
16. 拉日(la ri),显然是位于斯比蒂(Spiti)的同名村落。
17. 塔波(ta po),就是斯比蒂(Spiti),靠近拉日(la ri)的塔波大寺(ta pho)。1909 年弗兰克(Francke)曾造访,上文多次引用的书对此有描述[6]。尽管它由于远离宫廷和首府而不如托林寺(tho ling)重要,但那时它肯定也是仁钦桑波所推动佛教传播的主要文化中心之一。该寺与托林寺、阿济寺('a lci)等一样,也被叫做 chos 'khor。西藏西部最著名的若干寺院冠以这样的名称意味着什么呢? 弗兰克认为 chos 'khor 表示一个绕行礼拜的通道;他将 chos 'khor 与 g.yas 'khor (右绕)看作同义词[7]。我认为
这种解释不准确。chos 'khor 的字义为法轮(dharmacakra),引申 73
的意思就是转法轮(dharmacakrapravartana),即佛陀的初转法轮。因此,我认为 chos 'khor 可能指古格时期举行法会,或趁入藏的印度上师莅临而讲经说法、统一译例的那些佛寺。

我们知道 1076 年孜德(rtse lde)在位期间举行的聚集各个藏区三藏法师的法会被称作 chos 'khor:

---

[1] 吉尔甘(Gergan)写本拼为 rgyu lan。

[2] 吉尔甘(Gergan)写本拼为 ro pag。
译者注:据图齐 1933 年实地考察,饶巴(ro dpag)位于夏苏(Shasu)——斯比蒂(Spiti)道上的夏苏北部。参见《梵天佛地》第三卷,第一册,第 6 页。

[3] 可能与吉尔甘(Gergan)列表中的 gyan skur ri hri 词的后半部 ri hri 一致。

[4] 译者注:据图齐 1933 年实地考察,热日(re hri)就是地图上标注为热觉瓦(Richoba)的热(ri)。参见《梵天佛地》第三卷,第一册,第 5 页。

[5] 是否就是斯比蒂(Spiti)的 Drangkhar?

[6] A. H. Francke, *Antiquities of Indian Tibet*, part I (*Personal Narrative*), pp. 38ff.

[7] H. L. Shuttleworth, *Lha-luṅ Temple, Spyi-ti*, p. III.

མེ་ཕོ་འབྲུག་གི་ཆོས་འཁོར་ཞེས་བྱ་བ་དབུས་གཙང་ཁམས་གསུམ་གྱི་སྡེ〔1〕སྣོད་
འཛིན་པ་ཆེན་པོ་ཕལ་ཆེ་བ་ཡང་འདུས〔2〕

me pho 'brug gi chos 'khor zhes bya ba dbus gtsang khams gsum gyi sde〔3〕snod 'dzin pa chen po phal che ba yang 'dus

此外，从[青史]我们可以推断塔波寺(ta pho)非常重要〔4〕，接待过一些著名上师。迦湿弥罗班智达智吉祥(Jñānaśrī)入藏后就驻锡于塔波(ta pho chos 'khor)，在那里学习了藏语，并用七年的时间将怛特罗教法传给涅巴·尼玛协饶(gnyal pa nyi ma shes rab)，如我们提到的，此人是桑噶(zangs dkar)译师的弟子。

18. 香让(shang rang〔5〕)，在库昂(Kuang)南部。
19. 日孜(rig rtse)〔6〕。
20. 扎让(tsa rang)，我认为它不是扎布让(tsa pa rang)，而是恰让(Charang)，位于切噶(bye gar)附近〔7〕。

---

〔1〕 刻本写作 ལྡེ。

〔2〕 [青史]，kha 册，第 4 叶。
译者注：藏文意为“阳火龙年法会上，聚集了卫、藏、康三地大部分的三藏法师”。

〔3〕 刻本写作 lde。

〔4〕 [青史]，ja 册，第 2 叶。

〔5〕 印度测量局地图如是标注。Survey of India, *Punjab, Tibet, and United Provinces. Kāngra District and Simla Hill States. Tibet. Tehrī State*, No. 53 I.

〔6〕 但是在传记里它被错误地分写为：shang/ rang rig rtse, rang 是古格地区非常普遍的地名尾音。
译者注：据图齐 1933 年实地考察，此处他的句读有误，应以传记为是。香(shang)很可能是在拉沃(Lao)通往噶大克(sgar thog)的路上，过了香孜(shang tse)后的香(shang)；而让日泽(rang rig rtse)是位于库那瓦(Kunavar)上部、岛通卡尔(to dung gar)河谷恰让(Charang)附近的村落。参见《梵天佛地》第三卷，第一册，第 7 页。

〔7〕 译者注：根据图齐的修订，扎让是岛通卡尔(to dung gar)山谷中茂让(Morang)之后、库那瓦(Kunavar)上部的恰让(Charang)。参见《梵天佛地》第三卷，第一册，第 6 页。

21. 止穷惹(dril chung re)[1]。

此外还有洛地(lho)的嘎布帕寺(dkar dpag),在竹巴(grug dpag)的茂那(mo na)南面[2];戎穷(rong chung)的普寺(pu[3]);那热(na ra)的噶南寺(bka' nam),位于萨特莱杰河(Sutlej)沿岸的同名村落中,靠近锦格(Jangi),乔玛(Csoma de Körös)曾在此居住过一段时间[4]。

仁钦桑波八十七岁时(第47叶)得遇由古格王迎请入藏、常被 74
藏人称为觉沃(jo bo)的伟大的阿底峡[5]。这件事不仅在我们的传记,而且在阿底峡传、[青史]中都有详细的记述。年高德邵的大译师毫不犹豫地依止于超岩寺(Vikramaśīlā)的至尊座前,请求并领受了阿底峡传规的胜乐(Śaṃvara, bde mchog)、度母(Tārā)、观音(Avalokiteśvara)的众多灌顶及前行口诀。

仁钦桑波九十八岁时圆寂,具体情况不详。传说他逝往空行刹土,正如藏地成就者通常的示现。

但由他开创的事业并没有因此中断——佛教在西藏西部再次兴盛。仁钦桑波的弘法热忱点燃了新的激情,他的弟子们以一如既往的热情继续着上师未竟的事业。

སརྦ་མངྒ་ལཾ།། །།

〔1〕 与吉尔甘(Gergan)写本中的 dri la chung 相同。
译者注:据图齐 1933 年实地考察,止穷惹(dril chung re)可以比定为强丁(Jangtang)西南、距村落两英里、有一座佛寺和众多佛塔的遗迹。该地现名恰果(chags mgo)。参见《梵天佛地》第三卷,第一册,第 6 页。

〔2〕 译者注:根据图齐的修订,嘎布帕(dkar dpag)距离曲苏(chu su)和萨让(za hreng)只有几英里路。参见《梵天佛地》第三卷,第一册,第 6 页。

〔3〕 印度测量局地图标注为 Poo。Survey of India, *Punjab, Tibet, and United Provinces. Kāngra District and Simla Hill States. Tibet. Tehrī State*, No. 53 I.

〔4〕 A. H. Francke, *Antiquities of Indian Tibet*, part I (*Personal Narrative*), p. 16.

〔5〕 但是据[青史], kha 册,第 3 叶,那时他八十五岁;同样的纪年再次出现在该书的 nga 册,第 1 叶中。

附　录

（一）关于仁钦桑波的藏文文献

藏 文

［青史］, ka 册, 第 19 叶正面

དེའི་(འོད་སྲུངས་)སྲས་དཔལ་འཁོར་བཙན། དེ་འབངས་ཀྱིས་བཀྲོངས་དབུས་གཙང་མཐིལ་གྱི་རྒྱལ་སྲིད་ཞོར་ནས། སྲས་ཁྲི་བཀྲ་ཤིས་རྩེགས་པ་དཔལ་དང་། སྐྱིད་ལྡེ་ཉི་མ་མགོན་གཉིས་ཡོད་པ། ཁྲི་བཀྲ་ཤིས་རྩེགས་པ་དཔལ་གཙང་སྟོད་དུ་བཞུགས་ཉི་མ་མགོན་མངའ་རིས་སུ་བྱོན། དེ་ལ་སྲས་གསུམ་སྟེ། དཔལ་གྱི་མགོན། བཀྲ་ཤིས་ལྡེ་མགོན། ལྡེ་གཙུག་མགོན་རྣམས་སོ། ཆེ་བས་མར་ཡུལ། བར་པས་སྤུ་ཧྲངས། ཆུང་བས་ཞང་ཞུང་སྟེ་གུ་གེའི་མངའ་ཞབས་ན་ཡོད་པ་ཡིན་ནོ། བཀྲ་ཤིས་མགོན་ལ་སྲས་གཉིས་ཏེ། འཁོར་རེ་དང་སྲོང་ངེའོ། འཁོར་རེ་ལ་སྲས་ནཱ་ག་རཱ་ཛ་དང་དེ་བ་རཱ་ཛ་གཉིས་སོ། འཁོར་རེ་ཡབ་སྲས་གསུམ་རབ་ཏུ་བྱུང་ནས་སྲོང་ངེ་ལ་སྲིད་གཏད། དེའི་སྲས་ལྷ་ལྡེ། དེའི་སྲས་འོད་ལྡེ་སྲིད་གཟུང་། གཙུང་པོ་བྱང་ཆུབ་འོད་དང་ཞི་བ་འོད་གཉིས་རབ་ཏུ་བྱུང་། འོད་ལྡེའི་སྲས་རྩེ་ལྡེ། དེའི་སྲས་འབར་ལྡེ། དེ་ནས་བཀྲ་ཤིས་ལྡེ། བྷ་ལྡེ། ནཱ་ག་དེ་བ། བཙན་ཕྱུག་ལྡེ། བཀྲ་ཤིས་ལྡེ། གྲགས་བཙན་ལྡེ། གྲགས་པ་ལྡེ། ཨ་སོ་ག་ལྡེ། དེའི་སྲས་འཛི་དར་རྨལ་དང་ཨ་ནན་རྨལ་གཉིས། ཕྱི་མའི་སྲས་རེའུ་རྨལ། དེ་ནས་སང་གྷ་རྨལ། འཛི་དར་རྨལ་གྱི་བུ་ཨ་འཇིད་རྨལ། དེའི་བུ་ཀ་ལན་རྨལ། དེའི་བུ་པར་བཏབ་རྨལ། དེས་ཡ་ཚེའི་རྒྱལ་བརྒྱུད་ཆད།

［青史］, kha 册, 第 3 叶背面

སྲོང་བཙན་འཁྲུངས་ནས་ལོ་སུམ་བརྒྱ་དང་ཉི་ཤུ་རྩ་དགུ་འདས་པ་ས་ཕོ་རྟའི་ལོ་ལ་ལོ་ཙཱ་བ་རིན་

ཆེན་བཟང་པོ་འབྲུངས། ཁོང་གིས་བཅུ་གསུམ་བཞེས་པའི་ཚེ་མཁན་པོ་ཡེ་ཤེས་བཟང་པོ་ལ་རབ་ཏུ་བྱུང་ཞེས་བྱ་བ། ཁྲི་ཐང་ཛྙཱ་ནས་བཀོད་པའི་རྣམ་པར་ཐར་པ་ན་འདུག །དེ་ལྟ་ན་ནི་ལོ་ཙྪ་བ་རབ་ཏུ་བྱུང་བའི་ལོ་དེ། བསྟན་པ་བསྐྱུབས་པའི་ལུགས་བྱ་ནས་ལོ་བདུན་བཅུ་པ་ཡིན་ཏེ། བསྟན་པ་བྱུང་བ་ཡང་དབུས་གཙང་ལས་མངའ་རིས་སྔ་བར་མངོན་ནོ། ལོ་ཙྪ་བས་བརྒྱད་བཅུ་རྩ་ལྔ་བཞེས་པ་ལ་རྗེ་བོ[1]་རྗེ་བོད་དུ་བྱོན། ལོ་ཙྪ་བས་མཇལ། སྤྱིར་ལོ་ཆེན་འདིས་སྐུ་གཞོན་པ་ནས་ཁ་ཆེར་བྱོན། སྔགས་མཚན་ཉིད་ཀྱི་གཞུང་ལུགས་མང་པོ་ལ་སྦྱངས། མཁྱེན་པ་ཤིན་ཏུ་ཆེ་བས་མདོ་སྔགས་ཀྱི་ཆོས་མང་པོ་བསྒྱུར། ཕ་རོལ་ཏུ་ཕྱིན་པ་དང་རྒྱུད་ཀྱི་ཕྱོགས་གཉིས་ཀའི་བཤད་པ་རྒྱ་ཆེར་མཛད། དབང་དང་སྒྲུབ་པའི་ལག་ལེན་མང་དུ་བསྟན་ཞིང་། བསྟན་པ་སྔ་དར་ལས་ཕྱི་དར་སྔགས་ཀྱི་བསྟན་པ་བོད་དུ་དར་བ་ཡང་ཕལ་ཆེར་ལོ་ཙྪ་བ་འདི་ཁོ་ནའི་བཀའ་དྲིན་ཡིན། པཎྜི་ཏ་བདུན་བཅུ་རྩ་ལྔ་བསྟེན་ནས་དམ་པའི་ཆོས་མང་དུ་གསན། བླ་ཆེན་པོ་ལྷ་ལྡེ་བཙན་གྱིས་དབུའི་མཆོད་གནས་དང་རྡོ་རྗེ་སློབ་དཔོན་དུ་བཀུར། སྤུ་ཧྲངས་ཀྱི་ཞིར་གྱི་གནས་གཞི་ཕུལ། གཙུག་ལག་ཁང་ཀྱང་བཞེངས། ཁྭ་ཅེའི་གཙུག་ལག་ཁང་དང་། རོང་གི་གཙུག་ལག་ཁང་ལ་སོགས་པ་གནས་གཞི་དང་གཙུག་ལག་ཁང་དང་མཆོད་རྟེན་མང་དུ་བཞེངས། གུར་ཤིང་བརྩོན་འགྲུས་རྒྱལ་མཚན་ལ་སོགས་པའི་སློབ་མ་མཁས་གྲུབ་མང་པོ་དང་། ཞུས་ཆེན་ཕེར་བའི་ལོ་ཙྪ་བ་ཡང་བཅུ་ལྷག་ཙམ་ཐོན། འཕྲུལ་གྱི་མཛད་པ་ཡང་སྐུ་གཟུགས་བཞེངས་པ་དང་འགྱུར་མཛད་པ་ལ་སོགས་རེ་རེའི་རྗེས་ཀྱང་གཞན་གྱིས་མི་སྙོགས་པ་དང་། མཚན་ཡང་དག་པར་བརྗོད་པ་ཡང་སཾསྐྲི་ཏའི་སྐད་དུ་འབུམ་ཕྲག་གཅིག །བོད་ཀྱི་སྐད་དུ་འབུམ་ཕྲག་གཅིག །གཞན་ལ་ཡོན་བྱིན་ཏེ་འབུམ་ཕྲག་གཅིག་རྣམས་བཏོན། མཐར་རྗེ་བོ[2]་རྗེས་སྒྲུབ་པ་ལ་བཙུད་དེ། སྒྲུབ་ཁང་གི་ཕྱི་རོལ་ན་སྒོ་གསུམ་རིམ་དུ་ཡོད་པ་ལ། ཚེ[3]་འདིའི་རྣམ་པ་རྟོག་པ་དང་། རང་དོན་ཡིད་བྱེད་ཀྱི་རྣམ་པར་རྟོག་པ་དང་། ཐ་མལ[4]་གྱི་རྣམ་པར་རྟོག་པ་རྣམས་སྐད་ཅིག་མ་རེ་སྐྱེས་

〔1〕 译者注：原书附录中为 བ。
〔2〕 译者注：原书附录中为 བ。
〔3〕 译者注：原书附录中为 ཆ。
〔4〕 译者注：原书附录中为 ཐ་མ་ལ。

ན། བསྟན་བསྒྲུངས་རྣམས་ཀྱིས་ཁོ་བོའི་མགོ་བོ་ཁོས་ཤིག་ཅེས་བྱ་བའི་སྙོ་ཡིག་སྤྲར་ནས། རྩེ་གཅིག་ཏུ་བསྒྲུབས་པས་མཆོག་གི་གྲུབ་པ་བརྙེས་ཏེ། དགུང་ལོ་དགུ་བཅུ་རྩ་བརྒྱད་པ་ཤིང་མོ་ལུག་ལ་ཁྲ་ཅེ་ཕྱིང་གིར་དུ་སྨྱུ་ངན་ལས་འདའ་བའི་ཚུལ་བསྟན་པའི་ཚེ། ནམ་མཁའ་གང་བའི་ལྷ་རྣམས་ཀྱིས་རོལ་མོ་རྒྱ་ཆེན་པོ་སྒྲོགས་པ་དང་། མེ་ཏོག་གི་ཆར་འབེབས་པ་ལ་སོགས་པ་གྲོང་པའི་བྱིས་པ་ལ་སོགས་པ་སྐྱེ་བོ་ཐམས་ཅད་ཀྱིས་མངོན་སུམ་དུ་གྱུར། གདུང་གདན་མ་བྱུང་བས་མཁའ་སྤྱོད་དུ་གཤེགས་ཤེས་གྲག[1]་རིང་བསྲེལ་འོལ་མ་སེའི་མདོག་ལྟ་བུ་ཤིན་ཏུ་དམར་བ[2]་གསུམ་བྱུང་བ་ཡང[3]་། ཇེ་ཞིག་ལྟར་འབྲུག་ལྟ་བུའི་སྒྲ་ཆེན་པོ་དང་བཅས་ཏེ་ནམ་མཁར་སོང་ངོ་། ལོ་ཆེན་གྱི་སྐབས་སོ།། ༈ ༎

གཞན་ཡང་ལྷ་བླ་མ་ཡེ་ཤེས་འོད་ཀྱིས། རྒྱ་གར་ཤར་ཕྱོགས་ཀྱི་པཎྜི་ཏ་དྷརྨ་པཱ་ལ་སྤྱན་དྲངས། འདུལ་བའི་བཤད་པ་དང་ལག་ལེན་མཛད་པའི་སློབ་མའི་གཙོ་བོ་སཱ་དྷུ་པཱ་ལ། གུ་ཎ་པཱ་ལ། པྲ་ཛྙཱ་པཱ་ལ་སྟེ། པཱ་ལ་གསུམ་ལ་སོགས་པའི་སློབ་མ་མང་དུ་བྱུང་སྟེ། དེ་རྣམས་ལས་བརྒྱུད་པ་ལ་སྟོད་འདུལ་བ་ཞེས་ཟེར་རོ། གཞན་ཡང་ལྷ་ལྡེའི་རིང་ལ་སུ་བྷུ་ཏི་ཤྲཱི་ཤཱ་ནྟི་སྟེ། ཁ་ཆེ་པཎ་ཆེན་དུ་གྲགས་པ་དེ་སྤྱན་དྲངས་ནས། ཤེས་རབ་ཀྱི་ཕ་རོལ་དུ་ཕྱིན་པ་བརྒྱད་སྟོང་པ་དང་། དེའི་འགྲེལ་ཆེན་དང་། མངོན་པར་རྟོགས་པའི་རྒྱན་འགྲེལ[4]་པ་དང་བཅས་པ་ལ་སོགས་པ་ཕ་རོལ་དུ་ཕྱིན་པའི་མདོ་དང་བསྟན་བཅོས་མང་དུ་བསྒྱུར། ལོ་ཆེན་གྱི་སློབ་མ་ལོ་ཙྪ་མཆོག་ཏུ་མཁས་པ་མང་དུ་བྱུང་བ་རྣམས་ཀྱིས་འདུལ་བའི་སྡེ་སྣོད་མང་པོ་དང་། ཕ་རོལ་དུ་ཕྱིན་པ་དང་། སྔགས་ཀྱི་ཆོས་ཀྱང་མང་དུ་བསྒྱུར། ཁྱད་པར་རྨ་དགེ་བའི་བློ་གྲོས་ཀྱིས་ཚད་མ་རྣམ་འགྲེལ་དང་། དེའི་རང་འགྲེལ་དང་། ལྷ་དབང་བློའི་འགྲེལ་པ་དང་། ཤཱཀྱ་བློའི་འགྲེལ་བཤད་ལ་སོགས་པ་མང་དུ་བསྒྱུར་ཞིང་། འཆད་ཉན་

〔1〕 译者注：原书附录中为 གྲགས。
〔2〕 译者注：原书附录中为 པོ。
〔3〕 译者注：原书附录中为 ཡོང。
〔4〕 译者注：原书附录中为 འགྲེལ。

གྱིས་གཏན་ལ་ཕབ། དེ་ལས་མཆེད་ནས་དབུས་གཙང་གི་ཕྱོགས་འདིར་ཡང་ཚད་མའི་འཆད་ཉན་བྱུང་ཞིང་། དེའི་ཚེ་ཁྲུང་པོ་གྲགས་སེ་ཞེས་བྱ་བ་མཁས་པར་གྲགས་པ་དེས་ཚད་མའི་བཤད་པ་མང་དུ་མཛད། དེ་དག་ལ་ཚད་མ་རྙིང་མ་ཞེས་ཟེར། ཕྱིས་ལོ་ཙྪ་བ་བློ་ལྡན་ཤེས་རབ་ནས་ཚད་མ་གསར་མར་གྲགས་པ་རྣམས་བྱུང་། མཁས་པ་ཆེན་པོ་རྡྣན་ཤྲཱི་ཡང་སྤྱན་མ་དྲངས་པར་བོད་དུ་བྱོན། དེ་ལ་སོགས་པའི་པཎྜི་ཏ་མང་དུ་བྱོན་ནས་རྣམ་པར་དག་པའི་འགྱུར་མང་པོ་མཛད་པ་དང་། འོད་ལྡེའི་རིང་ལ་ཇོ་བོ་རྗེ་སྤྱན་དྲངས་ནས་བསྟན་པ་ལ་ཞུས་དག་མཛད་པ་དང་། དེའི་སྲས་རྩེ་ལྡེ་རིང་ལ། མེ་ཕོ་འབྲུག་གི་ཆོས་འཁོར་ཞེས་བྱ་བ་དབུས་གཙང་ཁམས་གསུམ་གྱི་ལྡེ་སྡོད་འཛིན་པ་ཆེན་པོ་ཕལ་ཆེ་བ་ཡང་འདུས། ཆོས་ཀྱི་འཁོར་ལོ་ལེགས་པར་སོ་སོར་བསྐོར། ཟངས་དཀར་ལོ་ཙྪ་བས་ཚད་མ་རྒྱན་ཡང་དེའི་དུས་སུ་བསྒྱུར་བ་མཛད་དེ། སྤྱིར་ན་མངའ་རིས་བསྐོད་ཀྱི་རྒྱལ་པོ་དེ་རྣམས་ཀྱིས་བསྟན་པའི་ཞབས་ཏོག་བགྱིས་དེ་ལྟ་བུ་ནི་ཡུལ་གཞན་གང་ན་ཡང་མ་མཆིས། ཆོས་འཁོར་དེ་ལ་རྔོག་ལོ་ཙྪ་བ་དང་། གཉན་ལོ་ཙྪ་དང་། ཁྲུང་པོ་ཆོས་བརྩོན་དང་། བཙན་ཁ་བོ་ཆེ་དང་། རྔོག་བློ་ལྡན་ཤེས་རབ་དང་། མར་ཐུང་དད་པ་ཤེས་རབ་སྟེ་ལོ་ཙྪ་བ་རྣམས་ཀྱི་འགྲུལ་ཚན་ལ་དགས་པོ་དབང་རྒྱལ་ཡང་ཡོང[1]་དེ་ཆོས་འཁོར་དེ་ལ་སླེགས།

［青史］，ca 册，第 2 叶正面

ལྷ་བཙུན་པ་བྱང་ཆུབ་འོད་ཀྱིས་ལན་མང་པོའི་བར་དུ་གསེར་མང་པོ་བསྐུར་བའི་སྤྱན་འདྲེན་པ་མང་དུ་བཏང་ངས་ཏེ། དེ་ཡང་མངའ་རིས་ཀྱི་ལྷ་བླ་མ་ཡེ་ཤེས་འོད་ཅེས་གྲགས་པ་དེའི་རྒྱལ་ཚབ་སྲོང་ངེ་། དེའི་རྒྱལ་ཚབ་རྒྱལ་པོ་ལྷ་ལྡེ། དེའི་རྒྱལ་ཚབ་འོད་ལྡེ། དེ་ལ་གཅུང་པོ་གཉིས་ཡོད་པའི་ལྷ་བཙུན་བྱང་ཆུབ་འོད་ཆེ་བ། ཆུང་བ་དགེ་སློང་ཞི་བའི་འོད་ཅེས་བྱ་བ་བསྟན་པ་ཕྱི་ནང་གི་ཆོས་མཐའ་དག་ལ་མཁས་ཤིང་ལོ་ཙྪ་ཡང་ཤིན་ཏུ་མཁས་པར་མཁྱེན་པ་ཞིག་བཞུགས། ལྷ་བླ་མ་ཡེ་ཤེས་འོད་ཀྱིས་རང་གི་རྒྱལ་སྲིད་གཏད་ཟིན་ཀྱང་དམག་གི་དཔོན་མཛད་དེ། གར་ལོག་དང་འཐབས་པས་ཕམ་སྟེ། གར་ལོག་གིས་བཙོན་དུ་གཟུང་།

〔1〕 译者注：原书附录中为 ཡོང་ཡང་。

［青史］，ja 册，第 1 叶正面

བསྟན་པ་ཕྱི་དར་ལ་རྣལ་འབྱོར་ཕྱི་ནང་གཉིས་ཀའི་བཤད་པ་རྒྱུན་དང་བཅས་ཏེ་མང་དུ་བྱུང་ངོ་། དེ་ཡང་སྐྱེས་བུའི་མཆོག་ལོ་ཙྪ་བ་ཆེན་པོ་རིན་ཆེན་བཟང་པོ་ཞེས་གྲགས་པ་དེས། སྤྱིར་ཕ་རོལ་ཏུ་ཕྱིན་པ་དང་སྔགས་ཀྱི་གཞུང་ཐམས་ཅད་མཁྱེན་ཅིང་བཤད་པ་ཡང་མཛད་མོད། བྱེ་བྲག་ཏུ་རྣལ་འབྱོར་གྱི་རྒྱུད་ཀྱི་བཤད་པ་ཧེ་ལྷུར་མཛད་པ་ནི། ལོ་ཙྪ་བ་ཆེན་པོ་དེས་ཁ་ཆེར་ལན་གསུམ་བྱོན། དེར་བླ་མ་མང་པོ་བསྟེན། བོད་དུ་ཡང་པཎྜི་ཏ་མང་པོ་སྤྱན་དྲངས། བཤད་པའི་སྒྲོལ་ལེགས་པར་བཙུགས་ཏེ། དེ་ཉིད་བསྡུས་པའི་རྒྱུད་ལ་འགྲེལ་པ་སློབ་དཔོན་ཀུན་སྙིང་གིས་མཛད་པའི་དེ་ཉིད་སྣང་བ་དང་། དཔལ་མཆོག་གི་རྒྱུད་ཀྱི་འགྲེལ་པ་སློབ་དཔོན་ཀུན་དགའ་སྙིང་པོས་མཛད་པ་ཡང་ཧོལ་ཁོངས་འགའ་རེ་ལུས་པ་ཞིག་དང་། ཀུན་དགའ་སྙིང་པོས་མཛད་པའི་རྡོ་རྗེ་འབྱུང་བའི་ཆོ་ག་ལག་ལེན་དང་བཅས་པ་རྣམས་དང་། སྒྱུ་འཕྲུལ་དྲ་བའི་རྒྱུད་སློབ་དཔོན་ཀུན་དགའ་སྙིང་པོའི་བཤད་པ་དང་བཅས་པ་དང་། ཐམས་ཅད་གསང་བའི་རྒྱུད་སློབ་དཔོན་ཤཱནྟི་པའི་འགྲེལ་པ་དང་བཅས་པ་དང་། དེ་དག་གི་ཕྲན་མང་པོ་ཡང་བསྒྱུར་ཞིང་ཕྱག་ལེན་དུ་མཛད་དེ་ལེགས་པར་བསྒྲངས་པ་ལས། མངའ་རིས་དང་དབུས་གཙང་པའི་སློབ་མ་ཡང་མང་དུ་བྱུང་བ་ལས། ལོ་ཆུང་ལེགས་པའི་ཤེས་རབ། མང་ནང་གི་གུར་ཤིང་བརྩོན་འགྲུས་རྒྱལ་མཚན། །གྲྭ་པ་གཞོན་ནུ་ཤེས་རབ། སྐྱི་ནོར་ཛྙཱ་ན་དང་བཞི་ལ་ཐུགས་ཀྱི་སྲས་བཞིར་གྲགས། གཞན་ཡང་སྤུ་ཧྲངས་པ་ཨན་སྟོན་གྲགས་རིན། རྒྱ་ཡེ་ཚུལ། གུང་པ་དགེ་ཤེས། མར་ཡུལ་པ་དཀོན་མཆོག་བརྩེགས་རྣམས་ཏེ། བཞི་པོ་ནི་ལོ་ཆེན་ལོ་ཆུང་གཉི་གའི་སློབ་མ་ཡིན། གཞན་ཡང་མྱང་སྟོད་རྒྱང་རོ་སྤེའུ་དམར་གྱི་རྒྱང་པ་ཆོས་བློས་ལོ་ཆེན་གྱི་ཞབས་ལ་གཏུགས། ལོ་ཆེན་ཁ་ཆེ་ནས་བྱོན་མ་ཐག་ཅིག་ལ་རྡོ་རྗེ་འབྱུང་བའི་དབང་ཤྲ་དྡྷཱ[1]་ནས་བརྒྱུད་པ་དང་། ཀོ་ས་ལའི་རྒྱན་གསན། དཔལ་མཆོག་ཀུང་ཧོལ་ཁོངས་ཚུང་ཟད་ཡོད་པའི་འགྲེལ་པ་དབང་དང་བཅས་པ། ཤབ་སྟེ་

---

〔1〕 译者注：原书附录中为 ཤྲད་དྷཱ。

རྒྱ་གར་དང་སྟབས་ཤེད་དུ་གསན། གསང་འདུས་ཡེ་ཤེས་ཞབས་ལུགས་ཀྱང་ལེགས་པར་གསན། ལག་ལེན་ནི་དོལ་པོ་སྒོམ་ཆེན་ལ་བསླབས། བཤད་པ་རྣམས་གཙོ་བོར་ལོ་ཆུང་ལ་ཞུས། ལོ་ཆེན་གྱིས་ཁ་ཆེ་ལན་གཉིས་པ་འཁོར་རྗེས་ཧོལ་ཁོངས་གསབས་པ་དང་བཅས་པ་དང་། སྟར་གྱི་ཆོས་འཕྲོ་ལུས་པ་ཡང་གསན། དེ་རྗེས་ཤངས་ཀྱི་སྲུམ་སྟོན་ཡེ་འབར་གྱིས་ལོ་བདུན་ལོ་ཆེན་བསྟེན། དེ་ཉིད་སྣང་བའི་སྟོད་འགྲེལ་དང་། དཔལ་མཆོག་སྟོད་འགྲེལ་དང་། དཔལ་མཆོག་ཧོལ་ཁོངས་ཅན་དང་། རྡོ་རྗེ་འབྱུང་བ་དང་། འགྲེལ་པ་གཉིས་ཀྱི་ལུགས་ཀྱི་དབང་བཀའ་དང་། དཔལ་མཆོག་རྡོར[1]སེམས་དང་། རིགས་བསྡུས་ཀྱི་དབང་བཀའ་རྣམས་ཞུས། ལོ་ཆེན་ལ་བཀའ་ཐོབ་ཙམ་མཛད་ནས་སྦྱངས་པ་ཕལ་ཆེ་བ་ལོ་ཆུང་ལ་མཛད། དེ་ནས་མྱང་སྟོད་ཀྱི་ལྟེ་ཞར་གྱིས་ལོ་ཆེན་ལ་ཕྱག་ཅིང་། གཙོ་བོར་ལོ་ཆུང་ལོ་བདུན་དུ་བསྟེན་ནས་སྦྱོར་ཡོ་ག་ཐམས་ཅད་དང་། ཁྱད་པར་དཔལ་མཆོག་ལ་མཁས་པ་བྱས་ནས་བྱོན། དེ་ནས་སྣང་ཁ་དར་ཆུང་གི་ཕ་གཞོན་ནུ་རྒྱ་མཚོ། ལས་སྟོད་ཀྱི་བྲག་སྟེངས་པ། ཀུལ་འཆིང་རུའི་དམར་སྟོན་ཆོས་ཀྱི་རྒྱལ་མཚན། ལྷོག་པ་གླེ་སྟོན། བལ་ཤཱཀྱ་རྡོ་རྗེ། ཐང་སྟོན་གོད་ཁ་པ། ལྷོག་གོང་ཁ་པ་རྣམས་ཀྱིས་ལོ་ཆེན་ལ་ཕྱག་པ་ཙམ་བྱས་ནས། སློབ་གཉེར་གཙོ་ཆེར་ལོ་ཆུང་གི་དྲུང་དུ་སྦྱངས། རྡོག་གེ་སེར་དང་། ཤངས་ཀྱི་ཁྲིད་ཡེ་གཞོན་གྱིས་ལོ་ཆེན་ལ་བསྙེགས་པས་མ་ཟིན་པར་ལོ་ཆུང་ལ་བརྟེན་ཏེ། རྡོག་གེ་སེར་པས་མཚན་བརྗོད་འགྲེལ་ཆེན་ལ་མཁས་པར་བྱས་སོ། ལོ་ཆེན་གཤེགས་རྗེས་ཕོ་བྲང[2]ཞི་བ་འོད་ལོ་ཙཱ་ལ་མཁས་པས་འགྱུར་མང་པོ་མཛད་ཅིང་། ལོ་པཎ་མང་པོ་སྤྱན་དྲངས་ནས་དཔལ་མཆོག་གི་ཧོལ་ཁོངས་རྣམས་ཀྱང་ལེགས་པར་བསབས། ཟངས་དཀར་འཕགས་པ་ཤེས་རབ་ཀྱིས་ལོ་ཆེན་ལ་མ་ཟིན་པར་ལོ་ཆུང་དང་། དེའི་ཟུར་ཆོས་པ་ཨན་སྟོན་གྲགས་རིན་ལ་བསྟེན་ནས། དེ་ཉིད་བསྡུས་པ་དང་དཔལ་མཆོག་གི་བཤད་བཀའ་དབང་བཀའ་དང་། སྦྱོང་རྒྱུད་མ་བུའི་བཤད་བཀའ་དབང་རྣམས་ལེགས་པར་བསན། དེ་ནས་པཎྜི་ཏ་གཞོན་ནུ་སྲུམ་པ་

〔1〕 译者注：原书附录中为 ཇོ。
〔2〕 译者注：原书附录中为 ཕྲང。

སྤྱན་དྲངས་ནས་དབུས་སུ་བྱོན་པའི་ཚེ། དེ་གོང་དུ་པཎྜི་ཏ་ཀརྨ་བཛྲ་དང་ཟངས་དཀར་གཞོན་ནུ་ཚུལ་ཁྲིམས་ཀྱིས་འདམ་དུ་རྗེ་མོའི་འགྱུར་མཛད་པའི་དཔེ་དང་། གཞོན་ནུ་བུམ་པས་རྒྱ་དཔེའི་སྟེང་ནས་བཤད། ཟངས་དཀར་གྱིས་ལོ་ཙཱ་བྱས་ནས་སློན་གྲོའི་མར་པ་རྡོར་ཡེས[1]། ཁམས་པ་རྒྱ་སྟོན། ཡམ་ཤུད་ཀླུ་ཚུལ་གསུམ་ལ་བཤད། དེ་ནས་ལྷ་སར་བྱོན་པའི་ཚེ་གཉལ་པ་ཉི་མ་ཤེས་རབ་ཅེས་བྱ་བ་རྟེན་དགེ་བསྙེན་ཞིག་གིས་ལོ་པཎ་གཉིས་ལ་རྗེ་མོ་ཚར་གསུམ་གསན། མཆན་དང་ཡིག་སྣ་མང་དུ་བྲིས། ཟངས་དཀར་དང་ཉི་མ་ཤེས་རབ་ཀྱིས་ཕྱིས་བལ་པོར་སྐོར་ཅིག་བྱོན། །དེ་ནས་ལོ་ཙཱ་བ་དང་དཔོན་སློབ་གཉིས་པོས་མངའ་རིས་སུ་བྱོན། ལོ་ཙཱ་བ་ཁ་ཆེར་བཞུད། གཉལ་གྱིས་རྗེ་མོ་ཚར་གཅིག་བཤད། ཕྱིས་ཁ་ཆེ་ཛྙཱ་ན་ཤྲཱི་བོད་དུ་བྱོན་ནས་ཆོས་འཁོར་ཏ་བོར་བཞུགས་པ་ལ། ལོ་གསུམ་ན་པཎྜི་ཏ་བོད་སྐད་བྱང་བར་གྱུར་པས། དེ་ལ་ལོ་བདུན་གྱི་བར་དུ་ལེགས་པར་མཉན། མང་ནང་པ་ལ་ཀུན་སྙིང་གི་ལུགས་རྣམས་ཀྱང་ཞུས། སྐྱི་ནོར་ཛྙཱ་ན་ལ་ཇོ་བོའི་ལུགས་ཀྱི་སྐྱོང་རྒྱུད་ལེགས་པར་ཞུས། ཕྱིས་ཟངས་དཀར་གྱིས་རྗེ་མོ་ལ་ཊཱི་ཀ་ཡང་མཛད།

［佛法源流 · 教莲盛开之日］,白玛噶波著,第 107 叶正面

གཉིས་པ་སྟོད་ནས་གསོས་ཚུལ་ནི། གླང་དར་གྱི་སྲས་འོད་སྲུངས་དང་ཡུམ་བཙན་གཉིས། དང་པོ་ལ་མངའ་བདག་དཔལ་འཁོར་བཙན། དེ་མྱུར་སྟོད་དུ་སྐྱགས་ཀྱིས་བཀྲོངས་པ་ནས་རྒྱལ་སྲིད་འཐོར། ཁོང་གི་སྲས་བཀྲ་ཤིས་བརྩེགས་པ་དཔལ་དང་། སྐྱིད་དེ་ཉི་མ་མགོན་གཉིས་བྱུང་བའི་ཕྱི་མ་མངའ་རིས་སྟོད་དུ་སྤྱུགས་པ་ལ་སྲས་དཔལ་གྱི་མགོན། ལྡེ་གཙུག་མགོན། བཀྲ་ཤིས་མགོན་གསུམ་བྱུང་བ་སྟོད་དུ་རྒྱལ་སྲིད་ཞྭ་ཙམ་ཆགས། ཡ་རྗེ་རྒྱལ་པོའང་དེ་རྣམས་ལ་ཟེར། སྨད་དུ་བཀྲ་ཤིས་བརྩེགས་པས་བཞུགས། དེ་ལ་དཔལ་ལྡེ། འོད་ལྡེ། སྐྱིད་ལྡེ་གསུམ་བྱུང་། དབུས་གཙང་གི་རུ་ལག་བཞི་བསྐྱངས་པས་སྨད་དུ་རྒྱལ་སྲིད་ལྷམ་ཙམ་ཆགས་ཟེར། བཀྲ་ཤིས་མགོན་གྱི་སྲས་འོད་ཀྱི་རྒྱལ་མཚན། དེའི་སྲས་སྲོང་ངེ་དང་ཁོ་རེ་གཉིས། སྲོང་ངེས་གུ་གེར་མཐོ་ལྡིང་གི་གཙུག་ལག་ཁང་བཞེང་

〔1〕 译者注：原书附录中为 རྡོར་ཡས。

བའི་གྲོས་མཛད། ས་པྲ་མཁན་པོ་ན་ར། བརྩིགས་ཀྱང་ལོ་བརྒྱན[1]་འཇིག་པར་འདུག་ཟེར། འོ་ན་བཞག་གམ་གསུངས་པས། ལོ་བརྒྱ་པོ་དེ་བསྟན་པ་ལ་ནན་ལྟར་ཕན་པ་ཞིག་འོང་བར་འདུག་ཟེར་བ་ལ། འོ་ན་བཞེང་རིན་ཆོག་དགོང[2]་ཏེ་བསམ་ཡས་ཇི་ལྟ་བ་ལ། ཁྱད་པར་ཤར་ཕྱོགས་སུ་གསེར་གྱི་མཆོད་རྟེན་ཆེན་པོ་ཞིག་བཞེངས་པས་ཉི་མ་ཤར་བའི་ཚེ། དེའི་འོད་ནང་ན་ཡར་ཡོག་པས་ལྷ་ཁང་ཐམས་ཅད་གསེར་གྱི་མདོག་ཏུ་ལྷག་གར་འཆར་བས་མགོ་ལྷིང་གསེར་ཁང་དུ་གྲགས། ཕྱིས་བསམ་ཡས་གཟིགས་པ་ན། ངའི་ཡབ་མེས་བོད་ཚང་མ་ལ་དབང་བསྒྱུར་བའི་ཕྱག་རྗེས[3]་ལས་ང་མཐའ་འཁོབ་ཀྱི་རྒྱལ་ཕྲན་ཞིག་གི་སུག་ལས་མི་ཆུང་བར་འདུག་གསུང་། དེས་མཚན་ཉིད་ཀྱི་ཐེག་པ་བཀར་ཤེས་ཀྱང་། ཨར་ཚོ་བནྡེ[4]་བཅོ་བརྒྱད་ལ་སོགས་པའི་སྔགས་པ་རྣམས་ཀྱིས་སྦྱོར་སྒྲོལ་བྱས་པས། དེ་དག་བཀའ་ཡིན་མིན་ཐེ་ཚོམ་ཟོས། རྗེ་རིགས་ཀྱི་བུ་ཐམས་ཅད་བསགས་ཏེ་ལོ་བཅུ་ལས་མར་མི་གཞོན། ཉི་ཤུ་ལས་ཡར་མི་རྒན་པ་མང་དུ་འཚོགས་པའི་བློ་ལ་བརྟགས་ནས་བློ་རབ་འབྲིང་དགུར་ཕྱེ། བློ་རབ་ཀྱི་རབ་ཏུ་གྱུར་པ་བདུན། དེ་རྣམས་ཀྱི་གཡོག་པོ་བདུན། ཡང་གཡོག་བྱེད་པ་བདུན་ཏེ་ཉི་ཤུ་རྩ་གཅིག་ཕ་མ་ལ་རིན་བྱིན་ནས་ཉོས་ཏེ་ཁ་ཆེར་བཟུངས། དེར་ཁོང་རྣམས་ལ་གསེར་མང་པོ་བསྐུར་ནས་འདི་སྐད་དུ་བསྒོའོ། །ཁ་ཆེའི་ཡུལ་ན་མཁས་པ་རིན་ཆེན་རྡོ་རྗེ་ཞེས་བྱ་བ་ཡོད་པས་དེ་སྤྱན་དྲོངས། རྒྱ་གར་ཤར་ཕྱོགས་ན་ཧཱུྃ་ཀཱ་ར་ལ་བྱ་བ་ཡོད་པས་དེ་སྤྱན་དྲོངས། ནུབ་ཕྱོགས་ཀ་རུ་ན་པཎྜི་ཏ་ནོར་བུ་གླིང་པ་བྱ་བ་ཡོད་པས་དེ་སྤྱན་དྲོངས་ཤིག། དབུས་འགྱུར་འཆང་ན་པཎྜི་ཏ་པྲཛྙཱ་བལི་བྱ་བ་ཡོད་པས། དེ་ལ་འདུས་པ་རྣམ་གཉིས་བྱ་བའི་ཆོས་མུ་སྟེགས་ཀྱིས་ཀྱང་རྩོད་པར་མི་ནུས་པ་ཡིན། དེ་ཤེས་པར་གྱིས་ཤིག། དེ་ཉིད་འདུས་པ་ལ་ཀུན་དགའ་སྙིང་པོའི་འགྲེལ་པ་ཡོད་ཟེར་བས། དེ་ཤེས་པར་གྱིས་ཤིག། ནོར་བུ་གླིང་པ་དང་ཧཱུྃ་ཀཱ་ར་ལ་གཉིས་ལ་ལས་ཀྱི་སྒྲིབ་པ་རྒྱུན་གཅོད་པའི་རྒྱུད་དང་། དེའི་

〔1〕 译者注：原书附录中为 བརྒྱན。

〔2〕 译者注：原书附录中为 དགོངས。

〔3〕 译者注：原书附录中为 རྗེས。

〔4〕 译者注：原书附录中为 བནྡེ。

འགྲེལ་པ་སློབ་དཔོན་དཔྱིད་ཀྱིས་མཛད་པ་དང་། དཀྱིལ་འཁོར་གྱི་ལྷ་སུམ་བརྒྱ་བཞི་བཅུ་པ་སློབ་དཔོན་རྒྱལ་བའི་ལྷས་མཛད་པ་ཡོད་ཟེར་བས། དེ་ཤེས་པར་གྱིས་ཤིག །དཔལ་གསང་བ་འདུས་པ་ལ་སངས་རྒྱས་ཡེ་ཤེས་ཞབས་དང་། འཕགས་པ་ཀླུ་སྒྲུབ་ཀྱིས་མཛད་པའི་དཀྱིལ་ཆོག[1]་ཡོད་ཟེར་བ་དང་། རིན་ཆེན་རྡོ་རྗེ་ལ་དུས་འཁོར་དང་། རྡོ་རྗེ་གདན་བཞིའི་རྒྱུད་འགྲེལ་ཡོད་ཟེར་བས་ཚོལ་ལ་ཤོག། གཞན་བི་ཀྲ་མ་ལ་ཤཱི་ལ[2]་ན་པཎྜི་ཏ་བརྒྱ་རྩ་བརྒྱད། མཁས་པ་བདུན་ཅུ་རྩ་གཉིས། འགྲན་ཟླ་མེད་པ་སུམ་ཅུ་རྩ་བདུན། གཙུག་གི་ནོར་བུ་ལྟ་བུ་བཅུ་གཅིག། འཛམ་བུའི་གླིང་གི་རྒྱན་ལྟ་བུ་བརྒྱད། ཁམས་གསུམ་གྱི་སྐྱུན་ལྟ་བུ་གཉིས་ཡོད་ཟེར་བས། དེ་རྣམས་ལས་གང་བྱུང་རེ། རབ་གསེར་ལ་མ་རྩེག་པར་སྐྱུན་ཅི་འདྲོངས་ཀྱིས། འབྲིང་གདམས་པ་ཅི་ཐོབ་ཀྱིས། ཐ་མའང་པཎྜི་ཏ་ཆོས་གང་མཁས་པ་དང་། གདམས་ངག་གང་ཆེ་བ་རྩད་ཆོད་ལ་ལུང་ཞུས་དཔེ་ལོངས་པ་གྱིས་ལ་ཤོག་བྱས་ཏེ་བཏང་ངོ་། །ཁོང་རང་མཁན་སློབ་མེད་པར་བསྙེན་པར་རྫོགས། མཚན་ཡེ་ཤེས་འོད། སྲས་གཉིས་ཀྱང་རབ་ཏུ་བྱུང་། རྒྱལ་སྲིད་གཙུང་གི་སྲས་ལྷ་ལྡེ་ལ་གཏད། དེ་ལ་སྲས་གསུམ། འོད་ལྡེ། བྱང་ཆུབ་འོད། ཞི་བ་འོད་དོ། །བྱང་ཆུབ་འོད་ལ་ཐུགས་རྗེས[3]ཆེ། རབ་ཏུ་བྱུང་དུ་བཅུག་གོ །དེ་ལྟར་རྒྱ་གར་དུ་བརྫངས་པ་རྣམས། དང་པོ་ཁ་ཆེར་ཕྱིན། བཅུ་དགུ་ཁ་ཆེ་གྲིབ་བསྣུན་དུ་ཤི། རིན་ཆེན་བཟང་པོ་དང་། ལེགས་པའི་ཤེས་རབ་གཉིས་ལུས། རིན་ཆེན་བཟང་པོས་འཇིག་རྟེན་སྣང་བྱེད་ཀྱི་དཔལ་དུ་ཞུགས། འཛམ་པའི་རྡོ་རྗེ་ཞལ་གསུམ་ཕྱག་དྲུག་པ་ལ་མི་རྟོག་ཤོག། ཁ་ཆེ་རིན་ཆེན་རྡོ་རྗེ་ལ་སོགས་པར་ཡོ་གའི་རྒྱུད་དཀྱིལ་ཆོག་དང་བཅས་པ། རྡོ་རྗེ་རྣལ་འབྱོར་མས་ལུང་བསྟན་ནཱ་རོ་པ་ལ་གཏུགས་ཏེ། གསང་འདུས་ལུགས་གཉིས་གསན། དབུས་འགྱུར་གྱི་པཎྜི་ཏ་འདས་ནས། སློབ་མ་ཀྵྨ་པྲ་ལ་ཡིན་ཟེར་བཙལ་ཡང་མ་རྙེད། ནོར་བུ་གླིང་པ་ལ་ངན་སོང་སྦྱོང[4]་རྒྱུད་དང་། ཐབས་ཀྱི་

[1] 译者注：ཆོག 原书附录中为 ཚོག。
[2] 译者注：བི་ཀྲ་མ་ལ་ཤཱི་ལ 原书附录中改为 བི་ཀྲ་མ་ཤཱི་ལ。
[3] 译者注：原书附录中改为 བརྗེ。
[4] 译者注：原书附录中为 སྦྱོད。

རྒྱུད་ལྔ། ཁྱད་པར་མི་འཁྲུགས་པའི་རྒྱུད་གདམས་ངག་དང་བཅས་པ་ཞུས་སོ། །རྡོ་རྗེ་དབྱིངས་ཀྱི་དཀྱིལ་འཁོར་དུ་ལྷ་གྲངས་དང་མཉམ་པའི་དབང་ཐོབ། བི་ཀྲ་མ་ལ་ཤཱི་ལར[1]་པཎྜི་ཏ་མར་མེ་མཛད་བཟང་པོ་དང་། མི་ཐུབ་ཟླ་བ་དང་། རྒྱལ་བའི་འབྱུང་གནས་གསུམ་ལ་སྔགས་མཚན་ཉིད་མང་པོ་ཞུས། སྤྱིར་པཎྜི་ཏ་སུམ་ཅུ་རྩ་ལྔ་ལ་དབང་ཐོབ། རྒྱུད་སྡེ་བཞིའི་སྒྲོ་འདོགས་ཁ་ཆེའི་པཎྜི་ཏ་དང་ནོར་བུ་གླིང་པ་ལ་བཅད། དགུང་ལོ་སོ་གསུམ་པ་ལ་བོད་དུ་བྱོན། དེར་ཡོ་ག་ཁ་ཆེ་ལུགས་བཙུགས། མངའ་རིས་རྒྱལ་བློན་སྤྲོས་པ་ལ་དགྱེས་ནས། གཞུང་ན་མེད་པའི་མཆོད་འཕྲེང་དང་། ཁྱད་པར་ལོ་ཆུང་ལེགས་ཤེ་གྲེ་བ་བདེ་བས་དབྱངས་བཅོས། དགུང་ལོ་ཞེ་དགུ་པ་ལ་པཎྜི་ཏ་ཟླ་འོད་བཟང་པོ་དང་། ཀྲི་ན་སེ་དང་། ཀ་མ་ལ་རཀྵི་ཏ་ལ་བསྙེན་པར་རྫོགས། དབུས་གཙང་སྟོད་སྨད་ཀུན་ཏུ་ཆོས་གསུངས། དེ་ནས་ལོ་བརྒྱད་ནས་པཎྜི་ཏ་ཤྲདྡྷཱ[2]་ཀ་ར་ཝརྨ་བླ་མ་ནོར་བུ་གླིང་པས་བོད་དུ་བཏང་ནས་རྡོ་རྗེ་འབྱུང་བ་དང་ཡེ་ཤེས་ཞབས་ལུགས་གསུངས། ཀ་ཅོག་གི་འགྱུར་ལ་ཅུང་ཟད་བཅོས། བོད་ཀྱི་མཐུན་གྱི་བསོད་ནམས་ལ་གྲུབ་ནས་རྒྱ་གར་ཤར་ཕྱོགས་ཀྱི་པཎྜི་ཏ་རཏྣ་པཱ་ལ་བལ་པོའི་ཧེན་ཁྱད་པར་ཅན་རྣམས་བསྐོར་བ་ལ་བྱོན་པས། པཎྜི་ཏ་ཆད་པས་བསྟུང་ནས་བོད་ཀྱི་གངས་རི་མཐོང་བར་བྱོན་ན་ཕན་ཐེར་བས། རྒྱལ་བློན་ཆོས་ལ་དགྱེས་བོད་ལ་ཕན་ཐོགས་པར་དགོངས་ནས་མངའ་རིས་སུ་བྱོན། དེར་ཡོ་ག་གསན་པས་སློབ་དཔོན་ཀུན་དགའ་སྙིང་པོའི་གདམས་པ་མ་ནོར་བ་ཞིག་བྱུང་བས་ཤིན་ཏུ་མཉེས་ཏེ། གསེར་འཕར་སྟེར་གང་ཕུལ་བ་མ་བཞེས་ཁོང་ནོར་གྱི་འདོད་པ་དང་བྲལ་བ་ཡིན་གསུང་། དེ་ནས་ཡོ་ག་ཁ་ཆེ་ལུགས་བཞག་ནས་རྒྱ་གར་ཤར་ཕྱོགས་པའི་ལུགས་གཞུང་གདམས་ངག་དང་བཅས་པ་ལ་ཉམས་ལེན་དང་བཤད་པ་བྱས་པས་ཡོ་གའི་བདག་པོར་གྱུར། དེའང་སྐུ་ཚེའི་སྟོད་ལ་ཁ་ཆེ་ལུགས། སྨད་ལ་ཤར་ཕྱོགས་ལུགས་དར་བས་ཡོ་ག་ལ་བོད་འདིར་སྟོད་ལུགས་དང་སྨད་ལུགས་གཉིས་སུ་གྲགས་སོ། །དེ་ལ་སློབ་མའི་མཆོག་བཞི་བྱུང་བ་ནི། ལོ་ཆུང་ལེགས་པའི་ཤེས་རབ།

〔1〕 译者注：བི་ཀྲ་མ་ལ་ཤཱི་ལར原书附录中改为 བི་ཀྲ་མ་ཤཱི་ལར。

〔2〕 译者注：原书附录中为 ཤྲད་དྷཱ。

གྲྭ་པ་གཞོན་ནུ་ཤེས་རབ། ཀྱི་ནོར་ཡེ་ཤེས་དབང་ཕྱུག། གུར་ཤིང་བརྩོན་འགྲུས་རྒྱལ་མཚན་ཞེས་གྲགས་སོ།

[王统世系明鉴]，第 142 叶正面

རྗེ་དཔལ་འཁོར་བཙན་གྱི་ཆེན་མའི་སྲས། སྐྱིད་དེ་ཉི་མ་མགོན་གྱིས། མངའ་རིས་ཀྱི་རྒྱལ་པོ་མཛད། པུ་རངས་ཀྱི་ལའང་དབང་སྒྱུར། དེ་ལ་སྲས་གསུམ། ཆེ་བ་དཔལ་གྱིས་མགོན་གྱིས་མར་ཡུལ་གཟུང་། འདི་ནས་རྗེ་བོ་རབས་ཆེན་གྱི་བར་དུ་རྒྱུད། བར་པ་བཀྲ་ཤིས་མགོན་གྱི་པུ་རངས་བཟུང་། ཆུང་བ་ལྡེ་བཙུག་མགོན་གྱིས་ཞང་ཞུང་བཟུང་། འདི་གསུམ་ལས་སྟོད་ན་བཞུགས་པའི་མགོན་གསུམ་ཟེར། སྡེ་བཙུག་མགོན་ལ་སྲས་གཉིས་ཏེ། འཁོར་དེ་དང་། སྲོང་དེ་དང་སྐུ་ཆེ་སྟོད་ལ་བཙུན་མོ་ཁབ་དུ་བཞེས་པས། སྲས་གཉིས་འཁྲུངས་པའི་ན་ག་ར་ཙ་དང་། ལྡེ་བ་ར་ཙའོ། སྐུ་ཆེ་སྨད་ལ་རབ་ཏུ་བྱུང་ནས། ལྷ་བླ་མ་ཡེ་ཤེས་འོད་དུ་མཚན་གསོལ། མཐོ་ལྡིང་དཔལ་གྱི་ལྷ་ཁང་བཞེངས། ལོ་ཙཱ་བ་རིན་ཆེན་བཟང་པོ་དང་། རྟོག་ལེགས་པའི་ཤེས་རབ་ལ་སོགས་པ་བློ་རྣོ་བ་ཉི་ཤུ་རྩ་ཅིག་རྒྱ་གར་དུ་ཆོས་སློབ་པ་ལ་བརྫངས། པ་ཎྜི་ཏ་ཤྲ་དྡྷཱ་ཀ་ར་དང་། ཕར་མ་ཏ་གཉིས་སྤྱན་དྲངས་ཏེ། མཚན་ཉིད་ཀྱི་ཐེག་པ་དང་། རྒྱུད་སྡེ་བཞི་པོ་སྒྱུར་ཞིང་བསྟན་ལ་ཕབ། འདུལ་བ་སྟོད་ལུགས་དར་བར་མཛད་དོ། ཆེན་པོ་འཁོར་རེས་ཁ་ཆར་གྱི་ལྷ་ཁང་བཞེངས། དེའི་སྲས་ལྷ་ལྡེ་པོས། པ་ཎྜི་ཏ་སུ་བྷ་ཤི་ཏ་དང་། པ་ཎྜི་ཏ་སྨྲྀ་ཏི་སྤྱན་དྲངས། ལྷ་ལྡེ་པོ་ལ་སྲས་འཁྲུངས་པ། ཆེ་བ་ཞི་བ་འོད། འབྲིང་ལྷ་བླ་མ་བྱང་འོད། ཆུང་འོད་ལྡེའོ། འདི་གསུམ་གྱི་དུས་སུ། ལྷ་བླ་མ་ཡེ་ཤེས་འོད་ཀྱིས། སངས་རྒྱས་ཀྱི་བསྟན་པ་ལ་དགོངས་ནས། རྒྱ་གར་དུ་པ་ཎྜི་ཏ་གདན་འདྲེན་བྱོན་པས། ལམ་དུ་མུ་སྟེགས་པའི་དམག་གིས་བཟུང་། …བོད་གངས་ཅན་གྱི་ལྗོངས་འདིར། སངས་རྒྱས་ཀྱི་བསྟན་པ་ཉི་མ་ཤར་བ་ལྟ་བུར་མཛད་པ་ན། ལྷ་བླ་མ་བྱང་ཆུབ་འོད་དེ། བོད་ལ་བཀའ་དྲིན་ཆེ་བ་ལེགས་སོ། ལྷ་བླ་མ་བྱང་ཆུབ་འོད་ཀྱི་བཙུན་པོ་འོད་ལྡེས། པ་ཎྜི་ཏ་ཁ་ཆེ་ཛྙ་ན་ཤྲཱི་སྤྱན་དྲངས། དེའི་སྲས་བཙན་སྟེ། དེའི་སྲས་བྷ་ལེ། དེ་ནས་རིམ་པ་བཞིན་དུ། བཀྲ་ཤིས་ལྡེ། བྷ་རེ། ན་ག་ལྡེ་རྣམས་བྱུང་བ། འདི་རྣམས་ཀྱིས་གུ་གེ། པུ་

རངས། མར་ཡུལ་ལ་སོགས་པའི་རྒྱལ་ཁམས་ལ་དབང་བྱས་པ་ཡིན་ནོ། ཡང་ན་ག་ལྡེའི་སྲས། བཙན་ཕྱུག་ལྡེ། ཡ་རྩེར་བྱོན་ཏེ། རྒྱལ་པོ་མཛད། འདེའི་སྲས་བཀྲ་ཤིས་ལྡེ། དེའི་སྲས་གྲགས་ལྡེ། དེའི་སྲས་གྲགས་པ་ལྡེ། དེའི་སྲས་ཨ་རོག་ལྡེ། ཨ་དེའི་སྲས་ཨ་སོག་ལྡེ། དེའི་སྲས་ཛི་དར་སྨལ་དང་། ཨ་ནན་ཏ་སྨལ་གཉིས་སོ། ཨ་ནན་ཏ་སྨལ་གྱི་སྲས། ར་ཡུལ་སྨལ་གྱིས་ལྷ་སར། ཛོ་བོ་རིན་པོ་ཆེ་དབུ་ཐོག་ཏུ། གསེར་ཐོག་ཕུལ། དེ་ལ་སྲས་གཉིས། སང་གྷ་སྨལ་དང་། འཛི་ཐར་སྨལ་གཉིས་སོ། ཐར་སྨལ་གྱི་སྲས། ཨ་ཛི་སྨལ། དེའི་སྲས་ཀ་ལན་སྨལ། དེ་ནས་ཡ་རྩེའི་རྒྱལ་རྒྱུད་ཆད་ནས། པུ་རངས་ནས། མངའ་བདག་བསོད་ནམས་ལྡེ། ཡ་རྩེར་གདན་དྲངས་ནས། རྒྱལ་ས་བཟུངས། པུ་ཏི་སྨལ་བྱ་བར་མཚན་རྟགས། དེའི་སྲས་ཕྲི་ཏི་སྨལ་དང་། བློན་པོ་དཔལ་ལྡན་གྲགས་གཉིས་ཀྱིས་ལྷ་སར་བཅུ་གཅིག་ཞལ་གྱི་སྟེང་དུ་གསེར་ཐོག་ཕུལ།

［西藏王臣记］，五世达赖喇嘛著，ཛ 函，第 46 叶[1]

འོན་ཀྱང་མངའ་རིས་ལ་མ་འཆམ་པར་འོད་བསྲུངས་ཀྱིས་གཡོན་རུ་དང་། ཡུམ་བརྟན་ཀྱིས་སྲུས་རུ་བཟུང་སྟེ་འཁྲུག་ལོང་ཆེན་པོ་བྱུང་བས། དེ་དག་ནས་བཟུང་སྟེ་རྗེ་གཉའ་ཁྲི་བཙན་པོའི་གདུང་བརྒྱུད་ཀྱིས་བོད་ཀྱི་སྤྱི་ལ་དབང་མ་བསྒྱུར་སྐད་དོ། དེ་ནས་མི་རིང་བར་ཕྱིན་ལོག་བྱུང་སྟེ། དེ་ཡང་ཕྱིན་ལོག་ནི། ནམ་མཁའ་ལ་བྱ་གཅིག་འཕུར་བར་བྱ་གཞན་མང་པོ་འདུས་ཏེ་གནོད་པ་བྱེད་པར་དཔེ་བྱས། ཐོག་མར་ཁམས་ནས་ལོག། དེ་ཡང་རྐྱེན་བློན་པོ་བྲན་ཁ་དཔལ་ཡོན་ཉེས་མེད་དུ་ཁྲིམས་ལ་སྤྱར་བའི་རྐྱེན་གྱིས་གནོད་སྦྱིན་དུ་སྐྱེས་ནས་བསྐུལ་བ་པོ་བྱས་ཏེ་ལྷ་འདྲེ་གདུག་བཙན་དུ་མས་མི་རྣམས་བརླམས་པར། ཁྲུ་སྟོན་གྱིས་མཛད་པའི་བསྟན་བཅོས་རིན་ཆེན་བང་མཛོད་དུ་བཤད་ཅིང་། ཕྱིན་ལོག་གི་རྗེས་སུ་བང་སོ་ཞལ་ཆེར་ཀྱང་བྲུས་ཏེ་བཤིག་གོ། དེ་ལྟར་ཡུམ་བརྟན་གྱི་བརྒྱུད་པ་སྐྱིད་གཡོར་ཀུན་ལ་ཤིན་ཏུ་མང་ཞིང་། འོད་བསྲུངས་གཤེགས་པའི་བང་སོ་འཕྲུལ་རྒྱལ་གྱི་རྒྱབ་ཏུ

---

〔1〕 译者注：原书置于《梵天佛地》第三卷，第一册，图齐将此文献作为该卷的补充，因此依据图齐意愿，移至此处。

བརྩིགས། དེ་ནས་བང་སོ་རྩིག་པའི་སྲོལ་ནུབ་ཅིང་། དེའི་སྲས་མངའ་བདག་དཔལ་འཁོར་བཙན། དེ་ལ་སྲས་ཁྲི་བཀྲ་ཤིས་བརྩེགས་པ་དཔལ་དང་། ཁྲི་ཀྱི་ལྡེ་ཉི་མ་མགོན་གཉིས་འཁྲུངས། ཉི་མ་མགོན་གྱིས་མངའ་རིས་སུ་བྱོན་ཏེ་ཆབ་སྲིད་བཟུང་། སྲས་གསུམ་བྱུང་བའི་ཆེ་བ་དཔལ་ལྡེ་རིག་པ་མགོན་གྱིས་མང་ཡུལ་བཟུང་། བར་པ་བཀྲ་ཤིས་ལྡེ་མགོན་གྱིས་སྤུ་རངས་བཟུང༌། ཆུང་བ་ལྡེ་གཙུག་མགོན་གྱིས་ཞང་ཞུང་བཟུང་། ལྡེ་གཙུག་མགོན་ལ་སྲས་ཁོ་རེ་དང་། སྲོང་ངེ་གཉིས་བྱུང་བའི། གཅེན་གྱིས་རབ་ཏུ་བྱུང་བའི་མཚན་ཡེ་ཤེས་འོད་དུ་གྲགས། འདིའི་དུས་བསྟན་པ་ཕྱི་དར་ཉམས་དེ་པཎྜི་ཏ་འབྱོན་པའི་སྲོལ་ནུབ་ནས་ཡུན་རིང་བར་སོང་ཞིང་དུས་དེར་བལ་པོ་སླེ་རྟུ་རྩེ་བྷུ་པའི་ལོ་ཙྪ་མཁས་པ་ཞིག་གིས་པཎྜི་ཏ་ཕྲ་ལ་རིང་བ་དང་། པཎྜི་ཏ་སྨྲྀ་ཏི་གཉིས་གདན་དྲངས་ཏེ་འོངས་པས། ལོ་ཙྪ་བ་ཤི། པཎྜི་ཏ་གཉིས་གིས་བོད་སྐད་མི་ཤེས་པས་ཡུན་རིང་པོར་འཁྱམས། སྨྲྀ་ཏིས་རྟ་ནག་ཏུ་ལུག་རྫི་མཛད། འོན་ཀྱང་རིང་མོ་ཞིག་ནས་མཁས་པ་འདྲ་དང་ཕྲད་པས་གཉིས་ཀས་ཁམས་སུ་བྱོན་ཏེ་བཤད་ཉན་གྱི་འཕྲིན་ལས་འགའ་ཞིག་བྱུང་། སྨྲྀ་ཏིས་སྨྲ་སྒོ་མཚོན་ཆར་གྲགས་པའི་བསྟན་བཅོས་མཛད་དོ། ལར་ནི་དུས་སྐབས་དེ་དག་ཏུ་ཡང་བོད་སྟོན་གསུང་རབ་ཀྱི་གནས་ལ་བལྟ་བའི་མིག་དང་བྲལ་བའི་དྲེགས་ལྡན་བླུན་པོ་དག་ལ་བཀུར་ཞིང་། པཎྜི་ཏ་སྨྲྀ་ཏི་ལྟ་བུའི་མཁས་པ་ཡང་རྫི་བོ་སོགས་ངན་པའི་ལས་འཚོལ་བ་འདི་དག་ལ་དབགས་ཀྱང་། རྗེ་བཙུན་ས་པཎ་གྱིས།

ཙུ་ཏའི་ཡུལ་དུ་ཕྱིན་པ་ན།

ཀང་གཉིས་པ་ལ་མིར་མི་རྩི།

ཞེས་དང་།

ཙན་དན་གསེར་ལས་རིན་ཆེ་བ།

བླུན་པོས་སོལ་བར་བྱས་ཞེས་གྲགས།

ཞེས་གསུང་བ་ཐུགས་མེད་པར་སྣང་ངོ་། ལྷ་བླ་མ་ཡེ་ཤེས་འོད་ཀྱིས་རྒྱ་གར་ཤར་ཕྱོགས་ཀྱི་པཎྜི་ཏ་དྷ་རྨ་པཱ་ལ་སྤྱན་དྲངས་ནས་འདུལ་བའི་བཤད་པ་དང་ལག་ལེན་རྒྱས་པར་མཛད། སློབ་མ་པཱ་ལ་རྣམ་གསུམ་བྱུང་བ་སྟོད་འདུལ་བར་གྲགས། ཁོ་རེའི་སྲས་ལྷ་ལྡེས་པཎྜི་ཏ་སུ་བྷུ་ཏི་ཤྲཱི་ཤཱནྟི་གདན་དྲངས

ནས་ཤེར་ཕྱོགས་ཀྱི་བསྟན་བཅོས་མང་དུ་བསྒྱུར། ལོ་ཆེན་རིན་ཆེན་བཟང་པོ་དབུའི་མཆོད་གནས་སུ་མཛད་ཅིང་། ལོ་ཙཱ་བ་འདི་ཀུ་གེའི་སའི་ཆར་སྐྱིང་ཤཱ་ར་ཏྲ་དུ་ཞེས་བྱ་བར་འཁྲུངས་ཤིང་། ལོ་གཉིས་ལོན་པའི་ཚེ་དབྱངས་གསལ་གྱི་སྤྱུགས་གསུང་ཞིང་ས་ལ་རི་མོ་འབྲི་བ་སོགས་ཚེ་རབས་སྔོན་མ་རྣམས་སུ་བླུན་པོ་ལུག་ལྷ་བུའི་སྐྱེ་བ་མ་ཡིན་པར་མཁས་པ་པ་ཎྜི་ཏ་རིམ་པར་བརྒྱུད་པའི་མཛད་པ་ངོ་མཚར་བ་བསྟན། ཁྱད་པར་རྒྱ་གར་དུ་འབྱོན་པའི་བསྐུལ་མ། པ་ཎྜི་ཏ་བསོད་སྙོམས་པ་ཅིག་གིས་རྒྱ་དཔེ་གློག་མ་མཁྱེན་པས་ཐུགས་བྱུང་ནས། ཤིང་གི་གྲིབ་མ་ལ་གཟིམས་པའི་མནལ་ལམ་དུ་མཁའ་འགྲོའི་རྟགས་ལྡན་གྱི་བུད་མེད་ཅིག་གིས།

སྲིན་བུའི་ཁ་རྒྱུས་རང་ལུས་བཅིངས་པ་ལྟར།
ཡུལ་ལ་ཞེན་པས་བདུད་ཀྱི་རྒྱ་རུ་ཚུད།
དེ་འདྲ་ཐར་བར་འདོད་པའི་མི་སུ་དག
བྱང་ཕྱོགས་ཁ་ཆེའི་ཡུལ་དུ་ཕྱིན་ནས་ཀྱང་།
རྒྱ་གར་ཤར་ནུབ་ཆུ་བཞིན་སྦྱུལ་ནས་ནི།
དམ་ཆོས་རྒྱ་མཚོ་བོད་དུ་བསྒྱུར་ན་བདེ།

ཞེས་པའི་ལུང་བསྟན་བྱུང་བས་རྐྱེན་བྱས་ཏེ། དཀའ་སྤྱོད་དུ་མས་ཁ་ཆེར་ཕྱིན། ཀ་ལ་ཤ་རི་བྱ་བའི་གྲོང་དུ་སླེབ། ཁྲམ་ཟེ་ཞིག་གིས་ཕྱུག་གི་རི་མོ་བལྟས་ཏེ་ཤེས་པ་བརྗོད། རྐང་མགྱོགས་ཡིད་བཞིན་ནོར་བུ་བསམ་འཕེལ་བྱ་བ་ལ་བརྟེན་ནས་གྲོང་ཁྱེར་ཏ་མ་ལ་སཱིར་ཕྱིན་ནས། པ་ཎྜི་ཏ་ཤྲཱ་ཛྙཱ་ཀ་ར་ཝརྨ་དང་མཇལ་ཏེ། ཡོ་གའི་རྒྱུད་སྒྲུབ་ཐབས་རྣམས་གསན་ཅིང་བསྒྱུར། པ་ཎྜི་ཏ་གཞན་མང་པོ་ལའང་སློ་འདོགས་བཅད་དེ་བོད་དུ་འབྱོན་པར་བཞེད་པའི་ཚེ། རྨི་ལམ་གྱི་ལྟས་ལ་བརྟེན་ནས་པཎ་ཆེན་ནཱ་རོ་པ་དང་། ཀ་མ་ལ་གུཧྱ། ཛཱ་ན་མི་ཏྲ་སོགས་ལ་ཟབ་པ་དང་རྒྱ་ཆེ་བའི་ཆོས་དཔག་ཏུ་མེད་པ་གསན། མདོར་ན་པ་ཎྜི་ཏའི་བླ་མ་ཡང་བདུན་ཅུ་རྩ་ལྔ་བསྟེན་པས་གསུང་རབ་རྒྱ་མཚོ་ཆེན་པོའི་ཕ་རོལ་ཏུ་སོན་ཅིང་བསྟན་པ་ཕྱི་དར་ལ་སྐད་གཉིས་སྨྲ་བ་འདི་ཉིད་འགྲན་ཟླ་ཐམས་ཅད་དང་བྲལ་བས། མཁས་པའི་དབང་པོ་ཡེ་བཟང་རྩེ་བས་ཀྱང་བསྟན་པ་སྔ་དར་ལས་ཕྱི་དར་སྔགས་ཀྱི་བསྟན་པ་བོད་དུ་དར་བ་ཡང་།

ལོ་ཙཱ་བ་འདི་ཁོ་ནའི་བཀའ་དྲིན་ཡིན་ཞེས་ཆེ་བ་མཛད་པ་ཡིན་ནོ།

ལྷ་ལྡེ་ལ་སྲས་འོད་ལྡེ། ཞི་བ་འོད། བྱང་ཆུབ་འོད་དང་གསུམ་ལས། ཆུང་བ་དགེ་སློང་བྱང་ཆུབ་འོད་བྱ་བ། ཕྱི་ནང་གི་ཆོས་དང་ལོ་ཙཱ་ལ་ཤིན་ཏུ་མཁས་པ་ཞིག་བཞུགས་ཤིང་། དེ་ཡང་ཡེ་ཤེས་འོད་རང་གི་གཙུང་ལ་རྒྱལ་སྲིད་གཏད་ཟིན་ཀྱང་། གར་ལོག་དང་འཐབ་པའི་དམག་དཔོན་དུ་བྱོན་པས་གཡུལ་ཕམ་སྟེ་བཙོན་རུ་ཤོར་བ་ན། གར་ལོག་གིས། དཀོན་ཅོག་གི་སྐྱབས་འགྲོ་འདོར་རམ། ལུས་ཀྱི་ལྗིད་དང་མཉམ་པའི་གསེར་གང་ཡང་རུང་བ་བྱུང་ན་ཕྱིར་གཏོང་ཞེས་བརྡ་ཁ་བྱུང་བས། དཔོན་སྲས་རྣམས་ཀྱིས་གསེར་མང་དུ་བཙལ་ཀྱང་ཡུན་དུ་འགོར་ཞིང་། ཡེ་ཤེས་འོད་ཀྱི་གསུང་ལས། ད་ངེད་ན་ཆོད་མཐོན་པོར་གྱུར་པས་འདི་ནས་ཐོན་ཀྱང་བསྟན་འགྲོ་ལ་ཕན་པར་དཀའ་བས། གསེར་རྣམས་ཀྱིས་པཎྜི་ཏ་སྤྱན་དྲངས་ལ་ཆོས་དར་བར་བྱེད་པའི་བཀའ་གནང་སྟེ། མི་རིང་བར་གྲོངས། ལས་ཆེན་ཀུན་རྒྱལ་བས། ལྷ་བླ་མ་ཡེ་ཤེས་འོད་གསེར་འཚོལ་དུ་བྱོན་པ། གར་ལོག་གིས་བཙོན་དུ་བཟུང་བར་བཤད་པ་ནི། སྐྱེ་བོ་ཕལ་པ་ནོར་སློང་བ་ལྷ་བུའི་རྣམ་པ་ཤར་བ་བློ་གྲོས་དམན་པ་སྟེ། དེ་ཉིད་མངའ་རིས་ཀྱི་བཙད་པོ་ཆེན་པོ་ཡིན་པས། རྒྱ་མཚན་ཞིབ་ཏུ་མ་དཔྱད་པའི་སྐྱོན་ནོ། དུས་སྐབས་དེ་དག་ཏུ་ཟ་ལ་ཞོན་ནས་ནམ་མཁའ་ལ་འཕུར་ཐུབ་པའི་རྫུ་འཕྲུལ་ཅན། ཨར་མོ་བན་ཧྲེ་བཅོ་བརྒྱད་སོགས་ཀྱི་ལུགས་འཛིན་དུ་མས་སྐྱེ་བོ་མཆོད་ཀྱིས་གསོད་པ་དང་། ཤ་ཆང་བུད་མེད་ལ་བག་མེད་དུ་སྤྱོད་པ་དང་། འདུལ་བའི་བསྟན་པ་ཡང་གོང་དུ་བླ་ཆེན་པོ་སོགས་ནས་བརྒྱུད་དེ་དར་རྒྱས་ཆེ་བར་ཡོད་ནའང་། བསྟན་པ་སྔ་དར་གྱི་པཎྜི་ཏའི་ཕྱག་སྲོལ་ཕལ་ཆེར་ཉམས། གསར་དུ་པཎྜི་ཏ་ཚད་ཐུབ་མང་དུ་མ་བྱོན་པ་སོགས་ཀྱིས། བོད་སྟོན་རྣམས་ཀྱིས་སོ་སོའི་འདོད་སྦྱོར་གྱི་ལུགས་རེ་བྱས་པས། བསླབ་བྱའི་གནས་ཕྲ་ཞིང་ཞིབ་པ་མཐའ་དག་ལུང་སྡེ་བཞི། དེ་དག་གི་འགྲེལ་པ་དང་བཅས་པའི་དགོངས་པ་བཞིན་འཕགས་ཡུལ་མཁས་པའི་ལུགས་དང་མཐུན་པ་ཞིག་མེད་པར་མཁྱེན་ནས་ལྷ་བླ་མ་བྱང་ཆུབ་འོད་ཀྱིས། གངས་ཅན་གྱི་ལྗོངས་འདིར། ལོག་པར་རྟོགས་པའི་ཚུལ་མིན་གྱི་མུན་པ་དྭངས་ནས་ཕྱུང་བར་བྱ་བའི་གནས་ལྔ་མཁྱེན་པ་ཧཱ་ལྡང་གི་དབང་པོ་ལྟ་བུ་ཞིག་སྤྱན་དྲང་བར་དགོངས་སོ། འོན་ཀྱང་ལས་ཆེན་ཀུན་རྒྱལ་བས། ཨ་ཙ་ར་དམར་པོས་གསང་སྔགས་ཐེག་ལེའི་སྐོར་

བསྒྱུར་ནས་རབ་བྱུང་དྲུ་མ་ཁྲིམ་པར་ཕབ་པས་ཆོས་ལོག་མཁན་པོ་ཡིན་ཞེས་སྨྲ་བ་ནི། པ་ཎྜི་ཏ་རང་གི་རྟོགས་པའི་ཡོན་ཏན་གྱི་ངོ་མ་མཉམ་པའི་རབ་ཏུ་བྱུང་བ་འགའ་ཞིག་ སྡིགས་ཀྱི་དེ་ཁོ་ན་ཉིད་མ་རྟོགས་པར་འཆལ་བའི་སྐྱོན་བྱུང་བ་བདེན་ནའང་། པ་ཎྜི་ཏ་གསང་བ་ཤེས་རབ་ལྷ་བུའི་གྲུབ་པའི་དབང་ཕྱུག་ཆོས་ལོག་མཁན་པོ་ཞེས་ངན་སྨྲས་བྱེད་པ་ནི། རང་ཉིད་ངན་སོང་མུ་མཐའ་མེད་པ་བསྐྱེབ་པའི་རྒྱུ་ཡིན་པས་ཤེས་ལྡན་རྣམས་བག་ཡོད་པར་གྱིས་ཤིག། སྨྲས་པ།

ཡིད་སྲུབས་བྱེད་པོའི་དཔུང་གི་སྟོ་བསངས་མའི།
བདེ་སྲིད་རྣམ་པར་བཞད་པའི་འདབ་སྟོང་ཚལ།
ཟུམ་ཆེ་སླར་ཡང་སྐལ་བཟང་ཧ་བདུན་གྱིས།
ཐུབ་བསྟན་ཉིན་བྱེད་གསར་པ་དྲངས་སོ་ཀྱི།
ནུས་པའི་སྟོབས་ལྡན་དཔའ་དང་རྩལ་ཡོད་པའི།
དཔལ་ལྡན་ཕྱོགས་ལས་རྒྱལ་བའི་རྡོ་རྗེའི་སྡེས།
རྣོན་པོའི་ཉག་ཕྲན་རྒྱུད་ལས་འཕོས་པའི་ཚེ།
སྡིག་ཅན་བཙན་པོའི་སྙིང་ལ་ཟུག་རྔུ་བྱིན།
ཨེ་མ་མཁས་བཙུན་བཟང་པོའི་སྐན་གྲགས་ཀྱི།
ཡོན་པོར་བལྟ་བའི་མིག་གི་ལྟུགས་ཀྱུ་ཡིས།
བྱང་ཆུབ་འོད་སྟོང་གསལ་མཛད་སྒྲ་འཛིན་གྱི།
ཞགས་པའི་ཕོན་པོ་ཡང་ཡང་འགྱུགས་སམ་སྙམ།

ཞེས་བྱ་བ་ནི་བར་སྐབས་ཀྱི་ཚིགས་སུ་བཅད་པའོ།།

དེ་ནས་མི་གཡོ་བའི་སྙིང་སྟོབས་ཕུལ་དུ་བྱུང་བའི་རྒྱལ་བའི་སྲས་ཀྱི་སྤྱོད་པ་རླབས་པོ་ཆེ་བསྒྲུན་པ་ལ་བག་ཚབ་མི་མངའ་ཞིང་། རྣམ་པར་དག་པའི་ཚུལ་ཁྲིམས་ཡན་ལག་བརྒྱད་དང་ལྡན་པའི་དལ་འགྲོའི་ཀླུང་གིས། རྒྱལ་བའི་བསྟན་པ་མཁའ་ལྡིང་རྒྱལ་མཚན་ཅན་གྱི་བགྲོད་བྱེད་ལ་སྲི་ཞུའི་དཀའ་ཐུབ་ཀྱི་བརྟུལ་ཞུགས་ཡང་དག་པར་བཟུང་། ཐུན་མོང་དང་ཐུན་མོང་མ་ཡིན་པའི་རིག་པའི་གནས་ཀྱི་

ཡ་ལད་བཙན་པོ་གྲོན་ཞིང་། མཛངས་པའི་ཡོན་ཏན་གྱི་དུ་ཀཱུ་ལའི་བདན་དཀར་པོ་སྲིད་པའི་རྩེ་མོར་གཡོ་བའི་པཎ་གྲུབ་དམ་པ་དྷི་པཾ་ཀ་ར་ཤྲཱི་ཛྙཱ་ནའི་སྙན་གྲགས། ལྷ་བླ་མའི་སྙན་གྱི་དབང་པོར་སོན་པ་ལ་བརྟེན་ནས། ནག་ཚོ་ལོ་ཙཱ་བ་རྒྱ་གར་དུ་ཆོས་སློབ་པར་ཕྱིན་པ་སླར་རང་ཡུལ་དུ་འཁོར་བ། ཞབས་སེན་གྱི་བཏྲོ་རྣམ་པར་བསྐྱོད་པའི་ཕོ་ཉར། རིན་པོ་ཆེ་གསེར་གྱི་ཕྱག་རྟེན་སོགས་གྱ་ནོམ་པའི་དངོས་པོ་དང་བཅས་པ་རྫངས་པ་ལམ་དུ་ཉེས་པའི་སྐྱོན་དང་བྲལ་ནས། བྲི་ཀ་མ་ལ་ཤཱི་ལར་སླེབས་ཏེ། རྒྱ་བརྩོན་སེང་གེས་མཇལ་བའི་གྲོགས་བགྱིས་ཏེ། ཇོ་བོའི་སྤྱན་སྔར་ཕྱག་རྟེན་རྣམས་དང་བཅས། སྔར་བསྟན་པ་ལ་འཕེལ་འགྲིབ་བྱུང་ཚུལ། དེང་སང་བསྟན་པ་དར་ཡང་སྡེ་སྣོད་ལག་ལེན་དུ་འདེབས་པར་དཀའ་ཞིང་། དེ་དག་གི་ཚུལ་ལ་བླང་དོར་གྱི་གནས་སྟོན་པར་ཇོ་བོ་ལྷ་བུ་ལས་གཞན་པའི་པ་ཎྜི་ཏས་ཕན་ཐོགས་པར་དཀའ་ཚུལ་རྣམས་ཞུས་ཏེ། ལོ་ཙཱ་བ་རེ་ཞིག་སློབ་གཉེར་བྱེད་པ་ལྟར་བསྡད། ཇོ་བོས་ཡི་དམ་གྱི་ལྷ་དང་གྲུབ་པའི་རྣལ་འབྱོར་མ་ལ་དྲི་བ་མཛད་པས། སྤྱི་སྐོས་མཐའ་དག་ཏུ་འཕྲིན་ལས་ཀྱི་སྐོ་ཆེ་ཞིང་། ཁྱད་པར་ཨུ་པ་སི་ཀ་ཞིག་ལ་བརྟེན་ནས་ཕན་ཐོགས་འབྱུང་བར་ལུང་བསྟན་པར་བརྟེན། ཐབས་མཁས་ཀྱི་མཛད་པས་མངའ་རིས་སུ་བྱོན་ཏེ། མཐོ་ལྡིང་གི་གཙུག་ལག་ཁང་དུ་བཞུགས་ནས། ལྷ་བླ་མ་སོགས་ལས་ཅན་རྣམས་ལ་ཟབ་རྒྱས་ཀྱི་ཆོས་དུ་མ་གསུངས་ཤིང་། བོད་དུ་ཆོས་བབ་ཅོལ་དུ་སྤྱོད་པ་རྣམས་ཀྱི་གཉེན་པོར་བྱང་ཆུབ་ལམ་གྱི་སྒྲོན་མར་གྲགས་པའི་བསྟན་བཅོས་ཁྱད་པར་ཅན་མཛད། སྔར་རྒྱ་གར་ནས་ཕེབས་ཁར་ལོ་གསུམ་ལ་ཕྱིར་ཕེབས་པའི་ཁས་ལེན་གནས་བརྟན་ཤྲཱི་ལ་ཀ་རའི་དྲུང་དུ་ནག་ཚོས་ཁས་བླངས་པ་བཞིན་འཕགས་པའི་ཡུལ་དུ་འབྱོན་པར་ཆས་པའི་ཚེ། འབྲོམ་སྟོན་པ་རྒྱལ་བའི་འབྱུང་གནས་ཇོ་བོ་བསེ་བཙུན་གྱི་དྲུང་ན་ཡོད་སྐབས། མངའ་རིས་སུ་པ་ཎྜི་ཏ་ཕེབས་པའི་གཏམ་གསན་པས་མགྱོགས་པར་བཤུལ་དུ་ཞུགས་ཏེ་ཇོ་བོ་དང་མཇལ། དབུས་ཕྱོགས་སུ་ལྷ་ས་དང་བསམ་ཡས་ཀྱི་ཐོག་དྲངས་པའི་གཙུག་ལག་ཁང་དང་། དགེ་འདུན་གྱི་སྡེ་རྣམས་ཀྱི་བསྔགས་བརྗོད་མཛད་པས། ཇོ་བོ་ཆེན་པོ་དགྱེས་པའི་རྣམ་འགྱུར་གྱིས་ཕྱག་ལན་གྲངས་མང་པོར་གནང་བས་སྤོབས་པ་ལྷག་པར་སྐྱེས་ཏེ། དབུས་སུ་འབྱོན་པར་གསོལ་བ་བཞིན་ཞལ་གྱིས་བཞེས། དུས་དེར་འབྲོམ་གྱིས་བོད་སྟོན་རྣམས་ལ། ཤིང་རྟའི་དབྱིབས་འདྲ་འཛམ་གླིང་གི། ཞེས་སོགས་

འཕྲིན་ཡིག་བཟུང་ནས་པ་བཞིན་བསུ་བ་ལ་བྱོན། དེ་ནས་རིམ་གྱིས་གཡས་རུ་གཙང་གི་སའི་ཆར་ཕེབས་ཏེ། ཡོལ་ཆོས་དབང་ལ་སོགས་པའི་སློབ་མ་ཁྱད་པར་ཅན་འགའ་ཞིག་སྨིན་པར་མཛད། ཁུ་སྟོན་གྱི་ཡུལ་ཡར་ཀླུང་བཟང་པོའི་བསྔགས་པ་བརྗོད་པ་ལ་བརྟེན་ནས་ཐང་པོ་ཆེར་ཕེབས་ཀྱང་། བསྙེན་བཀུར་ཚུལ་བཞིན་མ་བྱུང་བས་དྲོས་སྐབས་སུ་བསམ་ཡས་ལ་ཕེབས། རྒྱ་དཔེ་རྣམས་སློངས་བས་སྔར་མ་གཟིགས་པ་མང་པོ་མཆིས་པས། སློབ་དཔོན་པ་དྨས་མཁའ་འགྲོའི་གསང་མཛོད་ནས་བླངས་པ་ཡིན་ནམ་གསུངས། དེ་ནས་བང་སྟོན་དང་ཛོག་སོགས་ཀྱིས་བཏེག་ནས། སྣེ་ཐང་། ལྷ་ས། ཡེར་པ། ལན་བ་སོགས་སུ་ཕེབས་ཏེ། གདུལ་བྱའི་བློ་མཆོག་དམན་དང་བསྟུན་པའི་ཐེག་པ་ཆེ་ཆུང་གི་ཆོས་ཀྱི་མན་ཧྣ་ར་བའི་འཕྲེང་བ་སྤེལ་ལེགས་ཁ་བ་རི་པའི་ལུས་ཅན་རྣམས་ཀྱི་ཐོད་དུ་འཆིང་བར་མཛད་དོ།

འོད་ལྡེའི་སྲས་རྩེ་ལྡེའི་དུས་སུ་དབུས་གཙང་ཁམས་གསུམ་གྱི་སྡེ་སྣོད་འཛིན་པ་ཕལ་ཆེར་འདུས་ཏེ། ཆོས་ཀྱི་འཁོར་ལོ་བསྐོར་བའི་བསྙེན་བཀུར་དང་བདག་རྐྱེན་མཛད། ཟངས་མཁར་ལོ་ཙྪ་བས་ཚད་མ་རྒྱན་ཡང་དུས་དེར་བསྒྱུར། རྔོ་ལོ། གཞན་ལོ། ཁྱུང་པོ་ཆོས་བརྩོན། བཙན་ཁ་བོ་ཆེ། ཛོག་བློ་ལྡན་ཤེས་རབ། མར་ཐུང་དད་པ་ཤེས་རབ་རྣམས་དང་བསྡེབས་ཏེ། དྭགས་པོ་དབང་རྒྱལ་རྣམས་ཀྱི་ཆོས་འཁོར་ལ་བསྙེགས་ཏེ་བྱོན། བཙན་ཁ་བོ་ཆེས་ས་ཛྫན་ལ་བྱམས་ཆོས་བསླབས། རྔ་གཞན་གྱིས་ཆོས་འཁོར་ཐོན་ནས་རྒྱ་གར་དུ་བྱོན། དེ་ནས་མི་རིང་བར་དགེ་བཤེས་བྲག་དཀར་བས་སྐྱིད་ཤོད་ཞང་ཐན་པ་བོང་ཁར་དགེ་འདུན་གྱི་སྡེ་བཙུགས་ཏེ་བཤད་སྒྲུབ་ཀྱི་བསྟན་པ་སྤེལ། དེ་དག་དང་དུས་མཚུངས་སུ་བཀའ་གདམས་གཞུང་པ་གླང་ཤར། གདམས་ངག་པ་ལོ། བྱ་ཡུལ། རྒྱ་མ་རིན་ཆེན་སྒང་པ་རྣམས་ཀྱིས་ལྷ་ཆོས་བདུན་ལྡན་གྱི་བརྒྱུད་པའི་བསྟན་པ་སྤེལ། གསང་ཕུར་ཛོག་ལོ་ཡབ་སྲས་ཀྱིས་རིག་ལམ་ནས་དྲངས་པའི་བཤད་ཉན། པ་ཚབ་ལོ་ཙྪ་བས་དབུ་མའི་གཞུང་། རྒྱ་འདུལ་འཛིན། མཆོ་སྣ་བ་སོགས་ཀྱི་འདུལ་བའི་སྡེ་སྣོད། གཉལ་ཞིག་ཡབ་སྲས་ཀྱིས་ཕར་ཚད། ཛོག་ཨཱ་རྱ་དེ་ཝས་འདུལ་བ་འགོས་ལུགས། བྱ་སྣང་པ་བསོད་ནམས་རིན་ཆེན་གྱིས་འདུས་པ་མར་ལུགས། བླ་མ་ཛོག་པ་ཡབ་སྲས་ཀྱིས་མར་ལུགས་གྱུར་བརྟག་སམ་གསུམ། ཟུར་ཆུང་པ་དང་ཛེ་སྒྲོ་ཕུག་པ་སོགས་ཀྱིས་ལུང་གི་

མདོ་བདུན། སྒྱུ་འཕྲུལ་སྡེ་བརྒྱད། སེམས་སྡེ་ཉི་ཤུའི་སྐོར། རྣ་ཆོས་རབ། རོང་པ་རྒྱལ། དབྱའ་ལོ། གྲྭ་པ་ལོ་ཙཱ་བ། འབྲོ་ལོ་ཙཱ་བ་སོགས་ཀྱིས་བཤེད་སྐོར་དང་དུས་འཁོར། ས་སྐྱ་པ་དཀར་པོ་རྣམ་གསུམ་སློབ་བརྒྱུད་དང་བཅས་པས་འབྲོག་མི་ལུགས་ཀྱི་གསུང་ངག་གུར་བརྟག་སམ་གསུམ། བདེ་མཆོག་སྐོར། རྗེ་བཙུན་མི་ལ། སྒམ་པོ་པ། འབྲུགས་པ། ཁྲོ་ཕུ། འབྲི་སྟག་སོགས་ཀྱིས་ཕྱག་རྒྱ་ཆེན་པོ་དང་ཆོས་དྲུག་གི་སྐོར། པཎ་ཆེན་ཤཱཀྱ་ཤྲཱི་སོགས་ཀྱིས་མདོ་སྔགས་གཉིས་ཀའི་རིག་ལམ་སྤེལ་བར་མཛད་པས། དུས་ཆོད་དེར། སྟོབས་བཅུ་མངའ་བ་ཟས་གཙང་སྲས་པོའི་ལུང་དང་རྟོགས་པའི་བསྟན་པ་རིན་པོ་ཆེ་དཀར་ཕྱོགས་ཀྱི་རྫོགས་པ་གསུམ་པའི་ཆུ་ཤེལ་དབང་པོ་ལྟར་འཆད་རྩོད་རྩོམ་པ་དང་ཐོས་བསམ་སྒོམ་པའི་ཆ་ཤས་ཀྱི་ཉ་ཡོངས་སུ་གང་བ་ཡིན་ཅིང་། མཁས་གྲུབ་དེ་དག་དགུང་ལོ་བགྲེས་གཞོན་མ་གཏོགས་ཕལ་ཆེར་དུས་མཚུངས་པར། མཁས་པའི་དབང་པོ་ཡེ་བཟང་རྩེ་བཞི་པ་ཆོས་ཀྱི་དབྱིངས་སུ་སྐུའི་བཀོད་པ་བསྡུས་པའི་རྗེས་སུ། རང་དང་གཞན་གྱི་གྲུབ་པའི་མཐའ་རྒྱ་མཚོ་ཆེན་པོའི་ཕ་རོལ་ཏུ་སོན་ཞིང་། ཐུབ་བསྟན་ཡོངས་ཀྱི་རྩ་ལག་གཅིག་པུ་གྲངས་མེད་རྒྱལ་བའི་འཁོར་ལོའི་དབང་ཕྱུག་འཁོན་སྟོན་ཆོས་ཀྱི་རྒྱལ་པས་ཡུལ་དེ་ཤྲཱི་གོ་ཏ་མིང་གཞན་ཕ་བོང་ཁའི་དཀར་ཆག་ཏུ་བཀའ་སྩལ་ཏོ།

རྩེ་ལྡེའི་སྲས་འབར་ལྡེ། དེའི་སྲས་བཀྲ་ཤིས་ལྡེ། དེའི་སྲས་བྷ་ཏེ། དེའི་སྲས་ནཱ་ག་དེ་ཝ། དེའི་སྲས་བཙན་ཕྱུག་ལྡེ། འདིས་ཡ་རྩེར་བྱོན། དེའི་སྲས་བཀྲ་ཤིས་ལྡེ། དེའི་སྲས་གྲགས་བཙན་ལྡེ། དེའི་སྲས་གྲགས་པ་ལྡེས་གསེར་ཕྱེ་བྲེ་བདུན་ལས་གྲུབ་པའི་འཛམ་དབྱངས་དང་། དངུལ་དཀར་སྟོང་ཕྲག་བཅུ་གཉིས་ལས་གྲུབ་པའི་བྱམས་པ་སོགས་སྐུ་གསུང་ཐུགས་རྟེན་མང་དུ་བཞེངས། དེའི་སྲས་ཨ་སོ་ལྡེས་རྡོ་རྗེ་གདན་དུ་མཆོད་པའི་རྒྱུན་བཙུགས། དེའི་སྲས་འཇིད་དར་རྨལ་དང་ཨ་ནན་རྨལ་གཉིས། ཕྱི་མས་གསེར་གྱི་བཀའ་འགྱུར་བཞེངས། དེའི་སྲས་རིའུ་རྨལ་གྱིས་དངུལ་དཀར་བཞི་བཅུ་ལ་སྣན་བླ་མཆེད་བརྒྱད་དང་། འཕྲུལ་སྣང་དུ་གསེར་ཏོག་ཕུབ། དེའི་སྲས་སང་གྷ་རྨལ། དེའི་སྲས་འཇིད་དར་རྨལ་གྱི་སྲས་ཨ་འཇིད་རྨལ་གྱིས་རྒྱལ་ས་མ་ཐོབ་གོང་དུ་ས་སྐྱར་རབ་བྱུང་མཛད། སླར་སྲིད་བཟུང་། དེའི་སྲས་ཀ་ལན་རྨལ། དེའི་སྲས་པར་བཏབ་རྨལ། འདི་ནས་ཡ་ཚེའི་གདུང་བརྒྱུད་ཆད་དེ་པུ་རང་ན་མངའ་བདག་བསོད་ནམས་ལྡེ་སྤྱན་དྲངས་ནས་སྲིད་བཟུང་བས་པུ་ཧྲུ་རྨལ་དུ་གྲགས་སོ།

转 写

［青史］, ka 册, 第 19 叶正面

de'i ('od srungs) sras dpal 'khor btsan/ de 'bangs kyis bkrongs dbus gtsang mthil gyi rgyal srid shor nas/ sras khri bkra shis rtsegs pa dpal dang/ skyid lde nyi ma mgon gnyis yod pa/ khri bkra shis rtsegs pa dpal gtsang stod du bzhugs nyi ma mgon mnga' ris su byon/ de la sras gsum ste/ dpal gyi mgon/ bkra shis lde mgon/ lde gtsug mgon rnams so/ che bas mar yul/ bar pas spu hrangs/ cung bas zhang zhung ste gu ge'i mnga' zhabs na yod pa yin no/ bkra shis mgon la sras gnyis te/ 'khor re dang srong nge'o 'khor re la sras nā ga rā dza dang de ba rā dza gnyis so/ 'khor re yab sras gsum rab tu byung nas srong nge la srid gtang/ de'i sras lha lde/ de'i sras 'od lde srid gzung/ gcung po byang chub 'od dang zhi ba 'od gnyis rab tu byung/ 'od lde'i sras rtse lde/ de'i sras 'bar lde/ de nas bkra shis lde/ bha lde/ nā ga de ba/ btsan phyug lde/ bkra shis lde/ grags btsan lde/ grags pa lde/ a so ga lde/ de'i sras 'dzi dar rmal dang a nan rmal gnyis/ phyi ma'i sras re'u rmal/ de nas sang gha rmal/ 'dzi dar rmal gyi bu a 'dzid rmal/ de'i bu ka lan rmal/ de'i bu bar btab rmal/ des ya tshe'i rgyal brgyud chad/

［青史］, kha 册, 第 3 叶背面

srong btsan 'khrungs nas lo sum brgya dang nyi shu rtsa dgu 'das pa sa pho rta'i lo la lo tsā ba rin chen bzang po 'khrungs/ khong gis bcu gsum bzhes pa'i tshe mkhan po ye shes bzang po la rab tu byung zhes bya ba/ khri thang dznya nas bkod pa'i rnam par thar pa na 'dug/ de lta na ni lo tsā ba rab tu byung ba'i lo de/ bstan pa bsnubs pa'i lcags bya nas lo bdun bcu pa yin te/ bstan pa byung ba yang dbus gtsang las mnga' ris snga bar mngon no/ lo tsā bas brgyad bcu rtsa rnga bzhes pa la jo bo[1] rje bod du byon/ lo tsā bas mjal/ spyir lo chen 'dis sku gzhon pa nas kha cher byon/ sngags mtshan nyid kyi gzhung lugs mang po la spyangs/ mkhyen pa shin tu che bas mdo sngags kyi chos mang po bsgyur/ pha rol tu phyin pa dang rgyud kyi phyogs gnyis ka'i bshad pa rgya cher mdzad/ dbang dang sgrub pa'i lag len mang du bstan zhing/ bstan pa snga dar las phyi dar sngags kyi bstan pa bod du dar ba yang phal cher lo tsā ba 'di kho na'i bka' drin yin/ paṇḍi ta bdun bcu rtsa lnga bsten nas dam pa'i chos mang du gsan/ bla chen po lha lde btsan gyis dbu'i mchod gnas dang rdo rje slob dpon du bkur/ spu hrangs kyi zher gyi gnas gzhi phul/ gtsug lag khang kyang bzhengs/ khva tse'i gtsug lag khang dang/ rong gi gtsug lag khang la sogs pa gnas gzhi dang gtsug lag khang dang mchod rten mang du bzhengs/ gur shing brtson 'grus rgyal mtshan la sogs pa'i slob ma mkhas grub mang po dang/ zhus chen pher ba'i lo tsā ba yang bcu lhag tsam thon/ 'phral gyi mdzad pa yang sku gzugs bzhengs pa dang 'gyur mdzad pa la sogs re re'i rjes kyang gzhan gyis mi snyogs pa dang/ mtshan yang dag par brjod pa yang saṃskrī ta'i skad du 'bum phrag gcig/ bod kyi skad du 'bum phrag gcig/ gzhan la yon byin te 'bum phrag gcig rnams bton/ mthar jo bo[2] rjes sgrub pa la btsud de/ sgrub khang gi phyi rol na sgo sum rim du yod pa la/ tshe[3] 'di'i rnam pa rtog pa dang/ rang don yid byed kyi rnam par rtog pa dang/ tha mal[4] gyi rnam par rtog pa rnams skad cig ma re skyes na/ bstan bsrungs rnams kyis kho bo'i mgo bo khos shig ces bya ba'i sgo yig sbyar nas/ rtse gcig tu bsgrubs pas mchog gi grub pa brnyes te/ dgung lo dgu bcu rtsa brgyad pa shing mo lug la khva tse wing gir du mya nga las 'da' ba'i tshul bstan ba'i tshe/ nam mkha' gang ba'i lha rnams kyis rol mo rgya chen po sgrogs pa dang/ me tog gi char 'bebs pa la sogs pa grong pa'i byis

---

〔1〕 译者注：原书附录中为 ba。
〔2〕 译者注：原书附录中为 ba。
〔3〕 译者注：原书附录中为 cha。
〔4〕 译者注：原书附录中为 tha ma la。

pa la sogs pa skye bo thams cad kyis mngon sum du gyur/ gdung gtan ma byung bas mkha' spyod du gshegs shes grag[1]/ ring bsrel 'ol ma se'i mdog lta bu shin tu dmar ba[2] gsum byung ba yang[3]/ je zhig ltar 'brug lta bu'i sgra chen po dang bcas te nam mkhar song ngo/ lo chen gyi skabs so.

gzhan yang lha bla ma ye shes 'od kyis/ rgya gar shar phyogs kyi paṇḍi ta dha rma pā la spyan drangs/ 'dul ba'i bshad pa dang lag len mdzad pa'i slob ma'i gtso bo sā dhu pā la/ gu ṇa pā la/ pra dznya pā la ste/ pā la gsum la sogs pa'i slob ma mang du byung ste/ de rnams las brgyud pa la stod 'dul ba zhes zer ro/ gzhan yang lha lde'i ring la su bhū ti shrī shā nti ste/ kha che paṇ chen du grags pa de spyan drangs nas/ shes rab kyi pha rol du phyin pa brgyad stong pa dang/ de'i 'grel chen dang/ mngon par rtogs pa'i rgyan 'grel[4] pa dang bcas pa la sogs pa pha rol du phyin pa'i mdo dang bstan bcos mang du bsgyur/ lo chen gyi slob ma lo tsā mchog tu mkhas pa mang du byung ba rnams kyis 'dul ba'i sde snod mang po dang/ pha rol du phyin pa dang/ sngags kyi chos kyang mang du bsgyur/ khyad par rma dge ba'i blo gros kyis tshad ma rnam 'grel dang/ de'i rang 'grel dang/ lha dbang blo'i 'grel pa dang/ shā kya blo'i 'grel bshad la sogs pa mang du bsgyur zhing/ 'chad nyan gyis gtan la phab/ de las mched nas dbus gtsang gi phyogs 'dir yang tshad ma'i 'chad nyan byung zhing/ de'i tshe khyung po grags se zhes bya ba mkhas par grags pa des tshad ma'i bshad pa mang du mdzad/ de dag la tshad ma rnying ma zhes zer/ phyis lo tsā ba blo ldan shes rab nas tshad ma gsar mar grags pa rnams byung/ mkhas pa chen po dznyā na shrī yang spyan ma drangs par bod du byon/ de la sogs pa'i paṇḍi ta mang du byon nas rnam par dag pa'i 'gyur mang po mdzad pa dang/ 'od lde'i ring la jo bo rje spyan drangs

[1] 译者注：原书附录中为 grags。
[2] 译者注：原书附录中为 po。
[3] 译者注：原书附录中为 yongs。
[4] 译者注：原书附录中为 'grep。

nas bstan pa la zhus dag mdzad pa dang/ de'i sras rtse lde ring la/ me pho 'brug gi chos 'khor zhes bya ba dbus gtsang khams gsum gyi lde snod 'dzin pa chen po phal che ba yang 'dus/ chos kyi 'khor lo legs par so sor bskor/ zangs dkar lo tsā bas tshad ma rgyan yang de'i dus su bsgyur ba mdzad de/ spyir na mnga' ris bstod kyi rgyal po de rnams kyis bstan pa'i zhabs tog bgyis de lta bu ni yul gzhan gang na yang ma mchis/ chos 'khor de la rva lo tsā ba dang/ gnyan lo tsā dang/ khyung po chos brtson dang/ btsan kha bo che dang/ rngog blo ldan shes rab dang/ mar thung dad pa shes rab ste lo tsā ba rnams kyi 'grul tshan la dgas po dbang rgyal yang yong[1] de chos 'khor de la snyegs/

[青史], ca 册,第 2 叶正面

lha btsun pa byang chub 'od kyis lan mang po'i bar du gser mang po bskur pa'i spyan 'dren pa mang du brdzangs te/ de yang mnga' ris kyi lha bla ma ye shes 'od ces grags pa de'i rgyal tshab srong nge/ de'i rgyal tshab rgyal po lha lde/ de'i rgyal tshab 'od lde/ de la gcung po gnyis yod pa'i lha btsun byang chub 'od che ba/ chung ba dge slong zhi ba'i 'od ces bya ba bstan pa phyi nang gi chos mtha' dag la mkhas shing lo tsā yang shin tu mkhas par mkhyen pa zhig bzhugs/ lha bla ma ye shes 'od kyis rang gi rgyal srid gtad zin kyang dmag gi dpon mdzad de/ gar log dang 'thabs pas pham ste/ gar log gis btson du gzung/

[青史], ja 册,第 1 叶正面

bstan pa phyi dar la rnal 'byor phyi nang gnyis ka'i bshad pa rgyun dang bcas te mang du byung ngo/ de yang skyes bu'i mchog lo tsā ba chen po rin chen bzang po zhes grags pa des/ spyir pha rol tu phyin pa dang sngags kyi gzhung thams cad mkhyen cing bshad pa yang mdzad mod/ bye brag tu rnal 'byor gyi rgyud kyi bshad pa ji ltar

〔1〕 译者注:原书附录中为 yong yad。

mdzad pa ni/ lo tsā ba chen po des kha cher lan gsum byon/ der bla ma mang po bsten/ bod du yang paṇḍi ta mang po spyan drangs/ bshad pa'i srol legs par btsugs te/ de nyid bsdus pa'i rgyud la 'grel pa slob dpon kun snying gis mdzad pa'i de nyid snang ba dang/ dpal mchog gi rgyud kyi 'grel pa slob dpon kun dga' snying pos mdzad pa yang hol khongs 'ga' re lus pa zhig dang/ kun dga' snying pos mdzad pa'i rdo rje 'byung ba'i cho ga lag len dang bcas pa rnams dang/ sgyu 'phrul dra ba'i rgyud slob dpon kun dga' snying po'i bshad pa dang bcas pa dang/ thams cad gsang ba'i rgyud slob dpon shānti pa'i 'grel pa dang bcas pa dang/ de dag gi phran mang po yang bsgyur zhing phyag len du mdzad de legs par bskyangs pa las/ mnga' ris dang dbus gtsang pa'i slob ma yang mang du byung ba las/ lo chung legs pa'i shes rab/ mang nang gi gur shing brtson 'grus rgyal mtshan/ gra pa gzhon nu shes rab/ skyi nor dznyā na dang bzhi la thugs kyi sras bzhir grags/ gzhan yang spu hrangs pa an ston grags rin/ rgya ye tshul/ gung pa dge shes/ mar yul pa dkon mchog brtsegs rnams te/ bzhi po ni lo chen lo chung gnyi ga'i slob ma yin/ gzhan yang myang stod rgyang ro spe'u dmar gyi rgyang pa chos blos lo chen gyi zhabs la gtugs/ lo chen kha che nas byon ma thog cig la rdo rje 'byung ba'i dbang shra ddhā[1] nas brgyud pa dang/ ko sa la'i rgyan gsan/ dpal mchog kyang hol khongs cung zad yod pa'i 'grel pa dbang dang bcas pa/ shab rtse rgya gar dang sngabs shed du gsan/ gsang 'dus ye shes zhabs lugs kyang legs par gsan/ lag len ni dol po sgom chen la bslabs/ bshad pa rnams gtso bor lo chung la zhus/ lo chen gyis kha che lan gnyis pa 'khor rjes hol khongs gsabs pa dang bcas pa dang/ sngar gyi chos 'phro lus pa yang gsan/ de rjes shangs kyi sum ston ye 'bar gyis lo bdun du lo chen bsten/ de nyid snang ba'i stod 'grel dang/ dpal mchog stod 'grel dang/ dpal mchog hol khongs can dang/ rdo rje 'byung ba dang/ 'grel pa gnyis kyi lugs kyi dbang bka' dang/ dpal

---

〔1〕 译者注：原书附录中为 shrad dhā。

mchog rdor[1] sems dang/ rigs bsdus kyi dbang bka' rnams zhus/ lo chen la bka' thob tsam mdzad nas sbyangs pa phal che ba lo chung la mdzad/ de nas myang stod kyi lce zhar gyis lo chen la thug cing/ gtso bor lo chung lo bdun du bsten nas spyir yo ga thams cad dang/ khyad par dpal mchog la mkhas pa byas nas byon/ de nas sbang kha dar chung gi pha gzhon nu rgya mtsho/ las stod kyi brag stengs pa/ kul 'ching ru'i dmar ston chos kyi rgyal mtshan/ ldog pa kle ston/ bal shā kya rdo rje/ thang ston kod kha pa/ ldog gong kha pa rnams kyis lo chen la thug pa tsam byas nas/ slob gnyer gtso cher lo chung gi drung du sbyangs/ rngog ge ser dang/ shangs kyi srid ye gzhon gyis lo chen la bsnyegs pas ma zin par lo chung la brten te/ rngog ge ser pas mtshan brjod 'grel chen la mkhas par byas so/ lo chen gshegs rjes pho brang[2] zhi ba 'od lo tsā la mkhas pas 'gyur mang po mdzad cing/ lo paṇ mang po spyan drangs nas dpal mchog gi hol khongs rnams kyang legs par bsabs/ zangs dkar 'phags pa shes rab kyis lo chen la ma zin par lo chung dang/ de'i zur chos pa an ston grags rin la bsten nas/ de nyid bsdus pa dang dpal mchog gi bshad bka' dbang bka' dang / spyong rgyud ma bu'i bshad bka' dbang rnams legs par bsan/ de nas paṇḍi ta gzhon nu bum pa spyan drangs nas dbus su byon pa'i tshe/ de gong du paṇḍi ta karma badzra dang zangs dkar gzhon nu tshul khrims kyis 'dam du rtse mo'i 'gyur mdzad pa'i dpe dang/ gzhon nu bum pas rgya dpe'i steng nas bshad/ zangs dkar gyis lo tsā byas nas smon gro'i mar pa rdor[3] yes/ khams pa rgva ston/ yam shung klu chung gsum la bshad/ de nas lha sar byon pa'i tshe gnyal pa nyi ma shes rab ces bya ba rten dge bsnyen zhig gis lo paṇ gnyis la rtse mo tshar gsum gsan/ mchan dang yig sna mang du bris/ zangs dkar dang nyi ma shes rab kyis phyis bal por skor cig byon/ de nas lo tsā ba dang dpon slob

---

〔1〕 译者注：原书附录中为 rdo。

〔2〕 译者注：原书附录中为 phrang。

〔3〕 译者注：原书附录中为 rngor yas。

gnyis pos mnga' ris su byon/ lo tsā ba kha cher bzhud/ gnyal gyis rtse mo tshar gcig bzhad/ phyis kha che dznyā na shrī bod du byon nas chos 'khor ta bor bzhugs pa la/ lo gsum na paṇḍi ta bod skad byang bar gyur pas/ de la lo bdun gyi bar du legs par mnyan/ mang nang pa la kun snying gi lugs rnams kyang zhus/ skyi nor dznyā na la jo bo'i lugs kyi sbyong rgyud legs par zhus/ phyis zangs dkar gyis rtse mo la ṭī ka yang mdzad/

〔佛法源流・教莲盛开之日〕，白玛噶波著，第107叶

gnyis pa stod nas gsos tshul ni/ glang dar gyi sras 'od srungs dang yum btsan gnyis/ dang po la mnga' bdag dpal 'khor btsan/ de myang stod du snyags kyis bkrongs pa nas rgyal srid 'thor/ khong gi sras bkra shis brtsegs pa dpal dang/ skyid de nyi ma mgon gnyis byung pa'i phyi ma mnga' ris stod du spyugs pa la sras dpal gyi mgon/ lde gtsug mgon/ bkra shis mgon gsum byung ba stod du rgyal srid zhva tsam chags/ ya rtse rgyal po'ang de rnams la zer/ smad du bkra shis brtsegs pas bzhugs/ de la dpal lde/ 'od lde/ skyid lde gsum byung/ dbus gtsang gi ru lag bzhi bskyangs pas smad du rgyal srid lham tsam chags zer/ bkra shis mgon gyi sras 'od kyi rgyal mtshan/ de'i sras srong nge dang kho re gnyis/ srong nges gu ger mtho lding gi gtsug lag khang bzheng ba'i gros mdzad/ sa pra mkhan po na re/ brtsigs kyang lo brgya na〔1〕 'jig par 'dug zer/ 'o na bzhag gam gsungs pas/ lo brgya po de bstan pa la nan ltar phan pa zhig 'ong bar 'dug zer ba la/ 'o na bzheng rin chog dgongs〔2〕te bsam yas ji lta ba la/ khyad par shar phyogs su gser gyi mchod rten chen po zhig bzhengs pas nyi ma shar ba'i tshe/ de'i 'od nang na yar phog pas lha khang thams cad gser gyi mdog tu lhag gar 'char bas mtho lding gser khang du grags/ phyis bsam yas gzigs pa

〔1〕 译者注：原书附录中为 brgyan。
〔2〕 译者注：原书附录中为 dkhongs。

na/ nga'i yab mes bod tshang ma la dbang sgyur ba'i phyag rjes[1] las nga mtha' 'khob kyi rgyal phran zhig gi sug las mi chung bar 'dug gsung/ des mtshan nyid kyi theg pa bkar shes kyang/ ar tsho pande[2] bco brgyad la sogs pa'i sngags pa rnams kyis sbyor sgrol byas pas/ de dag bka' yin min the tsom zos/ rje rigs kyi bu thams cad bsags te lo bcu las mar mi gzhon/ nyi shu las yar mi rgan pa mang du 'tshogs pa'i blo la brtags nas blo rab 'bring dgur phye/ blo rab kyi rab tu gyur pa bdun/ de rnams kyi g.yog po bdun/ yang g.yog byed pa bdun te nyi shu rtsa gcig pha ma la rin byin nas nyos te kha cher brdzangs/ der khong rnams la gser mang po bskur nas 'di skad du bsgo'o// kha che'i yul na mkhas pa rin chen rdo rje zhes bya ba yod pas de spyan drongs/ rgya gar shar phyogs na dharma pā la bya ba yod pas de spyan drongs/ nub phyogs ka ru na paṇḍi ta nor bu gling pa bya ba yod pas de spyan drongs shig/ dbus 'gyur 'chang na paṇḍi ta pra dznyā ba li bya ba yod pas/ de la 'dus pa rnam gnyis bya ba'i chos mu stegs kyis kyang rtsod par mi nus pa yin/ de shes par gyis shig/ de nyid 'dus pa la kun dga' snying po'i 'grel pa yod zer bas/ de shes par gyis shig/ nor bu gling pa dang dharma pā la gnyis la las kyi sgrib pa rgyun gcod pa'i rgyud dang/ de'i 'grel pa slob dpon dpyid kyis mdzad pa dang/ dkyil 'khor gyi lha sum brgya bzhi bcu pa slob dpon rgyal ba'i lhas mdzad pa yod zer bas/ de shes par gyis shig/ dpal gsang ba 'dus pa la sangs rgyas ye shes zhabs dang/ 'phags pa klu grub kyis mdzad pa'i dkyil cho ga[3] yod zer ba dang/ rin chen rdo rje la dus 'khor dang/ rdo rje gdan bzhi'i rgyud 'grel yod zer bas tshol la shog// gzhan bi kra ma la shī la[4] na paṇḍi ta brgya rtsa brgyad/ mkhas pa bdun cu rtsa gnyis/ 'gran zla med pa sum cu rtsa bdun/ gtsug gi nor bu lta bu bcu gcig/ 'dzam bu'i gling gi rgyan lta bu brgyad/ khams gsum gyi spyan lta bu

---

〔1〕 译者注：原书附录中为 rdzas。
〔2〕 译者注：原书附录中为 pante。
〔3〕 译者注：cho ga 原书附录中为 chog。
〔4〕 译者注：bi kra ma la shī 原书附录中改为 bi kra ma shī la。

gnyis yod zer bas/ de rnams las gang byung re/ rab gser la ma rtseg par spyan ci 'drongs gyis/ 'bring gdams pa ci thob gyis/ tha ma'ang paṇḍi ta chos gang mkhas pa dang/ gdams ngag gang che ba rtsad chod la lung zhus dpe longs pa gyis la shog byas te btang ngo// khong rang mkhan slob med par bsnyen par rdzogs/ mtshan ye shes 'od/ sras gnyis kyang rab tu byung/ rgyal srid gcung gi sras lha lde la gtad/ de la sras gsum/ 'od lde/ byang chub 'od/ zhi ba 'od do// byang chub 'od la thugs rtsis[1] che/ rab tu byung du bcug go/ de ltar rgya gar du brdzangs pa rnams/ dang po kha cher phyin/ bcu dgu kha che grib bstan du shi/ rin chen bzang po dang/ legs pa'i shes rab gnyis lus/ rin chen bzang pos 'jig rten snang byed kyi dal du zhugs/ 'jam pa'i rdo rje zhal gsum phyag drug pa la me tog phog/ kha che rin chen rdo rje la sogs par yo ga'i rgyud dkyil chog dang bcas pa/ rdo rje rnal 'byor mas lung bstan nā ro pa la gtugs te/ gsang 'dus lugs gnyis gsan/ dbus 'gyur gyi paṇḍi ta 'das nas/ slob ma dharma pā la yin zer btsal yang ma rnyed/ nor bu gling pa la ngan song sbyong[2] rgyud dang/ thabs kyi rgyud lnga/ khyad par mi 'khrugs pa'i rgyud gdams ngag dang bcas pa zhus so// rdo rje dbyings kyi dkyil 'khor du lha grangs dang mnyam pa'i dbang thob/ bi kra ma la shī lar[3] paṇḍi ta mar me mdzad bzang po dang/ mi thub zla ba dang/ rgyal ba'i 'byung gnas gsum la sngags mtshan nyid mang po zhus/ spyir paṇḍi ta sum cu rtsa lnga la dbang thob/ rgyud sde bzhi'i sgro 'dogs kha che'i paṇḍi ta dang nor bu gling pa la bcad/ dgung lo so gsum pa la bod du byon/ der yo ga kha che lugs btsugs/ mnga' ris rgyal blon spros pa la dgyes nas/ gzhung na med pa'i mchod 'phreng dang/ khyad par lo chung legs she gre ba bde bas dbyangs bcos/ dgung lo zhe dgu pa la paṇḍi ta zla 'od bzang bo dang/ bhi na se dang/ ka ma la rakṣi ta la bsnyen par rdzogs/ dbus

[1] 译者注：原书附录中改为 brtse。
[2] 译者注：原书附录中为 spyod。
[3] 译者注：bi kra ma la shī lar 原书附录中改为 bi kra ma shī lar。

gtsang stod smad kun tu chos gsungs/ de nas lo brgyad nas paṇḍi ta shra ddhā[1] ka ra warma bla ma nor bu gling pas bod du btang nas rdo rje 'byung ba dang ye shes zhabs lugs gsungs/ ka cog gi 'gyur la cung zad bcos/ bod spyi mthun gyi bsod nams la grub nas rgya gar shar phyogs kyi paṇḍi ta dharma pā la bal po'i rten khyad par can rnams bskor ba la byon pas/ paṇḍi ta chad pas bsnyung nas bod kyi gangs ri mthong bar byon na phan zer bas/ rgyal blon chos la dgyes bod la phan thogs par dgongs nas mnga' ris su byon/ der yo ga gsan pas slob dpon kun dga' snying po'i gdams pa ma nor ba zhig byung bas shin tu mnyes te/ gser 'khar sder gang phul ba ma bzhes khong nor gyi 'dod pa dang bral ba yin gsung/ de nas yo ga kha che lugs bzhag nas rgya gar shar phyogs pa'i lugs gzhung gdams ngag dang bcas pa la nyams len dang bshad pa byas pas yo ga'i bdag por gyur/ de'ang skyu tshe'i stod la kha che lugs/ smad la shar phyogs lugs dar bas yo ga la bod 'dir stod lugs dang smad lugs gnyis su grags so// de la slob ma'i mchog bzhi byung ba ni/ lo chung legs pa'i shes rab/ grva pa gzhon nu shes rab/ kyi nor ye shes dbang phyug/ gur shing brtson 'grus rgyal mtshan zhes grags so//

[王统世系明鉴],第142叶正面

rje dpal 'khor btsan gyi chen ma'i sras/ skyid de nyi ma mgon gyis/ mnga' ris kyi rgyal po mdzad/ pu rangs kyi la'ang dbang rgyur/ de la sras gsum/ che ba dpal gyis mgon gyis mar yul gzung/ 'di nas jo bo ras chen gyi bar du rgyud/ bar pa bkra shis mgon gyi pu rangs bzung/ chung ba lde btsug mgon gyis zhang zhung bzung/ 'di gsum las stod na bzhugs pa'i mgon sum zer/ sde btsug mgon la sras gnyis te/ 'khor de dang/ srong de dang sku tshe stod la btsun mo khab du

[1] 译者注：原书附录中为 shrad dhā。

bzhes pas/ sras gnyis 'khrungs pa'i na ga ra tsa dang/ lde ba ra tsa'o/ sku tshe smad la rab tu byung nas/ lha bla ma ye shes 'od du mtshan gsol/ mtho lding dpal gyi lha khang bzhengs/ lo tsā ba rin chen bzang po dang/ rngog legs pa'i shes rab la sogs pa blo rno ba nyi shu rtsa cig rgya gar du chos slob pa la rdzangs/ paṇḍi ta shri dha ka ra dang/ war ma ta gnyis spyan drangs te/ mtshan nyid kyi theg pa dang/ rgyud sde bzhi po sgyur zhing bstan la phab/ 'dul ba stod lugs dar bar mdzad do/ chen po 'khor des kha char gyi lha khang gzhengs/ de'i sras lha lde pos/ paṇḍi ta su bha shi ta dang/ paṇḍi ta rme ru spyan drangs/ lha lde po la sras 'khrungs pa/ che ba zhi ba 'od/ 'bring lha bla ma byang 'od/ chung 'od lde'o/ 'di gsum gyi dus su/ lha bla ma ye shes 'od kyis/ sangs rgyas kyi bstan pa la dgongs nas/ rgya gar du paṇḍi ta gang na 'dren byon pas/ lam du mu stegs pa'i dmag gis bzung/ bod gangs can gyi ljongs 'dir/ sangs rgyas kyi bstan pa nyi ma shar ba lta bur mdzad pa na/ lha bla ma byang chub 'od de/ bod la bka' drin che ba legs so/ lha bla ma byang chub 'od kyi bcung po 'od ldes/ paṇḍi ta kha che dha na shri spyan drangs/ de'i sras btsan sde/ de'i sras bha le/ de nas rim pa bzhin du/ bkra shis lde/ bha re/ na ga lde rnams byung ba/ 'di rnams kyis gu ge pu rangs/ mar yul la sogs pa'i rgyal khams la dbang byas pa yin no/ yang na ga lde'i sras/ btsan phyug lde/ ya rtser byon te/ rgyal po mdzad/ 'de'i sras bkra shis lde/ de'i sras grags lde/ de'i sras grags pa lde/ de'i sras a rog lde/ a de'i sras a sog lde/ de'i sras dzi dar smal dang/ a nan ta smal gnyis so/ a nan ta smal gyi sras/ ra lul smal gyis lha sar/ jo bo rin po che dbu thog tu/ gser thog phul/ de la sras gnyis/ sang gha smal dang/ 'dzi thar smal gnyis so/ thar smal gyi sras/ a dzi smal/ de'i sras ka lan smal/ de nas ya rtse'i rgyal rgyud chad nas/ pu rangs nas/ mnga' bdag bsod rnams lde/ ya rtser gdan drangs nas/ rgyal sa bzungs/ pu ṇi smal bya bar mtshan rtags/ de'i sras phri ti smal dang/ blon po dpal ldan grags gnyis kyis lha sar bcu gcig zhal gyi steng du gser thog phul/

［西藏王臣记］，五世达赖喇嘛著，dza 函，第46 叶[1]

'on kyang mnga' ris la ma 'cham par 'od bsrungs kyis g.yon ru dang/ yum brtan gyis spus ru bzung ste 'khrug long chen po byung bas/ de dag nas bzung ste rje gnya' khri btsan po'i gdung brgyud kyis bod kyi spyi la dbang ma sgyur skad do/ de nas mi ring bar gyen log byung ste/ de yang gyen log ni/ nam mkha' la bya gcig 'phur bar bya gzhan mang po 'dus te gnod pa byed par dpe byas/ thog mar khams nas log/ de yang rkyen blon po bran kha dpal yon nyes med du khrims la sbyar ba'i rkyen gyis gnod sbyin du skyes nas bskul ba po byas te lha 'dre gdug btsan du mas mi rnams brlams par/ khu ston gyis mdzad pa'i bstan bcos rin cen bang mdzod du bshad cing/ gyen log gi rjes su bang so phal cher kyang brus te bshig go/ de ltar yum brtan gyi brgyud pa skyid g.yor kun la shin tu mang zhing/ 'od bsrungs gshegs pa'i bang so 'phrul rgyal gyi rgyab tu brtsigs/ de nas bang so rtsig pa'i srol nub cing/ de'i sras mnga' bdag dpal 'khor btsan/ de la sras khri bgra shis brtsegs pa dpal dang/ khri kyi lde nyi ma mgon gnyis 'khrungs/ nyi ma mgon gyis mnga' ris su byon te chab srid bzung/ sras gsum byung ba'i che ba dpal lde rig pa mgon gyis mang yul bzung/ bar pa bkra shis lde mgon gyis spu rangs bzung/ chung ba lde gtsug mgon gyis zhang zhung bzung/ lde gtsug mgon la sras kho re dang/ srong nge gnyis byung ba'i/ gcen gyis rab tu byung ba'i mtshan ye shes 'od du grags/ 'di'i dus bstan pa snga dar nyams de paṇḍi ta 'byon ba'i srol nub nas yun ring bar song zhing dus der bal po sle ru rtse bu pa'i lo tsā mkhas pa zhig gis pa ṇḍi ta phra la ring ba dang/ pa ṇḍi ta smṛ ti gnyis gdan drangs te 'ongs pas/ lo tsā ba shi/ pa ṇḍi ta gnyis gis bod skad mi shes pas yun ring bor 'khyams/ smṛ tis rta nag tu lug rdzi mdzad/ 'on kyang ring mo zhig nas mkhas pa 'dra dang phrad pas gnyis kas

---

〔1〕 译者注：原书置于《梵天佛地》第三卷，第一册，图齐将此文献作为该卷的补充，因此依据图齐意愿，移至此处。

khams su byon te bshad nyan gyi 'phrin las 'ga' zhig byung/ smṛ tis smra sgo mtshon char grags pa'i bstan bcos mdzad do/ lar ni dus skabs de dag tu yang bod ston gsung rab kyi gnas la blta ba'i mig dang bral ba'i dregs ldan blun po dag la bkur zhing/ pa ṇḍi ta smṛ ti lta bu'i mkhas pa yang rdzi bo sogs ngan pa'i las 'chol ba 'di dag la dbags kyang/ rje btsun sa phan gyis/

tsu ta'i yul du phyin pa na/
rkang gnyis pa la mir mi rtsi/

zhes dang/

tsan dan gser las rin che ba/
blun pos sol bar byas zhes grags/

zhes gsung ba thugs med par snang ngo/ lha bla ma ye shes 'od kyis rgya gar shar phyogs kyi pa ṇḍi ta dha rma pā la spyan drangs nas 'dul ba'i bshad pa dang lag len rgyas par mdzad/ slob ma pā la rnam gsum byung ba stod 'dul bar grags/ kho re'i sras lha ldes pa ṇḍi ta su bhu ti shī shā nti gdan drangs nas sher phyogs kyi bstan bcos mang du bsgyur/ lo chen rin cen bzang po dbu'i mchod gnas su mdzad cing/ lo tsā ba 'di gu ge'i sa'i char snyung waṃ ra tna du zhes bya bar 'khrungs shing/ lo gnyis lon pa'i tshe dbyangs gsal gyi sngags gsung zhing sa la ri mo 'bri ba sogs tshe rabs sngon ma rnams su blun po lug lha bu'i skye ba ma yin par mkhas pa pa ṇḍi ta rim par brgyud pa'i mdzad pa ngo mtshar ba bstan/ khyad par rgya gar du 'byon pa'i bskul ma/ pa ṇḍi ta bsod snyoms pa cig gis rgya dpe klog ma mkhyen pas thugs byung nas/ shing gi grib ma la gzims pa'i mnal lam du mkha' 'gro'i rtags ldan gyi bud med cig gis/

srin bu'i kha chus rang lus bcings pa ltar/
yul la zhen pas bdud kyi rgya ru tshud/
de 'dra thar bar 'dod pa'i mi su dag/
byang phyogs kha che'i yul du phyin nas kyang/
rgya gar shar nub chu bzhin myul nas ni/
dam chos rgya mtsho bod du bsgyur na bde/

zhes pa'i lung bstan byung bas rkyen byas te/ dka' spyod du mas kha cher byon/ ka la wa ri bya ba'i grong du sleb/ bram ze zhig gis phyag gi ri mo bltas te shis pa brjod/ rkang mgyogs yid bzhin nor bu bsam 'phel bya ba la brten nas grong khyer ta ma la sntir byon nas/ pa ṇḍi ta shra dha ka ra wa rma dang mjal te/ yo ga'i rgyud sgrub thabs rnams gsan cing bsgyur/ pa ṇḍi ta gzhan mang po la'ang sgro 'dogs bcad de bod du 'byon par bzhed pa'i tshe/ rmi lam gyi ltas la brten nas paṇ chen n'a ro pa dang/ ka ma la gupta/ dzi na mi tra sogs la zab pa dang rgya che ba'i chos dpag tu med pa gsan/ mdor na pa ṇḍi ta'i bla ma yang bdun cu rtsa lnga bsten pas gsung rab rgya mtsho chen po'i pha rol tu son cing bstan pa phyi dar la skad gnyis smra ba 'di nyid 'gran zla thams cad dang bral bas/ mkhas pa'i dbang po ye bzang rtse bas kyang bstan pa snga dar las phyi dar sngags kyi bstan pa bod du dar ba yang/ lo tsā ba 'di kho na'i bka' drin yin zhes che ba mdzad pa yin no/

lha lde la sras 'od lde/ zhi ba 'od/ byang chub 'od dang gsum las/ chung ba dge slong byang chub 'od bya ba/ phyi nang gi chos dang lo tsā la shin tu mkhas pa zhig bzhugs shing/ de yang ye shes 'od rang ge gcung la rgyal srid gtad zin kyang/ gar log dang 'thab pa'i dmag dpon du byon pas g.yul pham ste btson ru shor ba na/ gar log gis/ dkon cog gi sgyabs 'gro 'dor ram/ lus kyi ljid dang mnyam pa'i gser gang yang rung ba byung na phyir gtong zhes padma kha byung bas/ dbon sras rnams kyis gser mang du btsal kyang yun du 'gor zhing/ ye shes 'od kyi gsung las/ da nged na tshod mthon por gyur pas 'di nas thon kyang bstan 'gro la phan par dka' bas/ gser rnams kyis pa ṇḍi ta spyan drongs la chos dar bar byed pa'i bka' gnang ste/ mi ring bar grongs/ las chen kun rgyal bas/ lha bla ma ye shes 'od gser 'tshol du byon pa/ gar log gis btson du bzung bar bshad pa ni/ skye bo phal pa nor slong ba lta bu'i rnam pa shar ba blo gros dman pa ste/ di nyid mnga' ris kyi btsad po chen po yin pas/ rgyu mtshan zhib tu ma dpyad pa'i skyon no/ dus skabs de dag tu rnga la zhon nas nam mkha’ la ’phur thub pa’i rdzu ’phrul can/ ar mo ban dhe bco brgyad sogs kyi lugs ’dzin du mas skye bo mtshon gyis gsod pa dang/ sha chang bud med la bag med du spyod pa dang/ ’dul ba’i bstan pa yang gong du bla chen po sogs nas brgyud de dar rgyas che bar yod na’ang/ bstan pa snga dar gyi pa ṇḍi ta’i phyag srol phal cher nyams/ gsar du pa ṇḍi ta tshad thub mang du ma byon pa sogs kyis/ bod ston rnams kyis so so’i ’dod sbyar gyi lugs re byas pas/ bslab bya’i gnas phra zhing zhib pa mtha’ dag lung sde bzhi/ de dag gi ’grel pa dang bcas pa’i dgongs pa bzhin ’phags yul mkhas pa’i lugs dang mthun pa zhig med par mkhyen nas lha bla ma byang chub ’od kyis/ gangs can gyi ljongs ’dir/ log par rtogs pa’i tshul min gyi mun pa drungs nas phyung bar bya ba’i gnas lnga mkhyen pa rta ljang gi dbang po lta bu zhig spyan drang par dgongs so/ ’on kyang las chen kun rgyal bas/ a tsa rya dmar pos gsang sngags thig le’i skor bsgyur nas rab byung du ma khyim par phab pas chos log mkhan po yin zhes smra ba ni/ pa ṇḍi ta rang gi rtogs pa’i yon tan gyi dod ma mnyam pa’i rab tu byung ba ’ga’ zhig sngags kyi de kho na nyid ma rtogs par ’chal ba’i skyon byung ba bden na’ang/ pa ṇḍi ta gsang ba shes rab lta bu’i grub pa’i dbang phyug chos log mkhan po zhes ngan smras byed pa ni/ rang nyid ngan song mu mtha’ med pa bsgrub pa’i rgyu yin pas shes ldan rnams bag yid par byos shig/ smras pa/

yid srubs byed po’i dpung gi sngo bsangs ma’i/
bde srid rnam par bzhad pa’i ’dab stong tshal/
zum tshe slar yang skal bzang rta bdun gyis/
thub bstan nyin byed gsar pa drangs so kye/
nus pa’i stobs ldan dpa’ dang rtul phod pa’i/
dpal ldan phyogs las rgyal ba’i rdo rje’i sdes/
rnon po’i nyag phran rgyud las ’phos pa’i tshe/
sdig can btsad po’i snying la zug rngu byin/
e ma mkhas btsun bzang po’i snyan grags kyi/
yon por blta ba’i mig gi lcags kyu yis/

byang chub 'od stong gsal mdzad sgra 'dzin gyi/
zhags pa'i phon po yang yang 'gugs sam snyam/
zhes bya ba ni bar skabs kyi tshigs su bcad pa'o//

de nas mi g.yo ba'i snying stobs phul du byung ba'i rgyal ba'i sras kyi spyod pa rlabs po che bskrun pa la bag tshab mi mnga' zhing/ rnam par dag pa'i tshul khrims yan lag brgyad dang ldan pa'i dal 'gro'i klung gis/ rgyal ba'i bstan pa mkha' lding rgyal mtshan can gyi bgrod byed la sri zhu'i dka' thub kyi brtul zhugs yang dag par bzung/ thun mong dang thun mong ma yin pa'i rig pa'i gnas kyi ya lad btsan po gyon zhing/ mdzangs pa'i yon tan gyi du k'u la'i bdan dkar po srid pa'i rtse mor g.yo ba'i paṇ grub dam pa d'i paṃ ka ra shrī dzny'a na'i snyan grags/ lha bla ma'i snyan gyi dbang por son pa la brten nas/ nag tsho lo tsā ba rgya gar du chos slob par phyin pa slar rang yul du 'khor ba/ zhabs sen gyi badmo rnam par bskyod ba'i pho nyar/ rin po che gser gi phyag rten sogs gya nom pa'i dngos po dang bcas pa rdzangs pa lam du nyes pa'i skyon dang bral nas/ brī ka ma la shī lar slebs te/ rgya brtson seng ges mjal ba'i grogs bgyis te/ jo bo'i spyan sngar phyag rten rnams dang bcas/ sngar bstan pa la 'phel 'grib byung tshul/ deng sang bstan pa dar yang sde snod lag len du 'debs par dka' zhing/ de dag gi tshul la blang dor gyi gnas ston par jo bo lta bu las gzhan pa'i pa ṇḍi tas phan thogs par dka' tshul rnams zhus te/ lo tsā ba re zhig slob gnyer byed pa ltar bsdad/ jo bos yi dam gyi lha dang grub pa'i rnal 'byor ma la dri ba mdzad pas/ spyi sgos mtha' dag tu 'phrin las kyi sgo che zhing/ khad par au pa si ka zhig la brten nas phan thogs 'byung bar lung bstan par brten/ thabs mkhas kyi mdzad pas mnga' ris su byon te/ mtho lding gi gtsug lag khang du bzhugs nas/ lha bla ma sogs las can rnams la zab rgyas kyi chos du ma gsungs shing/ bod du chos bab col du spyod pa rnams kyi gnyen por byang chub lam gyi sgron mar grags pa'i bstan bcos khyad par can mdzad/ sngar rgya gar nas phebs khar lo gsum la phyir phebs pa'i khas len gnas brtan shrī l'a ka ra'i drung du nag tshos khas blangs pa bzhin 'phags pa'i yul du 'byon par chas pa'i tshe/ 'brom ston pa rgyal ba'i 'byung gnas jo bo bse btsun gyi drung na yod skabs/ mnga' ris su pa ṇḍi ta phebs pa'i gtam gsan pas mgyogs par bshul du zhugs te jo bo dang mjal/ dbus phyogs su lha sa dang bsam yas kyi thog drangs pa'i gtsug lag khang dang/ dge 'dun gyi sde rnams kyi bsngags brjod mdzad pas/ jo bo chen po dgyes pa'i rnam 'gyur gyis phyag lan grangs mang por gnang bas spobs pa lhag par skyes te/ dbus su 'byon par gsol ba bzhin zhal gyis bzhes/ dus der 'brom gyis bod ston rnams la/ shing rta'i dbyibs 'dra 'dzam gling gi/ zhes sogs 'phrin yig brdzangs pa bzhin bsu ba la byon/ de nas rim gyis g.yas ru gtsang gi sa'i char phebs te/ yol chos dbang la sogs pa'i slob ma khyad par can 'ga' zhig smin par mdzad/ khu ston gyi yul yar klung bzang po'i bsngags pa brjod pa la brten nas thang po cher phebs kyang/ bsnyen bkur tshul bzhin ma byung bas dros stabs su bsam yas la phebs/ rgya dpe rnams slongs bas sngar ma gzigs pa mang po mchis pas/ slob dpon pa dmas mkha' 'gro'i gsang mdzod nas blangs pa yin nam gsungs/ de nas bang ston dang rngog sogs kyis bteg nas/ snye thang/ lha sa/ yer pa/ lan ba sogs su phebs te/ gdul bya'i blo mchog dman dang bstun pa'i theg pa che chung gi chos kyi man dha ra ba'i 'phreng ba spel legs kha ba ri pa'i lus can rnams kyi thod du 'ching bar mdzad do/

'od lde'i sras rtse lde'i dus su dbus gtsang khams gsum gyi sde snod 'dzin pa phal cher 'dus te/ chos kyi 'khor lo bskor ba'i bsnyen bkur dang bdag rkyen mdzad/ zangs mkhar lo tsā bas tshad ma rgyan yang dus der bsgyur/ rva lo/ gnyan lo/ khyung po chos brtson/ btsan kha bo che/ rngog blo ldan shes rab/ mar thung dad pa shes rab rnams dang bsdebs te/ dvags po dbang rgyal rnams kyi chos 'khor la bsnyegs te byon/ btsan kha bo ches sa dzdza na la byams chos bslabs/ rva gnyan gyis chos 'khor thon nas rgya gar du byon/ de nas mi ring bar dge bshes brag dkar pas skyid shod nyang bran pha bong khar dge 'dun gyi sde btsugs te bshad sgrub kyi bstan pa spel/ de dag dang dus mtshungs su bka' gdams gzhung pa glad shar/ gdams ngag pa lo/ bya yul/ rgya ma rin cen sgang pa rnams kyis lha chos bdun ldan gyi brgyud pa'i bstan pa spel/ gsang phur rngog lo yab sras kyis rig lam nas drangs pa'i bshad nyan/ pa tshab lo tsā bas dbu ma'i gzung/ rgya 'dul 'dzin/ mtsho sna ba sogs kyi 'dul ba'i sde snod/ gnyal zhig yab sras kyis phar tshad/ rngog ārya de was 'dul ba 'gos lugs/ bya sgang pa bsod nams rin cen gyis 'dus pa mar lugs/ bla ma rngog pa yab sras kyis mar lugs gur brtag sam gsum/ zur chung pa dang rje sgro phug pa sogs kyis lung gi mdo bdun/ sgyu 'phrul sde brgyad/ sems sde nyi shu'i skor/ rva chos rab/ rong pa rgal/ dbya' lo/ grva pa lo tsā ba/ 'bro lo tsā ba sogs kyis bshed skor dang dus 'khor/ sa skya pa dkar po rnam gsum slob brgyud dang bcas pas 'brog mi lugs kyi gsung ngag gur brtag sam gsum/ bde mchog skor/ rje btsun mi la/ sgam po pa/ 'brugs pa/ khro phu/ 'bri stag sogs kyis phyag rgya chen po dang chos drug gi skor/ paṇ chen shākya shrī sogs kyis mdo sngags gnyis ka'i rig lam spel bar mdzad pas/ dus tshod der/ stobs bcu mnga' ba zas gtsang sras po'i lung dang rtogs pa'i bstan pa rin po che dkar phyogs kyi rdzogs pa gsum pa'i chu shel dbang po ltar 'chad rtsod rtsom pa dang thos basm sgom pa'i cha shas kyi nya yongs su gang ba yin cing/ mkhas grub de dag dgung lo bgres gzhon ma gtogs phal cher dus mtshungs par/ mkhas pa'i dbang po ye bzang rtse bzhi pa chos kyi dbyings su sku'i bkod pa bsdus pa'i rjes su/ rang dang gzhan gyi grub pa'i mtha' rgya mtsho chen po'i pha rol tu son zhing/ thub bastan yongs kyi rtsa lag gcig pu grangs med rgyal ba'i 'khor lo'i dbang phyug 'khon ston chos kyi rgyal bas yul de wi ko ṭa ming gzhan pha bong kha'i dkar chag tu bka' stsal to/

rtse lde'i sras 'bar lde/ de'i sras bkra shis lde/ de'i sras bha ne/ de'i sras n'a ga de wa/ de'i sras btsan phyug lde/ 'dis ya tsher byon/ de'i sras bkra shis lde/ de'i sras grags btsan lde/ de'i sras grags pa ldes gser phye bre bdun las grub ba'i 'jam dbyangs dang/ dngul dkar stong phrag bcu gnyis las grub ba'i byams pa sogs sku gsung thugs rten mang du bzhengs/ de'i sras a so ldes rdo rje gdan du mchod pa'i rgyun btsugs/ de'e sras 'dzi dar rmal dang a nan rmal gnyis/ phyi mas gser gyi bka' 'gyur bzhengs/ de'i sras ri'u rmal gyis dngul dkar bzhi bcu la sman bla mched brgya dang/ 'phrul snang du gser thog phub/ de'i sras sang gha rmal/ de'i sras 'dzi dar rmal gyi sras a 'dzid rmal gyis rgyal sa ma thob gong du sa skyar rab byung mdzad/ slar srid bzung/ de'i sras ka lan rmal/ de'i sras bar btab rmal/ 'di nas ya tshe'i gdung brgyud chad de pu rang na mnga' bdag bsod nams lde spyan drangs nas srid bzung bas pu ṇya rmal du grags so/

译　文

［青史］，ka 册，第 19 叶正面

（沃松）之子贝考赞被庶民弑死而丧失卫藏中心的国政，（贝考赞）有赤扎西孜巴贝和吉德尼玛衮二子。赤扎西孜巴贝据后藏上部。尼玛衮前往阿里，其有三子：贝吉衮、扎西德衮和德祖衮。长子据玛域，次子据布让，幼子据象雄，将古格置于治下。扎西（德）衮有二子：柯热和松额。柯热有二子：那伽罗阇和提婆罗阇。柯热父子三人出家后将朝政付与松额。（松额）之子拉德、（拉德）之子沃德（相续）主政，（沃德）昆弟降秋沃和希瓦沃二人皆出家为僧。沃德之子为孜德，孜德之子为巴德。其后相继为扎西德、帕德、那伽提婆、赞秋德、扎西德、札赞德、札巴德、阿索卡德。（阿索卡德）之子为喜达玛和阿那玛，后者之子为热玛，（热玛）之子为桑噶玛；喜达玛之子为阿喜玛，（阿喜玛）之子为噶朗玛，（噶朗玛）之子为巴达玛，至此亚泽王系绝嗣。

［青史］，kha 册，第 3 叶背面

在松赞干布诞生三百二十九年之后的阳土马年，译师仁钦桑波诞生。据赤塘·扎雅所著仁钦桑布传记，他十三岁时随堪布意希桑波出家。由此来看，译师出家之年，从（朗达玛）灭法之铁鸡年始计，已有七十年。佛法在阿里的出现早于卫藏。译师八十五岁时，至尊

阿底峡到达藏地,译师与其相见。总体而论,大译师年少时就前往迦湿弥罗,广学各种密咒法相经典,学问渊博,大量译入显密经典,详细撰著般若波罗蜜多和两类密续之注释,广示灌顶和修行之法。后弘期藏地密法的弘扬,比前弘期更为兴盛,这多半也是大译师的恩德。译师依止七十五位班智达学习,广闻妙法。大喇嘛拉德赞将其奉为主要福田和金刚阿阇梨,虔诚供奉,贡献布让的协尔为其住地,并修建寺院。修建了卡孜的祖拉康和绒地的祖拉康等许多祖拉康和佛塔。以古新·尊追坚赞为首的许多有成就的弟子,以及主校译师等十余人,也都出自译师门下。大译师此世的事业,诸如立塑佛像和翻译佛经等,一一功绩亦无人能出其右。译师曾诵梵文本[文殊师利真实名经]十万遍,藏文本十万遍,加持他者又复诵十万遍。后来,尊者阿底峡让译师修行,译师在修行室外的三道门上都依次贴有警句:"如果心中刹那生起此世的分别、自利作意的分别和凡庸的分别,诸护法神当碎我头!"译师一心专修而获得殊胜成就。阴木羊年,译师九十八岁,在卡孜翁奇示现涅槃。时,广大虚空中,诸天神齐奏音乐,普降花雨,凡此瑞像,均为城中一切男女老少所亲见。由于没有任何遗骨,因此传说他前往空行。虽出现三粒色如小莲叶子般赤红的舍利,然也渐次坏灭,发出巨雷般的响声而消失空中。此系有关大译师的章节。

此外,拉喇嘛意希沃迎请东印度的班智达法护,培养出以善护、德护和般若护等三护为主的许多讲说和实践毗奈耶的弟子,从他们所传承的学派称为"上部律传"。此外,拉德时期,又迎请著名的迦湿弥罗班智达须菩提吉祥寂,译出[般若波罗蜜多八千颂]本经及大疏、[现观庄严论]本论及释等许多般若经典和论书。大译师之众多弟子精于译事,翻译了大量的律藏、般若经典以及密法。特别是玛·格威洛卓翻译了[释量论(颂)]、[释量论自注],以及天主慧和释迦慧分别撰著的[释量论注]等许多论书,并形成了讲闻的制度,卫藏地区由此也出现了量论的讲闻。当时,以学识渊博而著名的琼波札色也撰著了许多因明学注疏,这些都被统称为"旧量宗"。而后来由译师洛丹协饶所传出的因明学,则被称之为"新量宗"。大智者智吉祥不请自来,有许多班智达也与他一样来到藏地，从事大量正善无误之译事。沃德时期迎请至尊阿底峡整顿教法。在沃德之子孜德时期的“阳火龙年法会”期间，卫、藏、康三区大部三藏法师群贤毕集，各尽其才，大转法轮。桑噶译师翻译的［释量论庄严］也完成于此时。总之，如上部阿里诸王那样虔心供奉佛法者，绝无仅有。热译师、念译师、琼波曲尊、赞喀沃切、翱·洛丹协饶和玛尔通·德巴协饶等译师参加了此次法会，塔波旺杰也出席了此次法会。

［青史］，ca 册，第 2 叶正面

拉尊巴降秋沃屡次遣使携黄金前往迎请（阿底峡）。阿里著名的拉喇嘛意希沃的王位继承者为松额，松额的继承者为拉德，拉德的继承者为沃德。此王有兄弟二人，兄为拉尊降秋沃，弟为比丘希瓦沃。希瓦沃通晓内外一切教法，娴于译事。拉喇嘛意希沃虽已逊位，但仍掌军权，与噶逻禄战而失利，被噶逻禄囚禁。

［青史］，ja 册，第 1 叶正面

后弘期出现了众多内外两种瑜伽传规。胜士、大译师仁钦桑波不仅精通一切般若和密教经论，而且还详加阐释，对瑜伽续尤为如此，其情况是：这位大译师曾三次前往迦湿弥罗，不仅在那里依止许多上师，而且还将众多班智达迎请入藏，从而建立起（瑜伽续的）传法之规。他翻译了阿阇梨庆喜藏撰著的［真性光］、［最上本初怛特罗］的注释——阿阇梨庆喜藏撰著，但有一些未尽之处，［金刚生起］的仪轨与实践、［幻网怛特罗］的注释、阿阇梨商底巴撰著的［一切秘密怛特罗］的注释及与此相关的许多小品论书等等，并认真加以实践、弘传，在阿里和卫藏地区培养出了许多弟子。其中小译师雷必协饶、玛朗的古新·尊追坚赞、查巴·熏奴协饶和奇诺·扎雅四人为其著名的心传弟子。此外，布让巴·安顿札仁、嘉耶楚、贡巴·格协和玛域瓦·贡却孜四人也是大译师、小译师二人的弟子。再者，年堆江若贝邬玛地区的江巴曲洛也拜倒在大译师的足下，大译师从迦湿弥罗回来后，他立即前来听受信（作铠）所传金刚生起灌顶、［俱差罗庄严],他与夏布孜嘉噶一起听闻了有一些未尽之处的[最上本初怛特罗]的注释和灌顶,还听受了智足所传密集教法。仪轨向大禅师夺波学习,阐释则主要向小译师学习。大译师第二次从迦湿弥罗返回之后,他从大译师那里听受了([最上本初怛特罗]注释)的未尽部分和以前遗留的一些教法。

此后,香地区的松顿耶巴也依止大译师七年之久,向大译师学习[真性光]上卷释、[最上本初怛特罗]上卷释及其未尽部分、[金刚生起]和两种注疏传规的灌顶经教以及[最上本初怛特罗金刚勇识]和摄部的灌顶经教等教法。他在大译师座前只接受了灌顶,而具体的学习则主要是在小译师的指导下进行的。此后,年堆地区的介夏得遇大译师,但他主要向小译师学习,为时长达七年,主要学习各种瑜伽,对于[最上本初怛特罗]尤其精到。之后,邦喀达琼的父亲熏奴嘉措、勒堆地区的札登巴、古钦如地方的玛尔顿・曲吉坚赞、多巴・勒顿、伯・释迦多吉、塘敦・贡喀巴和多贡喀巴等人虽得遇大译师,但主要在小译师座前求教。翱・格色尔和香地区的色耶熏二人由于跟随大译师未成,转而依止小译师。翱・格色尔对于[文殊师利真实名经广注]十分精通。大译师圆寂后,希瓦沃殿下精通译事,并翻译了不少经论,并且迎请了众多的译师和班智达,圆满补足了[最上本初怛特罗]的未尽部分。桑噶・帕巴协饶由于无缘师从大译师,于是依止于小译师及其传法助手安顿札仁,先后听受了[真性集怛特罗]、[最上本初怛特罗]注疏和灌顶经教及行部怛特罗原本和抄本的注疏和灌顶经教等教法。此后,班智达熏奴奔巴应邀入藏,他来到前藏时,班智达业金刚和桑噶・熏奴楚臣在当木地区已将[金刚顶经]译成了藏文,熏奴奔巴利用此(译本),依据梵本,以桑噶为助译,把[金刚顶经]对门卓的玛尔巴・多吉意希、康巴・噶顿和羊雄鲁琼三人进行了阐释。随后来到拉萨时,班智达和译师二人又向涅巴・尼玛协饶居士讲说了三遍[金刚顶经],居士还笔录了不少注解。后来,桑噶译师和尼玛协饶二人去了一趟尼泊尔。之后,译师和师徒二人去了阿里,译师前往迦湿弥罗,涅巴居士则在那里讲授了一遍[金刚顶经]。后来,迦湿弥罗班智达智吉祥来到藏地,驻锡塔波寺,三年之后,班智达就学会了藏语。涅巴居士不仅跟班智达学了七年，而且还向玛朗巴请教了智藏所传之法，又向奇诺·扎雅请教了至尊阿底峡所传行部怛特罗之法。后来，桑噶译师也撰著了一部[金刚顶经注疏]。

[佛法源流·教莲盛开之日]，白玛噶波著，第107叶

第二，上部复兴情况是：朗达（玛）的两个儿子为沃松和云丹。前者之子为阿达贝考赞，其在年堆为庶民所弑，江山瓦解。（贝考赞）有扎西孜巴贝和吉德尼玛衮两个儿子。后者被流放到上部阿里，生有贝吉衮、德祖衮和扎西衮三个儿子，于是在上部阿里建立小政权[1]，其国王也称"亚泽国王"。扎西孜巴（贝）占据下部阿里，生有贝德、沃德和吉德三个儿子，统治卫藏四如拉克[2]，是为下部小政权[3]。扎西衮的儿子为沃吉坚赞，后者又生有松额和柯热二子。松额商议创建古格托林寺，萨察堪布说：

"建也会在百年之内坏灭。"

（松额）说："那么建吗？"

（萨察堪布）回答："在百年之内会对佛法大有益处。"

"那么值得建造。"（松额）这样考虑后，按照桑耶寺（的布局修建），特别在东方修建了一座金色的佛塔，太阳升起时，阳光照耀在佛殿内，所有的佛殿都一片金碧辉煌，因此就取名为托林金殿。后来（松额）朝拜桑耶寺时说："我边地小王国的事业也不比我祖先统治全藏的丰功伟绩小。"

（松额）他虽然理解了法相乘的命令，但由于十八阿措僧为首的密咒师寻欢作乐，不免对此心生疑虑。于是将所有王族子弟召集在一起，他们的年纪均在十至二十岁之间，并视其聪明程度将他们分为三六九等。其中，选出异常聪慧者七人、仆从七人、服侍者七人，共二十一人。分别向其父母支付财物，将他们买下，然后派往迦湿弥罗。（松额）让他们携带大量黄金，临行前对他们如此命令道："迦

---

〔1〕 译者注：zhva tsam，意为"（如）帽子那么（大）"。

〔2〕 译者注：ru lag bzhi，此处译为"四如拉克"。

〔3〕 译者注：lham tsam，意为"（如）鞋那么（大）"。

湿弥罗地方有一位名叫宝金刚的智者,把他请来!东印度有一位名叫法护的贤哲,把他请来!西方噶如地方有一位名叫诺布林巴的班智达,把他给请来!金刚座有一个名叫般若波利的班智达,其有称为'两(密)集'的法,连外道也不能辩倒,对此一定要知道!据说[真性集]有庆喜藏的注释,对此也要知道!诺布林巴和法护二人拥有[常时断除业障怛特罗]和阿阇梨婆苏达对其所进行的注疏,以及阿阇梨胜天撰著的三百四十身坛城天众,对此也要知道![吉祥密集]则有佛智足和圣者龙树造的坛城仪轨,宝金刚有[时轮]和[金刚四座怛特罗]的注疏,要去找到!此外,据说超岩寺有一百零八位班智达,七十二位智者,三十七位举世无双,十一位如顶上宝珠,八位如世界庄严,两位如三界之眼。他们中间任何一位来都好。上策是不再增加黄金尽力迎请一位,中策是尽力得到教诫,下策是要向一位精通全部佛法、掌握全部教授的班智达请授经教传承、获得教典!"他自己则在无堪布和阿阇梨的情况下受具足戒,并取法名为意希沃。他的两个儿子也出家为僧,并将朝政交付给了他弟弟的儿子拉德。拉德有三个儿子,分别为沃德、降秋沃和希瓦沃。其中,降秋沃有大悲心,令其出家。这样,被派往印度学法的人先是到了迦湿弥罗,其中十九人因病死在那里,只有仁钦桑波和雷必协饶二人得以幸存。仁钦桑波居住在铁围山的坛城中,向三面六臂文殊金刚献花,向迦湿弥罗的宝金刚等人学习瑜伽部怛特罗坛城仪轨,由金刚瑜伽女授记,得遇那若巴,并聆听了两种密集传规。金刚座班智达(般若波利)圆寂后,据说法护是他的弟子,仁钦桑波便前往寻找,但未能找到。仁钦桑波向诺布林巴请教了[恶趣清净怛特罗]、五方便怛特罗,尤其是得到不动如来怛特罗的教授,并接受了与金刚界坛城天众数目相等的灌顶。在超岩寺,向燃灯贤、无能胜月和杰威迥乃三位班智达请授了诸多真言法相。总而言之,仁钦桑波接受了三十五位班智达的灌顶,迦湿弥罗班智达和诺布林巴为其解除了四部怛特罗的疑团。仁钦桑波三十三岁时返回藏地,并在藏地建立了迦湿弥罗的瑜伽体系。阿里王臣无比高兴,敬献了许多罕见的礼物,尤其是小译师雷必(协饶)还引吭高歌。(仁钦桑波)四十九岁时,从班智达月光贤、毗那塞和莲花护受具足戒,在卫藏多麦各地说法。

此后八年，上师诺布林巴派班智达信作铠来到藏地，讲授[金刚生起]和智足所传教法，并对噶译师和焦译师所译经论进行了一些厘定，成就了全藏的福德顺缘。东印度的班智达法护前往尼泊尔朝拜殊胜圣地，据说由于班智达积劳成疾，因看见藏域雪山，心想前往藏地将大有裨益。加之，藏地王臣好佛，前往必将造福于藏地。于是来到阿里。（仁钦桑波）随其聆听了瑜伽，得到了阿阇梨庆喜藏的纯正教授，心中十分高兴，于是向其敬献一铜盘黄金，但他不受，并说已断除财贪。建立迦湿弥罗瑜伽教法后，东印度瑜伽教法的经典教授在藏地得到修持和弘传，并成为主要的瑜伽教法。由于迦湿弥罗教法在瞿次上部得到弘扬，而东（印度）教法在下部得到弘扬，因此藏地就形成了上部瑜伽教法和下部瑜伽教法两个流派。仁钦桑波培养出四大著名弟子，分别为小译师雷必协饶、查巴·熏奴协饶、奇诺·意希旺秋和古新·尊追坚赞。

[王统世系明鉴]，第142叶正面

杰·贝考赞长妃之子吉德尼玛衮做了阿里国王，布让也在其统治之下。他有三个儿子，长子贝吉衮占据了玛域，由此传承至觉沃热钦，次子扎西衮据有布让，幼子德祖衮据象雄。此三人称为住于上部之三怙主。德祖衮有二子，即柯热和松额。松额前半世纳娶王妃，生有那伽罗阇和提婆罗阇二子。下半世出家，尊称为拉喇嘛意希沃，建立了托林吉祥神殿，派译师仁钦桑波、翱·雷必协饶等二十一位聪慧之人前往印度学法。迎请班智达信作（铠）和（莲作）铠两人，翻译、校订了法相乘及四部密续，弘扬上部律传。长兄柯热修建了科加神殿，彼子拉德波迎请了班智达善说和美如。拉德波有三子：长子希瓦沃，次子拉喇嘛降秋沃，幼子沃德。其中，拉喇嘛意希沃为了佛法，去印度迎请班智达，途中为外道军队所俘，……此雪域藏地，使佛法如日中天者，为拉喇嘛降秋沃，其于藏土阙功甚伟。拉喇嘛降秋沃的弟弟沃德迎请迦湿弥罗班智达施吉祥。沃德之子为赞德，赞德子巴莱，其后依次为扎西德、巴热和那伽德三代，他们统治着古格、布让和玛域等地。又，那伽德的儿子赞秋德前往亚泽地方，并做了国王。他的儿子为扎西德，扎西德之子为札德，札德之子为札巴德，札巴德之子为阿若德，阿若德之子为阿索德，阿索德之子为喜达玛和阿那达玛二人。阿那达玛的儿子拉鲁玛向拉萨的觉沃宝(像)的头顶敬献了一个黄金顶盖。他也有两个儿子，分别为桑噶玛和喜塔玛。喜塔玛的儿子为阿喜玛，阿喜玛之子为噶朗玛。此后，亚泽王统中断，由布让迎请阿达索南德到亚泽为王，称为布尼玛。布尼玛的儿子支底玛和大臣贝丹札二人向拉萨的十一面(观音像)敬献了一顶黄金伞盖。

[西藏王臣记]，五世达赖喇嘛著，dza函，第46叶[1]

然而(两王)争权夺势，沃松占据运如，云丹占据布如，引发大战乱。据说自此之后，君王聂赤赞普的后裔就没有再统治整个吐蕃。此后不久，发生反叛。(此次)反叛亦可比喻为一鸟腾空，众鸟云集而产生灾害。反叛最初发端于康区。复次库敦撰著的[宝藏论]记载，(叛乱的)因缘是由于大臣占喀贝永因无罪被诛而转生为药叉，鼓动众多凶恶鬼神，附于人体作祟。反叛之后，昔日的诸多陵墓也多被掘毁。这样云丹的后裔大多集中在整个吉夭地区[2]。沃松薨殁后，陵墓建在神变王陵的背面，此后修建陵墓的制度也不复存在。其(沃松)子为阿达贝考赞，其育有赤扎西孜巴贝和赤吉德尼玛衮二子。尼玛衮来到阿里，建立王权，并育三个儿子。其中，长子贝德日巴衮占据芒域，次子扎西德衮占据布让，幼子德祖衮占据象雄。德祖衮有柯热和松额二子。兄出家为僧，法名为意希沃。此时前弘期教法衰亡，迎请班智达的制度早已长期废弛，这时有一位尼泊尔译师，名叫勒如孜的贤者迎请班智达查拉仁瓦和念(智称)二人前来(藏地)。译师死去，两位班智达因为不懂藏语，长期流落。念智称在达那当牧羊人，但是过了很久遇到了一位有识之士，二人于是前

[1] 译者注：原书置于《梵天佛地》第三卷，第一册，图齐将此文献作为该卷的补充，因此依据图齐意愿，移至此处。

[2] 译者注：指拉萨河下游(skyid shod)和山南地区札溪、扎囊一带(g.yor po)。

往康区，略开讲闻之事业。念智称著有称为[语门武器]的论书。总之，在那些时期，吐蕃法师尊敬那些对经典缺乏眼识、傲慢愚钝之人，如班智达念智称那样的智者却被指派做牧人等粗鄙之事，观此情形，诚如至尊萨班说：

“若到祖达独脚国，
有两足者不算人。”

又说：

“旃檀虽然贵胜金，
愚者用来做木炭。”

此言一点也不假。拉喇嘛意希沃请来东印度的班智达法护，广为弘扬毗奈耶的讲说和实践，培养出称为三护的弟子[1]，其传承称为“上部律传”。柯热之子拉德请来班智达须菩提吉祥寂，大量翻译般若类论典，奉大译师仁钦桑波为主要福田。该译师诞生于古格一个名叫雍旺勒那的地方，两岁时就能读诵经咒字母，在地上作画等等。因此其前世绝非如羊一样愚鲁之辈，而显示出智者班智达世代相续之稀奇作为。尤其是前往印度的催请：一位化缘的班智达由于不懂读诵梵文书籍，（译师对此）心生厌恶，睡在树荫之下，于梦境中一位具有空行之相的妇女（对他）说：

“犹如蚕儿吐丝缚自身，
贪恋故土入于魔之网，
如此凡欲解脱之诸人，
前往北方迦湿弥罗后，
复次如水游走东西印，
如海正法译藏方为安。”

（仁钦桑波）得到授记之机缘，历经众多艰辛，来到迦湿弥罗。抵达噶拉恰提城时，一位婆罗门为其看过手相之后，为之祝福赞颂。之后依靠“称心如意宝”神行法，来到塔玛拉潘提城，拜谒班智达信作铠，听闻、翻译瑜伽续诸种成就法，亦向许多其他班智达处断疑解惑。当心生返回藏地之意时，根据梦兆，又向那若巴、莲

---

〔1〕 译者注：指善护(Sādhupāla)、德护(Guṇapāla)和般若护(Prajñāpāla)。

花护和胜友等大班智达听闻无数甚深广大之教法。简言之,(译师)依止七十五位班智达上师,究竟经教之大海。对于教法之后弘,无人能与译师本人匹敌。大贤者耶桑孜瓦也说:“后弘期藏地密法的弘扬,比前弘期更为兴盛,这多半也是大译师的恩德。”对他大加礼赞。

拉德有三个儿子,为沃德、希瓦沃和降秋沃。幼子比丘降秋沃精通内外教法和译事。意希沃将朝政交付给自己的弟弟之后,亲任统帅,率军征讨噶逻禄,兵败被擒。噶逻禄让其选择:“要么放弃皈依三宝,要么用与其身量相等的黄金来赎,方可得释。”诸位贤侄为筹集大量黄金而耽误了不少时日。意希沃吩咐:“我已年迈,即便赎出,于佛法和众生也难以利益,用此等黄金迎请班智达,弘扬佛法。”不久去世。勒钦衮坚“拉喇嘛意希沃为寻找黄金而被噶逻禄关押”的说法是凡庸之人产生的犹如乞财的印象,此(种说法)为智慧低劣(之表现)。他本人是阿里的大赞普,这是对原因没有仔细考量的过错。当时,许多能够骑鼓腾空的神通之人执持十八阿莫僧等等的教门,持械杀人,恣意酒肉,纵情淫乐。毗奈耶教法虽在先前从大喇嘛[1]等人传承而来,现在已广为弘传,但前弘期班智达所立之规大多衰败,而新来能堪为量的班智达又为数不多。因此,藏族论师们则各从所好,自立宗规。拉喇嘛意希沃深知对于详尽一切学处的[四分律],以及其注释密意而言,无人能如实随顺圣域智者的传规,因此考虑迎请一位精通五明,犹如红日,能够从根本上去除雪域颠倒分别的不如理暗障的(班智达)。但是,对于勒钦衮坚“红衣阿阇梨翻译了[密咒明点]后,许多出家人沦为在家俗人,因此(他)是邪法堪布”的说法,确实有一些不及班智达证悟功德的出家人未证得密咒之真实,产生淫秽邪行。但是,将班智达桑瓦协饶这样的自在成就者诋毁为“邪法堪布”的这种言论,只会为自己种下堕入无边恶趣之因,诸智者请谨慎。有云:

“能作扰意欲天之军故,

空阔有乐展笑千瓣园,

---

〔1〕 译者注:指喇钦·贡巴饶色(bla chen dgongs pa rab gsal, 952 - 1035 年)。

合时复次由良缘七马,
嗟呼牵引佛法新日出!
具足能力英勇及无畏,
诸方全胜祥瑞金刚军,
锋利箭矢由弦放出时,
给予有罪赞普心苦痛。
噫嘻贤正良善美誉之,
睨而视之目之铁钩故,
莫非晖焕菩提之千光,
耳之羂索再再而勾召。”

此为文间之偈颂。

此后,教证双全的正士燃灯吉祥智广为修持无所动摇、勇猛坚毅的殊胜菩萨行,毫不畏缩,戒律清净,犹如具足八功德的大河,对犹如佛法鹏幢之贤士清净持守供养承事之苦行禁戒,身被各种共通和不共通明处之坚甲,使贤明功德的白裳云幡在三有之顶高高飘扬。如此美名传至拉喇嘛意希沃之耳后,时逢那措译师前往印度学法,返回故里,(意希沃)派其为(迎请大师)莲足莅临之使者,携带珠宝黄金的贽礼等丰厚资财,(再次前往印度。那措译师)一路顺畅,平安抵达超岩寺,并在嘉尊森格的帮助之下,得以拜见尊者,呈献贽礼。(那措译师)陈述了以前教法兴衰的情况。并说,如今佛法虽然得以弘传,但很难通达经藏,付诸实践,要对这样的情况宣说取舍,除了像尊者这样的班智达,其他班智达很难有利益。(如是陈情之后,那措)译师暂时留下来做求学的样子。尊者于是启问本尊神和成就瑜伽母,二者授记说:“于公于私事业都将兴旺发达,尤其是依靠一位优婆塞,将有利益。”于是,尊者利用善巧方便前往阿里,并驻锡于托林祖拉康。为拉喇嘛等诸有缘人讲授许多甚深法要,撰著称为[菩提道炬]的殊胜论书,对治藏地诸胡乱行法。以前离开印度之时,那措译师曾在尸罗伽罗上座前承诺,三年后返回。当期限已到,尊者将返时,适逢种敦巴·杰威迥乃在觉沃塞尊座前,听说阿里来了一位班智达,于是急忙上路,前来拜见尊者,并称赞卫地以拉萨和桑耶为首的祖拉康和僧团。尊者十分高兴,连连合十顶礼,豪气大生,并允诺依请前往前藏。种敦巴于是急忙给藏地诸师写信,信中说"形如大车赡洲之……"等等,让他们前来迎接。于是尊者渐次莅临叶如后藏地区,培养出约·曲旺等一批优秀弟子。又因库敦称赞雅隆之美,于是前往唐波且,但因未能如法恭敬侍奉,尊者便在上午之际去了桑耶。在清理梵文经典时,看到有许多过去未曾见过的,不禁感叹道:"难道这些都是莲花生大师从空行密库中取来的吗!"此后,在藏地诸师和翱译师等的礼请下,尊者又前往聂塘、拉萨、叶尔巴和连巴等地,随类教化,根据不同的慧根,广讲大小乘各类妙法,就像将曼陀罗花鬘系在雪域众生头上一样。

沃德之子孜德时,邀集卫、藏、康三区大部三藏法师,自为施主,供养会众,举行法会〔1〕。桑噶译师〔2〕译[释量论庄严]即在此时,热译师、念译师、琼波曲尊、赞喀沃切、翱·洛丹协饶和玛通·德巴协饶等人一起追随塔波旺杰为首的法团来参加法会。赞喀沃切从萨加那学慈氏法门,热、念二译师离开法会后,去了印度。此后不久,格西扎噶瓦在吉雪娘琛帕崩喀建立了僧团,在那里讲经修法,弘扬佛教。与此同时,噶当教典派传人朗(日塘巴)、夏尔(热瓦),与教授派传人之洛〔3〕、甲域(瓦)和嘉玛仁钦岗巴等人广传噶当七宝教法。在桑浦,翱译师师徒引据正理而讲授听习,巴曹译师弘扬中观之学,嘉都增、措那巴等弘传律藏,聂喜师徒弘传般若和因明,翱·圣天弘传桂派律学,甲岗巴·索南仁钦传授玛尔派密集,喇嘛翱巴师徒传授玛尔派所传之古、达、桑三(密法)〔4〕,素尔琼巴和杰卓浦巴等人弘传教传七典、八部幻化和二十心品,热曲饶、绒巴噶译师、节译师、查巴译师和卓译师等人弘传阎摩敌法和时轮金刚法,萨迦

〔1〕 指的就是塔波寺的法会。

〔2〕 关于桑噶译师,参见本卷正文相关部分。

〔3〕 译者注:即京俄瓦(spyan snga ba)。

〔4〕 译者注:gur 指 *rdo rje gur* [金刚帐],brtag 指 *rgyud btrag pa gnyis* [二品怛特罗],即 *kye'i rdo rje'i rgyud* [喜金刚怛特罗],sam 指 *sambuṭa* [和合]。

派三白[1]及其传承弟子弘扬卓弥派口传古、达、桑三（密法）和胜乐法，至尊米拉、冈波巴、竹巴、绰浦（译师）、止（贡巴）、达（隆巴）等弘传大手印和（那若）六法，班钦释迦师利等弘传经咒二者之明道。在这个时候，具足十力的净饭王子所创建的教证法宝，犹如白分的满月，无论其讲、辩、著三门，还是其闻、思、修三法都十分圆满具足。总之，这些教证双全的大师弘法大约都在同一时间，只是其年龄有老少分别而已。（以上情况是在）大贤德耶桑孜瓦没入法界后，超越一切自他宗派大海，精通佛法所有本枝，自在转动无量法门的法王昆敦下令（书于）德维郭扎或叫帕崩喀的目录之中。

孜德之子为巴德，巴德之子为扎西德，扎西德之子为帕德，帕德之子为那伽提婆，那伽提婆之子为赞秋德。赞秋德前往亚泽，其子为扎西德。扎西德之子为札赞德，札赞德之子札巴德曾以七升金粉塑造文殊菩萨像，一万两千（两）白银塑造弥勒像，广造佛像、佛经和佛塔。他的儿子阿索德在金刚座建立了常供之规。阿索德的儿子为喜达玛和阿那玛，后者曾缮写金汁[甘珠尔]。阿那玛之子热玛曾用四十（两）白银铸造药师八如来，并为大昭寺建造金顶。热玛之子为桑噶玛，（阿索德之另一）子为喜达玛。喜达玛之子阿喜玛在未继王位之前，就曾在萨迦出家为僧，后来掌政。他的儿子为噶朗玛，噶朗玛之子为巴达玛。此后，亚泽王系绝嗣，于是从布让迎请俄达索南德前来主政，此王史称布尼玛。

---

[1] 译者注：即萨迦白衣三祖：衮噶宁波(kun dga' snying po)、索南孜摩(bsod nams rtse mo)和札巴坚赞(grags pa rgyal mtshan)。

（二）本卷所引述的主要藏文论书

1. ཆོས་འབྱུང་བསྟན་པའི་པདྨ་རྒྱས་པའི་ཉིན་བྱེད།

   chos byung bstan pa'i padma rgyas pa'i nyin byed

   白玛噶波(pad ma dkar po)〔1〕:［佛法源流·教莲盛开之日］

2. དེབ་ཐེར་སྔོན་པོ།

   deb ther sngon po

   熏奴贝(gzhon nu dpal):［青史］〔2〕

3. རྒྱལ་རབས་(ཆོས་འབྱུང་)གསལ་བའི་མེ་ལོང་།

   rgyal rabs (chos 'byung) gsal ba'i me long

   索南坚赞(bsod nams rgyal mtshan)〔3〕:［王统世系明鉴］

4. ཇོ་བོ་རྗེ་ལྷ་གཅིག་དཔལ་ལྡན་ཨ་ཏི་ཤའི་རྣམ་ཐར་བླ་མའི་ཡོན་ཏན་ཆོས་ཀྱི་འབྱུང་གནས་སོགས་བཀའ་གདམས་རིན་པོ་ཆེའི་གླེགས་བམ།

---

〔1〕十六世纪著名的竹巴噶举派('brug pa bka' brgyud)僧人,spungs thang 刻版。

〔2〕C. Bell, *The Religion of Tibet*, pp. 201ff.

〔3〕萨迦派(sa skya pa)僧人,土龙年(1328)著于桑耶寺(bsam yas),而不是胡特所说的 1327 年。G. Huth, "Nachträgliche Ergebnisse bezüglich der chronologischen Ansetzung der Werke im tibetischen Tanjur", p. 279.
译者注:关于成书的土龙年有两种算法,一是 1328 年,一是 1388 年,而索南坚赞的生卒年代为 1312 年至 1375 年,1328 年其年仅十七岁,不太可能写作此书;因此国内学术界一般认为该书是其逝世后由后人续补完成,时间在 1388 年。近世西方学术界对此研究得出的结论是该书的成书年代为土猴年(1368 年),土龙(sa pho 'brug)当为土猴年(sa pho spre'u)的误读误写,其详细论证参见［Per K. Sørensen, *Tibetan Buddhist Historiography: The Mirror Illuminating the Royal Genealogies. An Annotated Translation of the XIVth Century Tibetan Chronicle: rGyal-rabs gsal-ba'i me-long*, Wiesbaden, Harrassowitz Verlag, 1994, pp. 28–34］。

jo bo rje lha gcig dpal ldan a ti sha'i rnam thar bla ma'i yon tan chos kyi 'byung gnas sogs bka' gdams rin po che'i glegs bam

［至尊主公具瑞阿底峡传·喇嘛功德教法源流等·噶当宝函］[1]

5. བཀའ་གདམས་གསར་རྙིང་གི་ཆོས་འབྱུང་ཡིད་ཀྱི་མཛེས་རྒྱན།

bka' gdams gsar rnying gi chos 'byung yid kyi mdzes rgyan

索南札(bsod nams grags)：［噶当新旧教法源流·意之美饰］[2]

6. ལོ་ཙཱ་བ་རིན་ཆེན་བཟང་པོའི་རྣམ་ཐར།

lo tsā ba rin chen bzang po'i rnam thar

［译师仁钦桑波传］[3]

7. བཀའ་ཐང་སྡེ་ལྔ། ང函：ལོ་པཎ་བཀའ་ཐང་ཡིག

bka' thang sde lnga, nga 函：*lo paṇ bka' thang*

［五部遗教］, nga 函：［译师班智达遗教］[4]

8. དཔག་བསམ་ལྗོན་བཟང་།

dpag bsam ljon bzang

［如意宝树史］[5]

9. ལ་དྭགས་རྒྱལ་རབས།

la dvags rgyal rabs

［拉达克王统记］[6]

10. བསྟན་པའི་སྦྱིན་བདག་བྱུང་ཚུལ་གྱི་མིང་གི་རྣམ་གྲངས།

---

［1］ 彭措林(phun tshogs gling)刻版，两函，第一函为阿底峡传，第二函为其徒种敦巴('brom ston pa)传。

［2］ 水马年(1762年)布达拉宫刻版，当时的达赖喇嘛是昂旺绛贝德勒嘉措(ngag dbang 'jam dpal bde legs rgya mtsho)。
译者注：当时的达赖喇嘛应为洛桑丹贝旺秋绛贝德勒嘉措(blo bzang bstan pa'i dbang phyug 'jam dpal rgya mtsho)，昂旺绛贝德勒嘉措(ngag dbang 'jam dpal bde legs rgya mtsho)则是当时的摄政第穆诺门汗(de mo no min han)的名字。

［3］ 参见本卷第53页。

［4］ 布达拉宫版。

［5］ S. C. Das (edited by), *Pag Sam Jon Zang (Dpag-bsam-ljon-bzang)*, Calcutta, Presidency Jail Press, 1908, p. 152.

［6］ A. H. Francke, *Antiquities of Indian Tibet*, part II (*The Chronicles of Ladakh and Minor Chronicles*).

bstan pa'i sbyin bdag byung tshul gyi ming gi rnam grangs

隆多喇嘛(klong rdol bla ma)：［教法施主名录］〔1〕

11. མཐུ་སྟོབས་དབང་ཕྱུག་རྗེ་བཙུན་རྭ་ལོ་ཙཱ་བའི་རྣམ་ཐར་ཀུན་ཁྱབ་སྙན་པའི་རྔ་སྒྲ།

mthu stobs dbang phyug rje btsun rva lo tsā ba'i rnam thar kun khyab snyan pa'i rnga sgra

［力势自在至尊热译师传・虚空悦耳鼓音］〔2〕

12. བདེ་བར་གཤེགས་པའི་བསྟན་པའི་གསལ་བྱེད་ཆོས་ཀྱི་འབྱུང་གནས་གསུང་རབ་རིན་པོ་ཆེའི་མཛོད།

bde bar gshegs pa'i bstan pa'i gsal byed chos kyi 'byung gnas gsung rab rin po che'i mdzod

布顿(bu ston)：［善逝教法作明・法源经教宝库］〔3〕

13. རྗེ་བཙུན་གཡུ་ཐོག་ཡོན་ཏན་མགོན་པོ་རྙིང་པའི་རྣམ་པར་ཐར་པ་བཀའ་རྒྱ་མ་གཟི་བརྗིད་རིན་པོ་ཆེའི་གཏེར་མཛོད།

rje btsun g.yu thog yon tan mgon po rnying pa'i rnam par thar pa bka' rgya ma gzi brjid rin po che'i gter mdzod

［至尊老宇妥・永丹贡波传・秘籍华美宝库］

---

〔1〕 *klong rdol bla ma'i gsung 'bum*［隆多喇嘛文集］，'a 册，功德林寺(kun bde gling)版。

〔2〕 缺乏版本信息。

〔3〕 E. Obermiller (translated by)，*History of Buddhism (Chos-ḥbyung) by Bu-ston*，part I and part II.
译者注：即《佛教史大宝藏论》。

参考文献

"Archaeological Discoveries in the Hindukush", *The Journal of Royal Asiatic Society of Great Britain and Ireland*, 4 (October), 1931, pp. 863 – 865.

Beckh, *Verzeichnis* = Beckh, Hermann, *Verzeichnis der tibetischen Handschriften der Königlichen Bibliothek zu Berlin*, Berlin, Behrend and Co., 1914, erste Abteilung (Kanjur [Bkah · hgyur]).

Bell, Charles, *The Religion of Tibet*, Oxford, Clarendon Press, 1931.

Bhattacharyya, Benoytosh (edited by), *Two Vajrayāna Works*, Baroda, Oriental Institute, 1929.

Biasutti, Renato e Giotto Dainelli, *I tipi umani*, Bologna, N. Zanichelli, 1925.

Coedès, George, "Les inscriptions malaises de Śrīvijaya", *Bulletin de l'École Française d'Extrême-Orient*, 30, 1930, pp. 29 – 80.

Cordier, Palmyr, "Introduction à l'étude des traites medicaux sanscrits inclus dans le Tanjur tibétain", *Bulletin de l'École Française d'Extrême-Orient*, 3, 1903, pp. 604 – 629.

Cordier, Palmyr, *Catalogue du Fonds Tibétain de la Bibliothèque Nationale. Index du Bstan-ḥgyur*, Paris, Imprimerie Nationale E. Leroux, 1909 – 1915, 2 parties.

Cordier II = Cordier, Palmyr, *Catalogue du Fonds Tibétain de la Bibliothèque Nationale. Index du Bstan-ḥgyur (Tibétain 108 – 179)*, Paris, Imprimerie Nationale E. Leroux, 1909, deuxième partie.

Cordier III = Cordier, Palmyr, *Catalogue du Fonds Tibétain de la Bibliothèque Nationale. Index du Bstan-ḥgyur (Tibétain 180 – 332)*, Paris, Imprimerie Nationale E. Leroux, 1915, troisième partie.

Das, Sarat C., "Contributions on the Religion, History, etc. of Tibet", *Journal of the Asiatic Society of Bengal*, 50, 1881, pp. 187 – 251.

Das, Sarat C., *Indian Pandits in the Land of Snow*, Calcutta, The Baptist Mission Press, 1893.

Das, Sarat C. (edited by), *Pag Sam Jon Zang (Dpag-bsam-ljon-bzang)*, Calcutta, Presidency Jail Press, 1908.

Don Martino de Silva Wicremasinghe (edited and translated by), *Epigraphia Zeylanica being Lithic and other Inscriptions of Ceylon*, London, Oxford University Press, 1912, vol. I.

Dutt Nalinaksha, "A Buddhist Manuscript at Gilgit", *The Indian Historical Quarterly*, 8, 1932, pp. 93 – 110, 342 – 350.

Francke, August H., *Antiquities of Indian Tibet*, Calcutta, Superintendent Government Printing, 1914, part I (*Personal Narrative*); 1926, part II (*The Chronicles of Ladakh and Minor Chronicles*).

Francke, August H., "Notes on Khotan and Ladakh", *The Indian Antiquary. A*

Journal of Oriental Research, 59, 1930, pp. 41 - 45, 65 - 72.

Hackin, Joseph, *Formulaire sanscrit-tibétain du Xe siécle*, Paris, Librairie Orientaliste P. Geuthner, 1924.

Hedin, Sven, *Southern Tibet. Discoveries in Former Times Compared with my own Researches in 1906 - 1908*, Stockholm, Lithographic Institute of the General Staff of the Swedish Army, 1917 - 1922, 9 vols.

Huth, Georg, "Nachträgliche Ergebnisse bezüglich der chronologischen Ansetzung der Werke im tibetischen Tanjur, mDo, Band 117 - 124", *Zeitschrift der Deutschen Morgenländischen Gesellschaft*, 49, 1895, pp. 279 - 284.

Klaproth, Julius H. von, "Breve notizia Del regno del Thibet, dal frà Francesco Orazio della Penna de Billi. 1730", *Nouveau Journal Asiatique*, 14, 1934, pp. 177 - 204, 273 - 296, 406 - 432.

Lalou, Marcelle, *Catalogue du Fonds Tibétain de la Bibliothèque Nationale*, Paris, Librairie Orientaliste P. Geuthner, 1931, quatrième partie (I. *Le Mdo-maṅ*).

Laufer, Berthold, "Die Bru-ža Sprache und die historische Stellung des Padmasambhava", *T'oung Pao*, 9, 1908, pp. 1 - 46.

Lévi, Sylvain, *Le Népal. Étude historique d'un royaume hindou*, Paris, Imprimerie Nationale E. Leroux, 1905, vol. II.

Lévi, Sylvain, "Note sur des manuscrits sanscrits provenant de Bamiyan (Afghanistan) et de Gilgit (Cachemire)", *Journal Asiatique*, 220, 1932, pp. 1 - 45.

Marx, Karl, "Three Documents Relating to the History of Ladakh. Tibetan Text, Translation and Notes", *Journal of the Asiatic Society of Bengal*, 60, part I, 1891, pp. 97 - 135; 63, part I, 1894, pp. 94 - 107; 71, 1902, part II, pp. 21 - 34.

Mason, Kenneth, *Routes in Western-Himalaya, Kashmir etc. Ladakh*, Dehra Dun, Government of India Press, 1922, route 54.

Obermiller, Eugéne (translated by), *History of Buddhism (Chos-ḥbyung) by Buston*, Heidelberg, O. Harrassowitz, 1931, part I (*The Jewelry of Scripture*); 1932, part II (*The History of Buddhism in India and Tibet*).

OKC I = *A Comparative Analytical Catalogue of the Kanjur Division of the Tibetan Tripitaka Edited in Peking during the K'ang-hsi Era, and at Present Kept in the Library of the Otani Daigaku Kyoto*, Kyoto, The Otani Daigaku Library, 1930, vol. I (pp. 1 - 178).

OKC II = *A Comparative Analytical Catalogue of the Kanjur Division of the Tibetan Tripitaka Edited in Peking during the K'ang-hsi Era, and at Present Kept in the Library of the Otani Daigaku Kyoto*, Kyoto, The Otani Daigaku Library, 1931, vol. II (pp. 179 - 360).

OKC III = *A Comparative Analytical Catalogue of the Kanjur Division of the Tibetan Tripitaka Edited in Peking during the K'ang-hsi Era, and at Present Kept in the Library of the Otani Daigaku Kyoto*, Kyoto, The Otani Daigaku Library, 1933, vol. III (pp. 361 - 477).

Rawling, Cecil G., *The Great Plateau being an Account of Exploration in Central Tibet, 1903, and of the Gartok Expedition, 1904 - 1905*, London, Edward Arnold, 1905.

Schlagintweit, Emil, *Die Könige von Tibet von der Entstehung königlicher Macht in Yárlung bis zum Erlöschen in Ladák*, München, Verlag der k. Akademie,

1866.

Shuttleworth, H. Lee, *Lha-luṅ Temple, Spyi-ti*, Calcutta, Government of India Central Publication Branch, 1929.

Ssanang Ssetsen [Saγang Sečen], *Geschichte der Ost-Mongolen und ihres Fürstenhauses*. Aus dem Mongolischen übersetzt, und mit dem Originaltexte, nebst Anmerkungen, Erläuterungen und Citaten aus andern unedirten Originalwerken herausgegeben von Isaac J. Schmidt, St. Petersburg, N. Gretsch-Leipzig, C. Cnobloch, 1829.

Stcherbatsky, Theodore, *Buddhist Logic*, Leningrad, Academy of Sciences of the USSR, 1932, vol. I; 1930, vol. II (*Containing a Translation of the Short Treatise of Logic by Dharmakīrti, and of its Commentary by Dharmottara, with Notes Appendices and Indices*).

Survey of India, *Punjab, Tibet, and United Provinces. Kāngra District and Simla Hill States. Tibet. Tehrī State*, No. 53 I, Chīni, Published under the direction of Colonel Sir S. G. Burrard K.C.S.I., R.E., F.R.S., Surveyor General of India, 1916.

Survey of India, *Kashmīr and Jammu, Punjab and Tibet, Ladākh District. Bashahr State and Kangra District. Hundes or Ngarikhorsum*, No. 52 L, Tso Morari, Published under the direction of Colonel Commandant E.A. Tandy, R.E., Surveyor General of India, 1928.

Survey of India, *Kashmīr and Jammu and Tibet, Ladākh District. Hundes or Ngarikhorsum*, No. 52 P, Tāshigong, Published under the direction of Brigadier E.A. Tandy, R.E., Surveyor General of India, 1928.

Vallée Poussin, Louis de la, "Notes et bibliographie bouddhiques", *Mélanges chinois et bouddhiques*, 1, 1931 - 1932, pp. 377 - 424.

Young, G. M., "A Journey to Toling and Tsaparang in Western Tibet", *Journal of the Panjab Historical Society*, 7, 1919, pp. 177 - 198.

仁钦桑波传
（藏文影印）

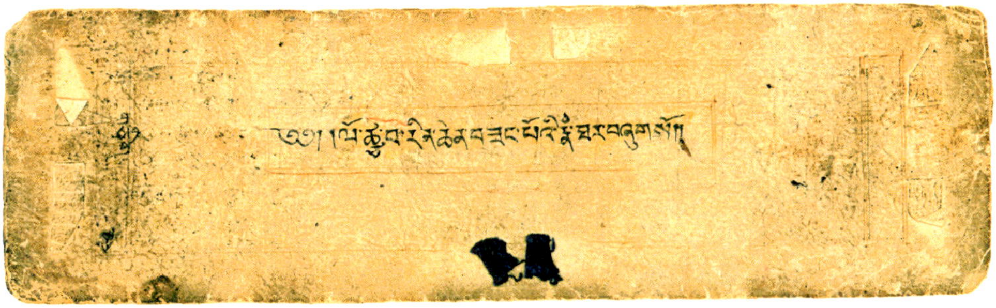

༄། །ལོ་ཆུང་བ་རིན་ཆེན་བཟང་པོའི་རྣམ་ཐར་བཞུགས་སོ།།

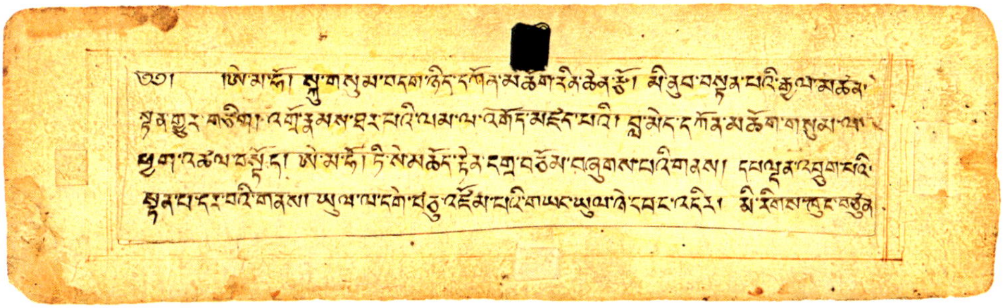

༄། ཨེ་མ་ཧོ། སྐུ་གསུམ་བདག་ཉིད་དཀོན་མཆོག་རིན་ཆེན་རྗེ། མི་ནུབ་བསྟན་པའི་རྒྱལ་མཚན་
སྣན་སྒྱུར་གཅིག འགྲོ་རྣམས་ཐར་པའི་ལམ་ལ་འགོད་མཛད་པའི། བླ་མེད་དཀོན་མཆོག་གསུམ་ལ་ཕྱག་
ཕྱག་འཚལ་བསྟོད། ཨེ་མ་ཧོ། ཏི་སེ་མཆོད་རྟེན་དགྲ་བཅོམ་བཞུགས་པའི་གནས། དཔལ་ལྡན་འབྱུགས་པའི་
སྟོན་པ་དར་བའི་གནས། ཡུལ་ལ་དགེ་བཅུ་འཛོམ་པའི་གཡང་ཡུལ་ཞེ་དབང་འདིར། མི་རིགས་ཕྱུང་བཙུན་

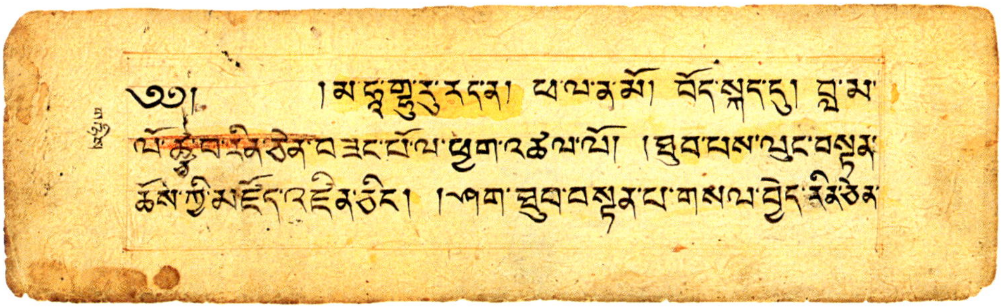

༄། །མ་ཧཱ་གུ་རུ་རཏྣ། པ་ལ་ན་མོ། བོད་སྐད་དུ། བླ་མ་
ལོ་ཆུང་བ་རིན་ཆེན་བཟང་པོ་ལ་ཕྱག་འཚལ་ལོ། །ཐུབ་པས་ལུང་བསྟན་
ཆོས་ཀྱི་མཛོད་འཛིན་ཅིང་། །ཤཱཀ་ཐུབ་བསྟན་པ་གསལ་བྱེད་རིན་ཆེན་

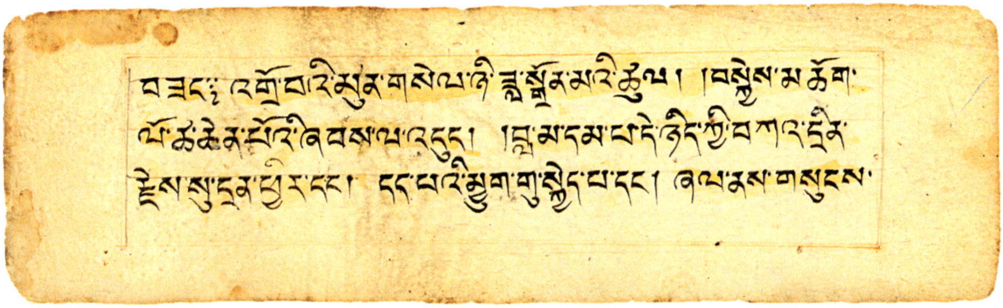

བཟང་༔ འགྲོ་བའི་མགོན་གསལ་ལ་ཞི་ཟླ་སྒྲོན་མའི་རྒྱལ། །བསྟེས་མཆོག
ལོ་ཙཱ་ཆེན་པོའི་ཞབས་ལ་འདུད། །བླ་མ་དམ་པ་དེ་ཉིད་ཀྱི་བཀའ་དྲིན་
རྗེས་སུ་དྲན་ཕྱིར་དང་། དད་པའི་མྱུག་གུ་སྐྱེད་པ་དང་། ཞལ་ནས་གསུངས་

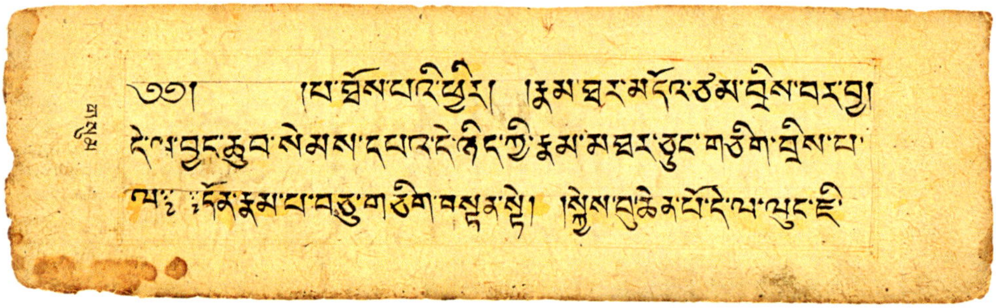

༄༅། །ཕ་ཕྱོགས་པའི་ཕྱིར། །རྣམ་ཐར་མདོར་ཙམ་བྲིས་པར་བྱ།
དེ་ལ་བྱང་ཆུབ་སེམས་དཔའ་དེ་ཉིད་ཀྱི་རྣམ་པར་ཐར་ཙུང་གཅིག་བྲིས་པ་
ལ་༔ ༔དོན་རྣམ་པ་བཅུ་གཅིག་བསྟན་སྟེ། །སྐྱེས་བུ་ཆེན་པོ་དེ་ལ་ལུང་ཇི

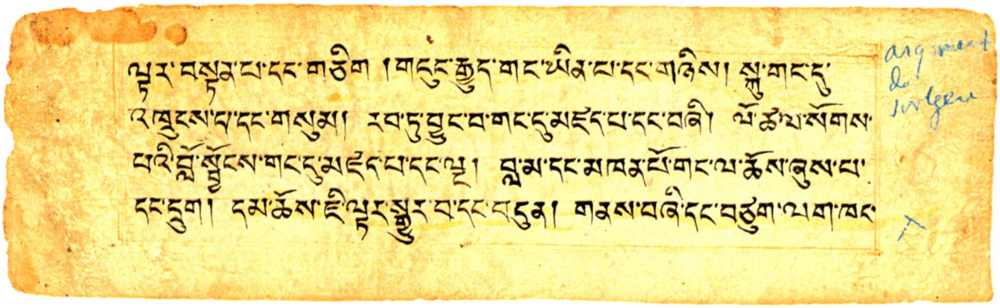

ལྟར་བསྟན་པ་དང་གཅིག །གདུང་རྒྱུད་གང་ཡིན་པ་དང་གཉིས། སྐུ་གང་དུ་
འཁྲུངས་པ་དང་གསུམ། རབ་ཏུ་བྱུང་བ་གང་དུ་མཛད་པ་དང་བཞི། ལོ་ཙཱ་ལ་སོགས་
པའི་བློ་སྦྱོངས་གང་དུ་མཛད་པ་དང་ལྔ། བླ་མ་དང་མཁན་པོ་གང་ལ་ཆོས་ཞུས་པ་
དང་དྲུག། དམ་ཆོས་ཇི་ལྟར་སྒྱུར་བ་དང་བདུན། གནས་བཞི་དང་གཙུག་ལག་ཁང

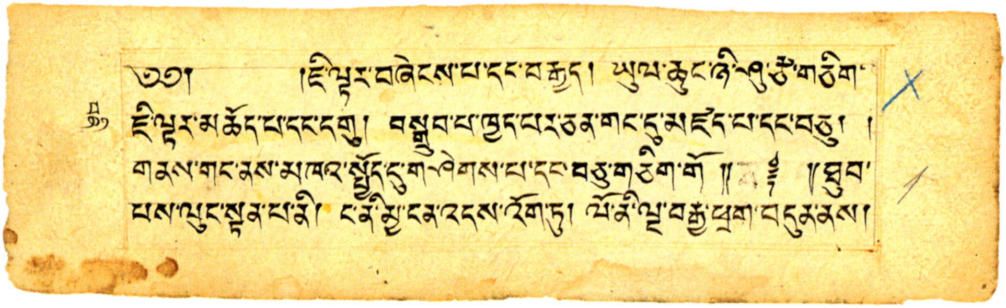

༄༅། །ཇི་ལྟར་བཞེངས་པ་དང་བརྒྱད། ཡུལ་ཆུང་ཉི་ཤུ་ཙ་གཅིག་
ཇི་ལྟར་མཆོད་པ་དང་དགུ། བསྒྲུབ་པ་ཁྱད་པར་ཅན་གང་དུ་མཛད་པ་དང་བཅུ། །
གནས་གང་ནས་མཁའ་སྤྱོད་དུ་གཤེགས་པ་དང་བཅུ་གཅིག་གོ ༎ ༔ ༎ཐུབ་
པས་ལུང་བསྟན་པ་ནི། ངན་སྐྱེ་དམ་འདས་འོག་ཏུ། ལོ་ནི་ལྔ་བརྒྱ་ཕྲག་བདུན་ན།

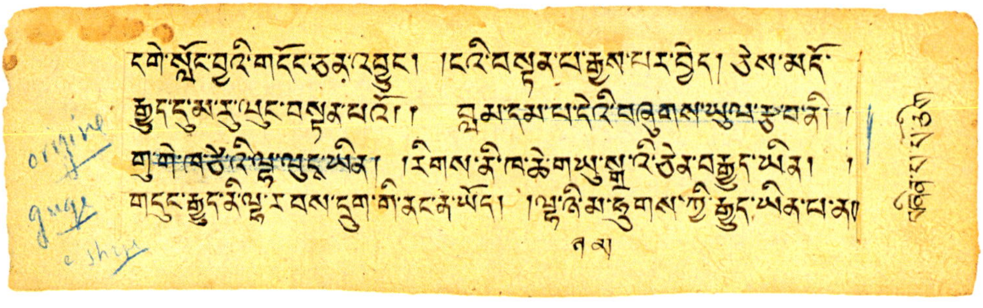

དགེ་སློང་བྱའི་གདོང་ཅན་འབྱུང་། །དའི་བསྟན་པ་རྒྱས་པར་བྱེད། ཅེས་མདོ་
རྒྱུད་དུ་མ་དུ་ལུང་བསྟན་པའོ། ། བླ་མ་དམ་པ་དེའི་བཞུགས་ཡུལ་རྒྱ་བ་ནི། །
གུ་གེ་ཁ་ཙེ་འི་ལྷ་ལུང་ཡིན། །རིགས་ནི་ཁ་ཆེ་གཡུ་སྒྲ་འི་ཙན་བརྒྱུད་ཡིན། །
གདུང་རྒྱུད་ནི་ལྷ་ར་བས་དུག་གི་ནང་ན་ཡོད། །ལྷ་ཉི་མ་རྒྱུགས་ཀྱི་རྒྱུད་ཡིན་པ་ནི

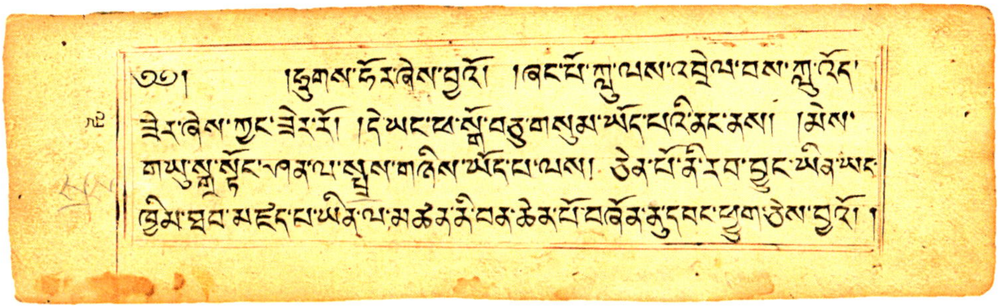

༄༅། །ཕྱུགས་རྫི་མ་ཞེས་བྱ་བོ། །ཞང་པོ་སྐུ་ལུས་འབྲེལ་བས་སྐུ་འོད་
ཟེར་ཞེས་ཀྱང་ཟེར་རོ། །དེ་ཡང་པ་སྣོ་བཙུ་གསུམ་ཡོད་པའི་མང་ནས། །མེས་
གཡུ་སྒྲ་སྟོང་ཤན་ལ་སྤྱུས་གཞིས་ཡོད་པ་ལས། ཅེན་པོ་ནི་རབ་བྱུང་ཡིན་ཡང་
ཁྲིམ་ཐབ་མཛད་པ་ཡིན་ལ་མཚན་མི་བཟང་ཆེན་པོ་བཞོན་ནུ་དབང་ཕྱུག་ཅེས་བྱ་བོ། །

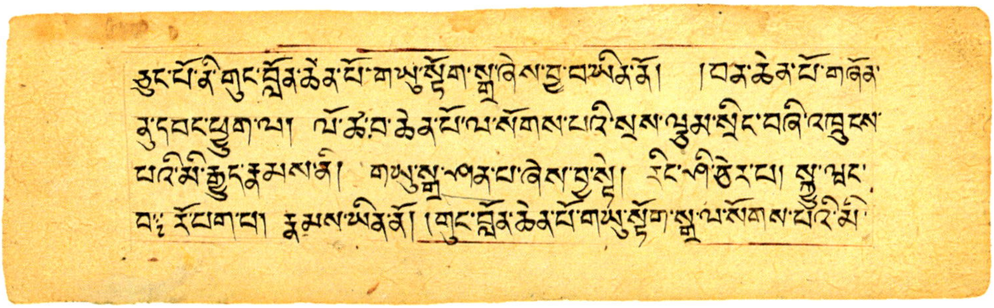

ཆུང་པོ་ནི་གུང་བློན་ཆེན་པོ་གཡུ་སྟོག་སྒྲ་ཞེས་བྱ་བ་ཡིན་ནོ། །བཟང་ཆེན་པོ་གཞོན་
ནུ་དབང་ཕྱུག་ལ། ལོ་ཙཱ་བ་ཆེན་པོ་ལ་སོགས་པའི་སྲས་ལྔམ་སྤྱིད་བཞི་འཁྲུངས་
པའི་མི་རྒྱུད་རྣམས་ནི། གཡུ་སྒྲ་ཤན་པ་ཞེས་བྱ་སྟེ། ངང་ཤི་ཅེར་པ། སྐྱུ་ཕང་
བ༔ རོ་པག་པ། རྣམས་ཡིན་ནོ། །གུང་བློན་ཆེན་པོ་གཡུ་སྟོག་སྒྲ་ལ་སོགས་པའི་མི་

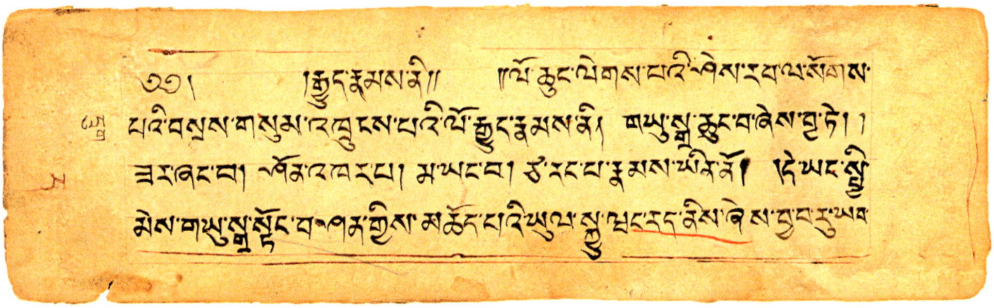

༄༅། །རྒྱུད་རྣམས་ནི།། །།ལོ་ཆུང་ལེགས་པའི་ཤེས་རབ་ལ་སོགས་
པའི་བསྐུས་གསུམ་འཁྲུངས་པའི་ལོ་རྒྱུད་རྣམས་ནི། གཡུ་སྒྲ་ཆུང་བ་ཞེས་བྱ་སྟེ། །
ཟར་ཞང་བ། ཤོན་འཁར་པ། མ་ཡང་བ། ཙ་རང་པ་རྣམས་ཡིན་ནོ། །དེ་ཡང་སྤྱི
མེས་གཡུ་སྒྲ་སྟོང་བ་ཤན་གྱིས་མཆོད་པའི་ཡུལ་སྐྱུ་ཕང་དང་ནིས་ཞེས་བྱ་བ་དུ་ཡབ

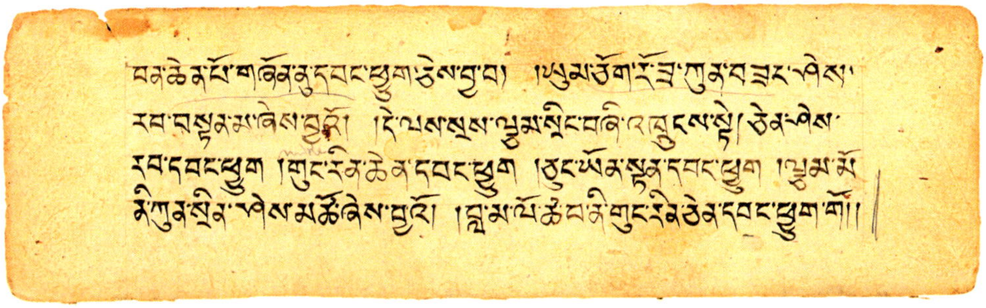

བཟང་ཆེན་པོ་གཞོན་ནུ་དབང་ཕྱུག་ཅེས་བྱ་བ། །ཡུམ་ཅིག་རོ་ཟ་ཀུན་བ་ཟང་ཤེས་
རབ་བསྟན་མ་ཞེས་བྱའོ། །དེ་ལས་སྲས་ལྔམ་སྤྱིད་བཞི་འཁྲུངས་སྟེ། ཅེན་ཤེས་
རབ་དབང་ཕྱུག །གུང་རིན་ཆེན་དབང་ཕྱུག །ཆུང་ཡོན་ཏན་དབང་ཕྱུག །ལྷམ་མོ་
ནི་ཀུན་སྤྱིན་ཤེས་མཆོ་ཞེས་བྱའོ། །བློ་མ་ལོ་ཙཱ་བ་ནི་གུང་རིན་ཅེན་དབང་ཕྱུག་གོ།།

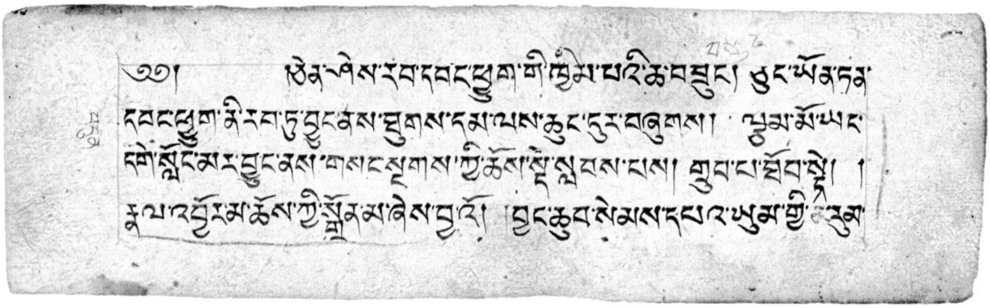

༄༅། །ཙིན་ཤེས་རབ་དབང་ཕྱུག་གི་ཀྱིམ་པའི་ཆ་བརྒྱུད། ཕུང་ཡོན་དན
དབང་ཕྱུག་མི་རབ་ཏུ་བྱུང་ནས་ཕྱུགས་དམ་ལས་ཆུང་དུར་བཞུགས། ལུམ་མོ་ཡང
དགེ་སློང་མར་བྱུང་ནས་གསང་སྔགས་ཀྱི་ཆོས་སྒོ་ལྷ་བས་པས། གྲུབ་པ་ཐོབ་སྟེ། །
རྣལ་འབྱོར་མ་ཆོས་ཀྱི་སྒྲོན་མ་ཞེས་བྱའོ། །བྱང་ཆུབ་སེམས་དཔའ་ལུམ་གྱི་རྣམ

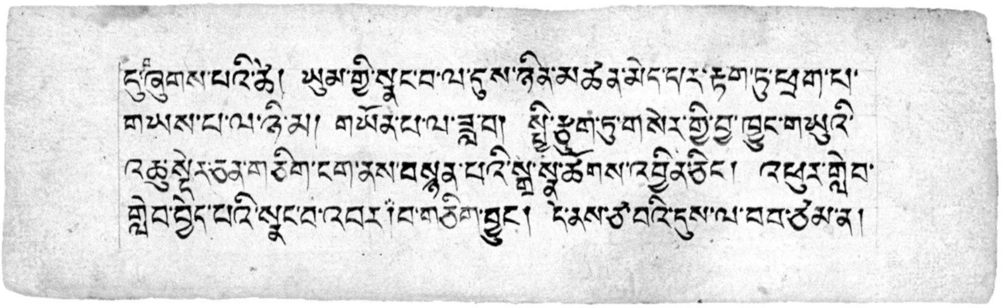

དུ་ཞུགས་པའི་ཚེ། ལུམ་གྱི་སྣང་བ་ལ་དུས་ཉིན་མཚན་མེད་པར་རྟག་ཏུ་ཕྲག་པ
གཡས་པ་ལ་ཉི་མ། གཡོན་པ་ལ་ཟླ་བ། སྤྱི་གཙུག་ཏུ་གསེར་གྱི་བྱ་ཁྱུང་གཤོག
འཆུ་སྒྲོར་ཅན་གཅིག་ངག་ནས་བསྟན་པའི་སྐྲ་སྣ་ཚོགས་འཕྲིན་ཅིང་། འཕུར་གླིབ
གླིབ་བྱེད་པའི་སྣང་བ་འབབ་ཁ་གཅིག་བྱུང་། དེ་ནས་ཅ་བའི་དུས་ལ་བབ་ཙམ་ན།

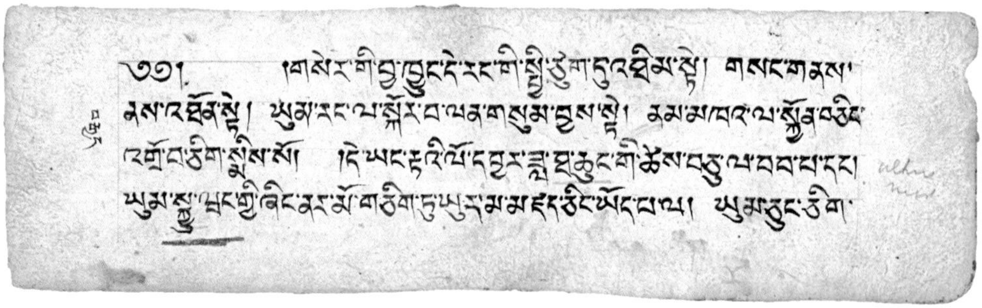

༄༅། །གསེར་གྱི་བྱ་ཁྱུང་དེ་རང་གི་སྤྱི་གཙུག་ཏུ་འཁྱིམ་སྟེ། གསང་གནས
ནས་འཐོན་སྟེ། ལུམ་རང་ལ་སྐོར་བ་ལན་གསུམ་བྱས་སྟེ། ནམ་མཁའ་ལ་སྐྱོན་བཅིང
འགྲོ་བ་ཅིག་སྨིན་སོ། །དེ་ཡང་རྟ་ལོ་དབྱར་ཟླ་ར་ཆུང་གི་ཚེས་བཅུ་ལ་བབ་པ་དང་།
ལུམ་སྐྱུ་ཕྲང་གྱི་ཞིང་ནང་མོ་གཅིག་ཏུ་ཡུར་མ་མཛད་ཅིང་ཡོད་པ་ལ། ལུམ་ཆུང་ཅིག

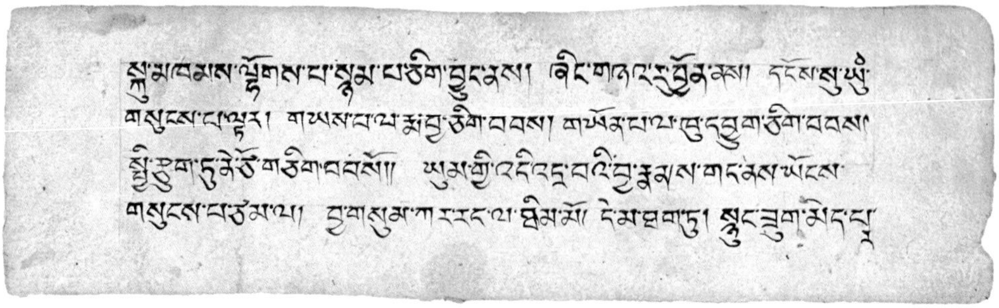

སྐྲ་མཁེམས་ལྡོགས་པ་སྐམ་པ་ཅིག་བྱུང་ནས། ཞིང་གཞའ་འོད་ཀྱིས་ཁྱབ་ནས། དངོས་སུ་ཡུ
གསུངས་པ་ལྟར། གཡས་པ་ལ་ཟླ་བ་ཅིག་བབས། གཡོན་པ་ལ་ཉེ་དབྱུག་ཅིག་བབས།
སྤྱི་གཙུག་ཏུ་ནེ་ཙོ་གཅིག་བབས་སོ།། ལུམ་གྱི་འདི་འདྲ་བའི་བྱ་རྣམས་གང་ནས་ཡོང་ས
གསུངས་པ་ཙམ་ལ། བྱ་གསུམ་ཀ་རང་རང་ལ་ཐིམ་སོ། དེ་མ་ཐག་ཏུ། སྐུང་སྒྲུག་མེད་པ

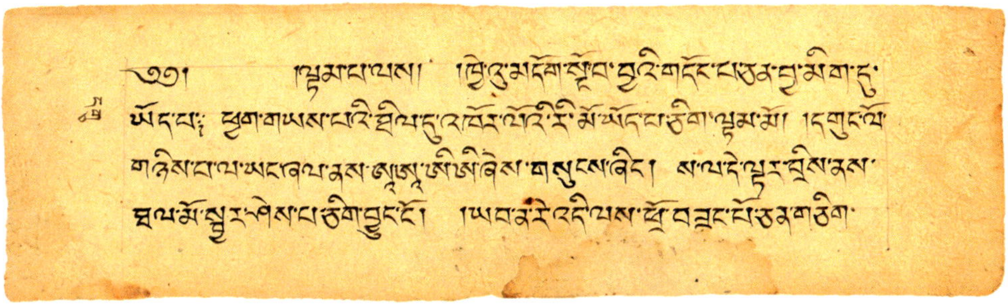

༄༅། །ལྷམ་པ་ལས། །ཁྱི་ཙུ་མདོག་སྔོན་བྱའི་གདོང་པ་ཅན་བྱ་མིག་དུ་
ཡོད་པ༔ ཐུག་གཡས་པའི་ཐྲི་ལ་དུ་འཁོར་ལོའི་རྩེ་མོ་ཡོད་པ་ཅིག་ལྷམ་མོ། །དགུང་ལོ་
གཉིས་པ་ལ་ཡང་ཞལ་ནས་ཨ་ཨཱ་ཨི་ཨཱི་ཞེས་གསུངས་ཤིང་། ས་ལ་དེ་ལྟར་བྲིས་ནས་
ཐལ་མོ་སྦྱར་ཤེས་པ་ཅིག་བྱུང་ངོ་། །ཡབ་ནི་རེ་འདི་ལས་གྲོ་བཟང་པོ་ཅན་གཅིག་

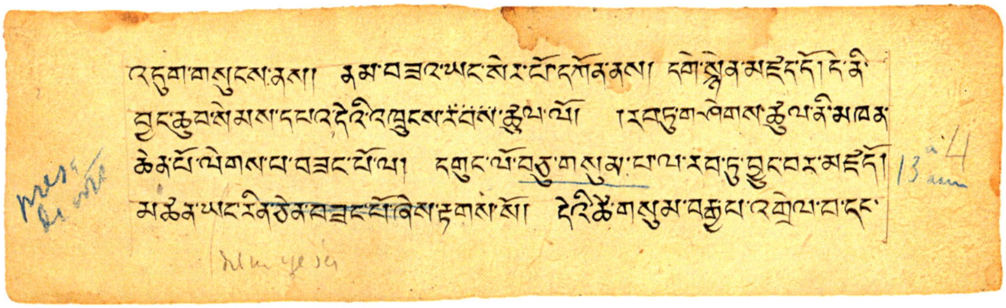

འདུག་གསུངས་ནས། ནམ་བཟའ་ཡང་སེར་པོ་དགོན་ནས། དགེ་སློན་མཛད་དོ། དེ་ནི་
བྱང་ཆུབ་སེམས་དཔའ་དེའི་འཁྲུངས་རབས་རྒྱལ་པོ། །རབ་དུག་ཤིག་ས་རྒྱལ་ན་མཁན
ཆེན་པོ་ཞིག་པ་བཟང་པོ་ལ། དགུང་ལོ་བཅུ་གསུམ་པ་ལ་རབ་དུ་བྱུང་བར་མཛད།
མཚན་ཡང་རིན་ཆེན་བཟང་པོ་ཞེས་བཏགས་སོ། དེའི་ཚེ་གསུམ་བརྒྱ་པ་འགྲེལ་པ་དང་

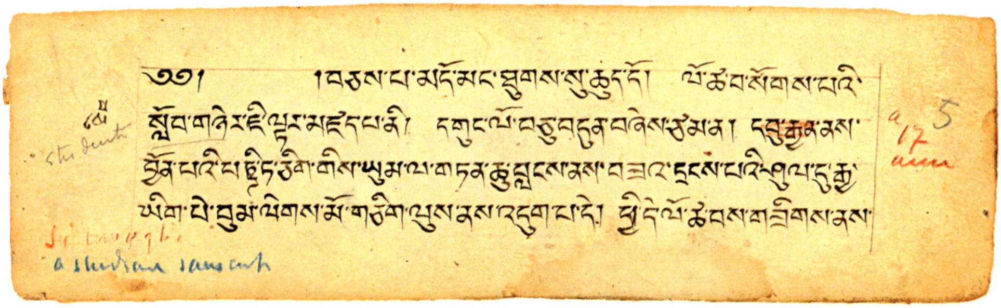

༄༅། །བཅས་པ་མདོ་མང་ཐུགས་སུ་ཆུད་དོ། ལོ་ཆ་བསོགས་པའི་
སློབ་གཉེར་ཇི་ལྟར་མཛད་པ་ནི། དགུང་ལོ་བཅུ་བདུན་བཞེས་ཙམ་ན། དབུས་རྒྱན་ནས་
ཀྱོན་པའི་པ་ཎྜིད་ཅིག་གིས་ཡུམ་ལ་གདན་ཆུ་བླངས་ནས་བཟའ་དངས་པའི་ཤུལ་དུ་རྒྱ
ཡིག་པེ་བུམ་ཞིག་ལ་མོ་གཅིག་ལུས་ནས་འདུག་པ་དེ། བྱི་དེ་ལོ་ཚ་བས་གཟིགས་ནས་

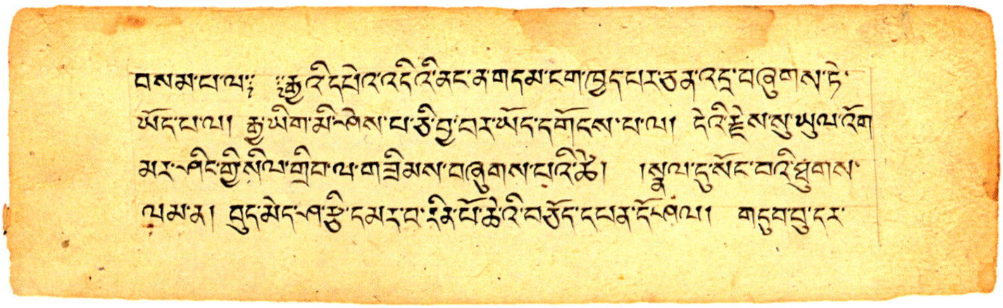

བསམ་པ་ལ༔ རྒྱ་འདི་དཔེའི་འདིའི་ནང་ན་གདམས་ངག་ཁྱད་པར་ཅན་འདྲ་བཞུགས་དེ་
ཡོད་པ་ལ། རྒྱ་ཡིག་མི་ཤེས་པ་ཅི་བྱ་བར་ཡོད་དགོངས་པ་ལ། དེའི་རྗེས་སུ་ཡུལ་འོག
མར་ཤིང་གྱི་སི་ལ་གྲིབ་ལ་གཟིམས་བཞུགས་པའི་ཚེ། །སྣུལ་དུ་སོང་བའི་ཕྱུགས་
ལམ་ན། བུད་མེད་ཤ་ཚི་དམར་དབ་རི་མོ་ཅེའི་བརྩོད་དཔན་དོ་ཤ་ལ། གདུབ་བུ་དང་

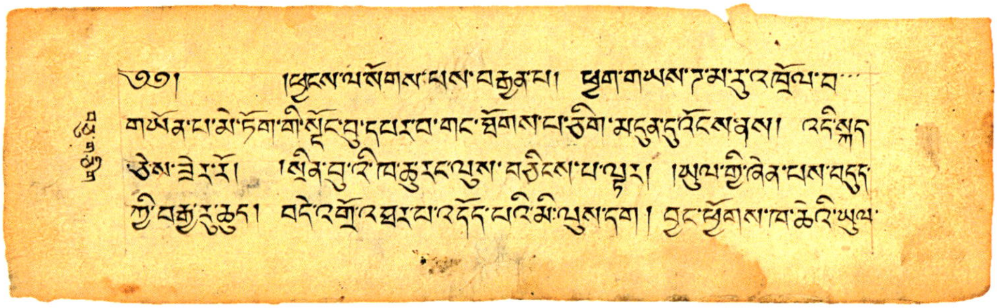

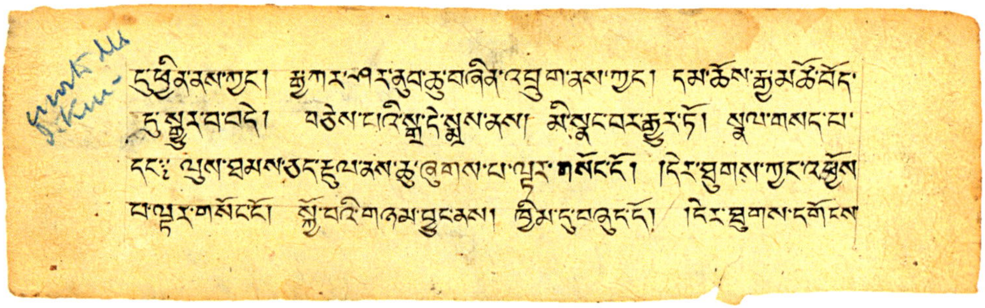

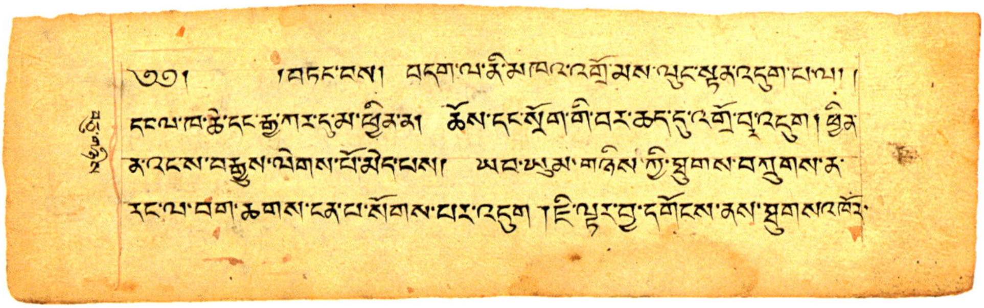

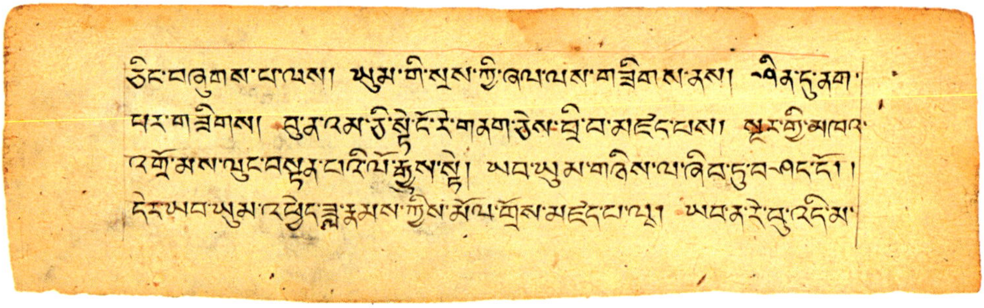

༄༅། །ཁ་དང་ན་ཆོས་དང་སྲོག་གི་བར་ཆད་དུ་འགྲོ་བར་འདུག། བདུད་ན་འང
ཙོ་སྐལ་རྣམས་སྐྱིད་འགགས་པ་ལྟར་འདུག་ན་འདང། གདང་བ་གྲུབ་གསུང་པའི་གྲོས་
བྱུས་ནས། །ཁ་ཆེ་ར་བྱོན་པར་བྱས། རྒྱ་དཀར་ཤར་ཕྱོགས་ཡ་ད་རེས་མི་བྱོན་པར་ཁ
ཆེ་ནས་འཁོར་བར་བྱུས་སོ། །དེ་ནས་ཉང་རེ་འི་ཡུལ་པོ་བཀྲ་ཤིས་རྩེ་མོ་བྱ་བ་དགེ་སླེན་

གཅིག་ཡོད་པ་ལ། རྟགས་བཙལ་སྟེ། དགུང་ལོ་བཅོ་བརྒྱད་པ་ལ་ཕགས་ལོ་
ཁྱིམ་པ་དང་ཆས་སྟེ། །དགོན་བུ་དྲུག་བརྒྱ་ཙམ་དང་ཕྱུག་རྫས་མང་དག་ཅིག་སྣམས་
ནས་ཡུམ་གྱི་ཁ་ཟས་ཀྱི་བྱེ་བྲག་མང་པོ་དང། ཤིས་བརྒྱགས་དང་བསྐུར་སྟེ། ནམ་
བཟའ་བཀང་རྒྱལ་ཙམ་དང་བཅས་ཏེ་ཆས་སོ། །ཞུང་དེའི་མོན་པ་ལམ་རྒྱུས་

༄༅། །ཡོད་པ་ཅིག་དང་གསུམ་བྱོན་སྟེ། ཡུམ་གྱི་གྲོས་ཞུག་གི་རང་སུ་
སྐྱེལ་མ་མཛད་དོ། །དེ་ནས་ཁོ་ན་ནས་གར་ལ་ཕྱིན་དེ་ག་ཤིགས་པ་ལ། བསོད་སྙོམས་
མཛད་ཅིང་བ་ཤིགས་སོ། །དེ་ནས་ཟླ་བ་ཅིག་དང་ཞག་གསུམ་གྱི་ཇོ་ལ། །ཁ་རི་ག
བྱུ་བའི་གྲོང་དུ་སླེབ་རྩ་ན། གྲོགས་པོ་ཞུང་དེ་དཀང་འགྲུས་ལ་འཆེ་ར་ནས་འགྲོར

མ་འདོད་དོ། །དེར་རང་ཉིད་རྗེ་འབངས་གཉིས་ཁོ་ནས་བྱོན་ནོ། །དེ་ནས་ཞག་གཉིས་
ནས་མ་དྲུགས་ང་འགལ་ལ་བྱ་བའི་ཟམ་པ་ཆེན་པོ་ཅིག་ཏུ་སླེབ་རྩ་ན། ཤ་གམ་འདང་
པའི་ལམ་བསྒུངས་མི་བསྒུན་པ་གྲོང་གསུམ་པུ་ཅིག་ཡོད་པ་ལ། འགྲན་སུ་ལྡུ་བརྒྱ་
ཙམ་བྱིན་ནས། དོ་ནུབ་དེར་གཟིམས་སོ། །ཕྱི་ནས་སུ་མོ་ཟམ་པ་དེ་ཐོན་ནས་བྱོན་པས།

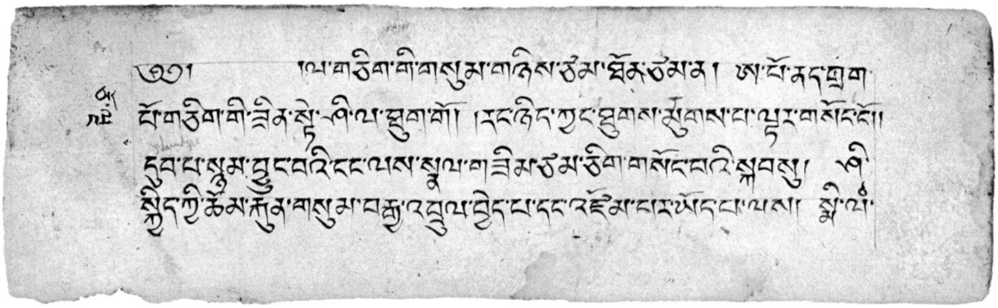

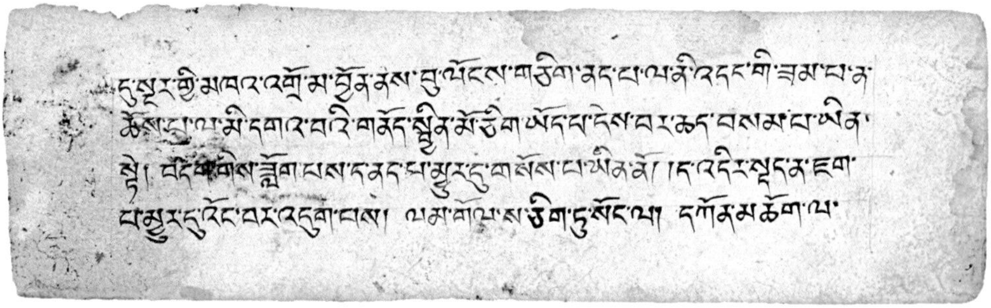

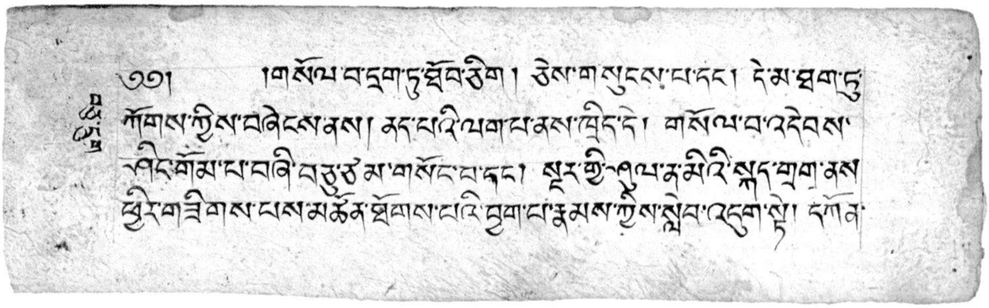

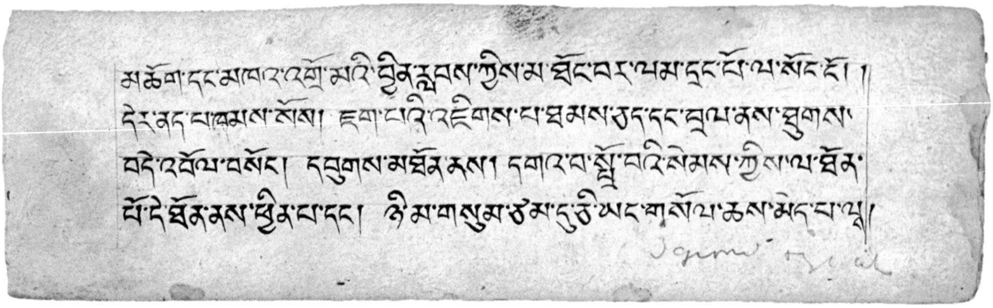

ཉེར་བཞི ༄༅། །ནགས་བསེབ་ཀྱི་ཡུལ་གཅིག་ན་མར་བྱོན་པས། རྒན་མོ་མ་
སྨད་གཉིས་འབྲས་ཁུ་རུ་རེ་ཁྱེར་འོང་བ་དང་འཕྲད་དོ། །ཕྱག་བཟེད་དེ་སློང་བའི་གདང་
མཛད་དོ། །འབྲས་ཕྲ་རབ་བཞི་ལྷ་ཙམ་ཕུལ་ལོ། །དེ་སློབ་ནས་གསོལ་བས། མཁས་
གསོས་པར་གྱུར་ཏེ། དེ་ཕྱིན་ལན་གསུང་ཞིང་། ཐུགས་དགོངས་ལ། རྒན་མོ་མ་སྨད་

གཉིས་རིམ་དང་སྒྲིང་མོའི་དོན་དུ་བྱུང་བས། ཉིན་ལམ་དུ་དངས་ཤིང་མཆོད་རྟེན་བརྒྱ་རྩ་
ཙམ་བཏབ་དགོས་དགོངས་ནས། རྒན་མོ་ལ་ཕྱོད་ཀྱི་སྐུའི་རྗེ་མོ་ནས་དུས་གཅིག་སྐང་
གསུང་བའི་ཕྱག་གདང་མཛད་པས། རྒན་མོ་ཤིན་ཏུ་ཡང་སེམས་དགའ་བར། ཁྱེད་ལ་
དགོས་ན་སྐུ་རངས་པོ་ཡང་ཆོད་ལ་ཁྱེར་ཅིས་ལག་གདང་བྱེད་དོ། །ལོ་ཚེ་བས་ཆོས་ཁུག

ཉེར་ལྔ ༄༅། །གི་ནང་ན་བ་སོའི་ཐུགས་རྗེ་ཆེན་པོ་མཆེན་གང་བཞུགས་པ་སྟོན། །
མཆོད་རྟེན་རྩེ་བརྒྱ་པའི་དཔེའ་སྟོན་ནས། འདིར་སྒྲུ་བའི་ཆེད་དུ་ཡིད་ཀྱིས་གདང་མཛད་
པས། རྒན་མོ་དགའ་ཞིང་སྤུ་ཙེ་མོ་ནས་དུམ་གཅིག་བཅད་ཕུལ་ནས། ཕྱག་འཚལ་
བྱུང་སྟེ་ལག་པས་བཟུང་ནས་འདི་ནས་ཕྱིན་ཆད་མི་འགྲོལ་བ་གདང་བྱེད་དོ། །ཕྱི་མ་བྱུང་དེ་

གསོང་བ་དང་ང་ལ། སྙིང་རྗེ་སྐྱེས་དེ་སྤྲུར་ཆབ་ཅིག་ཀྱང་བྱུང་གསུང་ངོ། །ཕྱིས་ཁ་ཆེ་རུ་
ཐེབས་པ་དང་། རྒན་མོའི་སྐྲ་འི་དུམ་བུ་སྤྲེགས་ནས། མཆོད་རྟེན་བརྒྱ་རྩ་མང་པོ་
བཏབ་གསུངས་སོ། །དེ་ནས་ཞིམ་ཕྱེད་ཙམ་ནས། ཁ་ཆེའི་ཡུལ་སུ་ཟེན་ནས། གྲུམ་
ཟེ་གྲོང་བདུན་པ་ཅིག་ཏུ་སླེབ་སྟེ། དེར་ཟླ་བ་གཅིག་ཙམ་བཞུགས་ནས་ཕྲལ་སྐད་

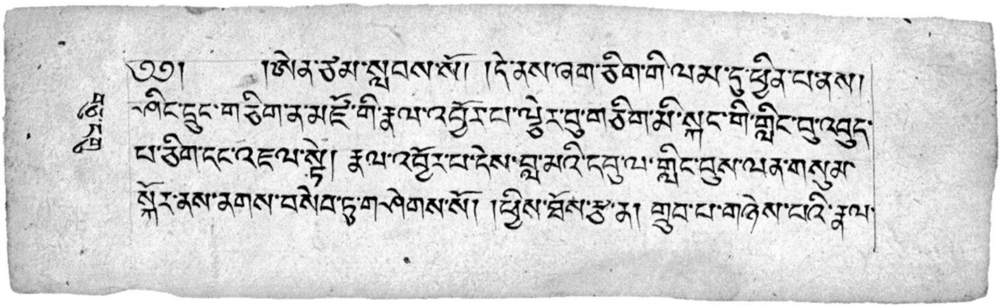

༄༅། །ཨེན་ཙམ་སླབས་སོ། །དེ་ནས་ཞག་ཅིག་གི་ལམ་དུ་ཕྱིན་པ་ནས།
ཤིང་དྲུང་གཅིག་ན་མཛེ་གི་རྒྱལ་འགྱུར་པ་ལྦེར་བུ་གཅིག་མི་སྐད་གི་གླིང་བུ་འབུད་
པ་ཅིག་དང་འཛམ་ལ་སྟེ། རྒྱལ་འགྱུར་པ་དེས་གླུ་མའི་དབུ་ལ་གླིང་བུས་ལན་གསུམ
སྐོར་ནས་ནགས་བསེབ་ཏུ་ག་ཤེགས་སོ། །ཕྱིས་ཐོས་ཙ་མ། གྲུབ་པ་གཉིས་པའི་རྒྱལ་

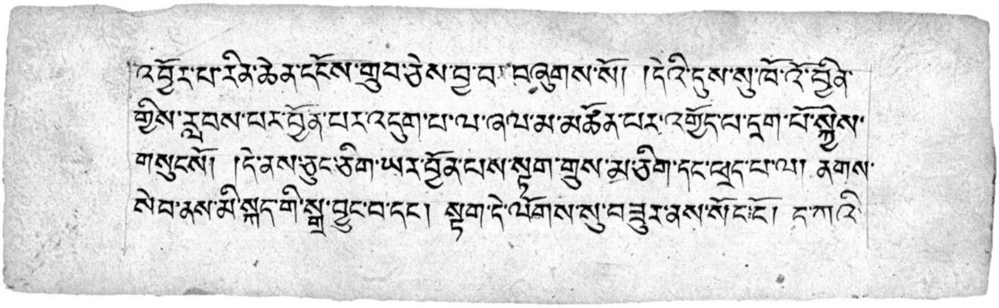

འགྱུར་པ་རིན་ཆེན་དངོས་གྲུབ་ཅེས་བྱ་བ་བཞུགས་སོ། །དེའི་དུས་སུ་བོ་དེ་ཕྱིན
ཕྱིས་ལྷབས་པར་བྱོན་པར་འདུག་པ་ལ་ཞལ་མ་མཚན་པར་འགྱོད་པ་དྲག་པོ་སྐྱེས་
གསུངས་སོ། །དེ་ནས་ཁྱུང་ཅིག་ཡར་བྱོན་པས་སྟག་གྲུས་མ་ཅིག་དང་ཕྲད་པ་ལ། ནགས་
སེབ་ནས་མི་སྐད་གི་སྒྲ་བྱུང་བ་དང་། སྟག་དེ་ཡོགས་སུ་བཟུར་ནས་སོ་ངཿངོ། ད་ཀའི

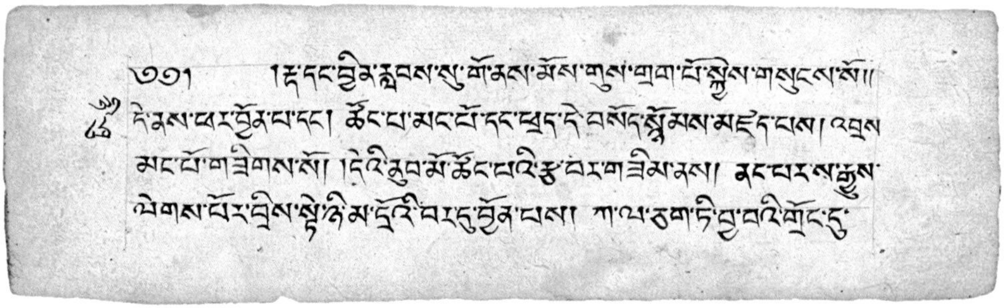

༄༅། །རྫ་དང་ཁྲིམ་ལྷབས་སུ་གོ་ནས་མོས་གུས་གྲག་པོ་སྐྱེས་གསུངས་སོ།།
དེ་ནས་ཕར་བྱོན་པ་དང་། ཚོང་པ་མང་པོ་དང་ཕྲད་དེ་བསོད་སྙོམས་མཛད་པས། འབྲས
མང་པོ་གཟིགས་སོ། །དེའི་ནུབ་མོ་ཚོང་པའི་རྩ་བར་གཟིམ་ནས། ནང་པར་ལ་རྒྱུས
ཡིགས་པོར་བྲིས་སྟེ་ཉི་མ་དྲོའི་བར་དུ་བྱོན་པས། ཀ་ལ་ཙག་ཏི་བྱ་བའི་གྲོང་དུ

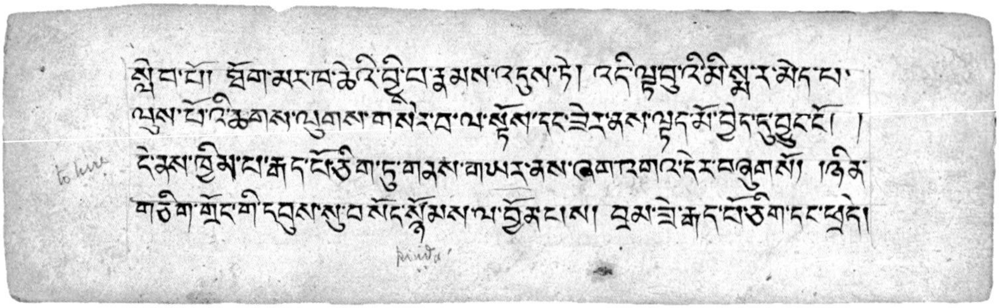

སླེབ་པོ། ཐོག་མར་ཁ་ཆེའི་ཁྱི་པ་རྣམས་འདུས་ཏེ། འདི་ལྷ་བུ་འི་མི་སྨྲ་ར་མེད་པ་
ལུས་པོའི་ཚགས་ལུགས་གསེར་བ་ལ་སྟོས་དང་ཟེར་ནས་ལྟད་མོ་བྱེད་དུ་བྱུང་ངོ། །
དེ་ནས་ཁྲིམ་པ་རྒྱ་ད་པོ་ཅིག་ཏུ་གནས་གཡར་ནས་ཞག་རག་འདེར་བཞུགས་སོ། །ཉིན
གཅིག་གྲོང་གི་དབུས་སུ་བསོད་སྙོམས་ལ་བྱོན་པས། བུམ་ཟེ་རྒྱ་ད་པོ་ཅིག་དང་ཕྲད།

༄། །ངེས་ཕྱུག་གི་རི་མོ་འཕྱོང་ནས། བྲམ་ཟེ་མི་ཟེར་བར་ཁྱིམ་དུ
སོང་སྟེ། དབུལ་པ་གི་སྤྱོས་ཕོར་གཅིག་གི་ནང་དུ་མེ་ཏོག་གི་ཕྱུར་བུར་སྐང་སྟེ། ཕུལ་
ནས་ཕྱག་འཚལ་ལ་ཐུབ་ནས་བཟུང་ནས་ཤིས་པ་བརྗོད་པ་མང་དུ་བྱ་སྟེ། ཁྱོད་ནི་ཚེ
རབས་དུ་མར་ཚོགས་བསགས་པ་གཅིག་སྟེ། ལས་ཅན་ཁྱོད་ཀྱི་ཚེ་འདི་ཉིད་ལ་

ཆོས་མང་པོ་ཐོས་པ་ཞིང་། སེམས་ཅན་མང་པོ་ལ་ཕན་ཐོགས་པར་འདུག །ཕྱི་མ
མཐོན་པར་རྫོགས་པར་སངས་རྒྱས་པ་འོ་ཞེས་ཟེར་རོ། །དེའི་མིང་ནི་བྲམ་ཟེ་དང་ཏེང
ཀོ་བྱ་བྱ་བ་ཡིན་ནོ། དེས་རྐང་འགྲོགས་ཡིད་བཞིན་བསམ་ཞིལ་ཏུ་བ་གཟིགས་ནས།
གྲོང་ཁྱེར་དམ་ལ་པན་ཏི་བྱ་བར་བྱོན་ནས། པཎྜི་ཏ་ཆེན་པོ་དཀར་བར་མདང་འཛལ

༄། །ནས། ཆོས་ཞུ་བར་གསོལ་བ་བདབ་པས་གནང་ནས། ལོ་གཉིས
སུ་ཡོ་གའི་རྒྱུད་བསྒྲུབ་ཐབས་དང་བཅས་པ་དང་། མན་ངག་གི་བསྐོར་མང་དུ་བསན
ནོ། །པཎྜིད་བཞན་ལ་ཡང་ཆོས་མང་དུ་བསན་ཅིང་སྒྱུར་ཏེ། ཐུགས་སྐྱོངས་མང་དུ
མཛད་དོ། །དེ་ནས་སྤུར་ཡུལ་དུ་ཚད་མཛད་པ་བཞིན། བདན་འཁོར་བར་ཞིང་པ་ལྔ།

ནུབ་མོ་ཐུགས་ལ་མ་དུ་བོད་ཀྱི་མི་ཅིག་གིས་རྒྱ་མཚོའི་གླིང་ནས་ནོར་བུ་རིན་པོ་ཆེ
མང་པོ་བླངས་ནས་འདུག་ནེ། ཡིད་བཞིན་གི་ནོར་བུ་རིན་པོ་ཆེ་གཅིག་ཡོད་པ་དེ་ལུས
སུ་འདུག་པར་འདུག །དེ་ནི་རྗེ་བཙུན་ཆེན་པོ་ནཱ་རོ་པའི་ཕྱག་ན་ཡོད་ཅེས་སྨྲས་སོ། །
རྣལ་བསད་པ་དང་། པཎྜི་ཏ་སུ་ད་ཀ་ར་བར་མ་ལ་ཞུས་པས། སུ་ད་ཀ་རའི་ཞལ་

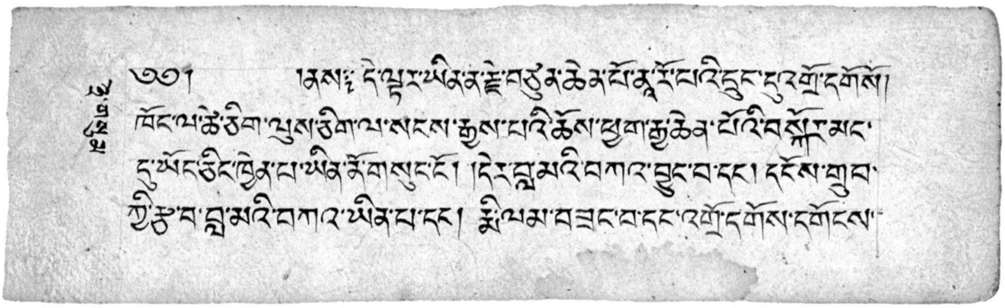

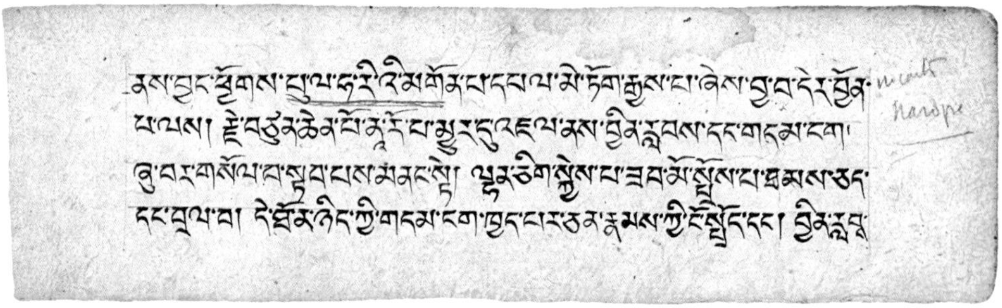

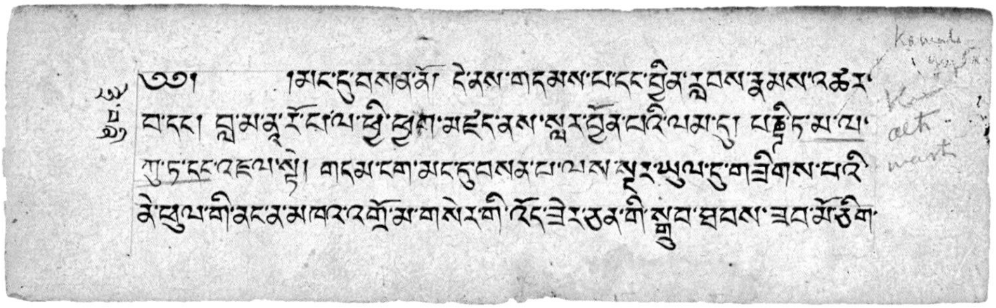

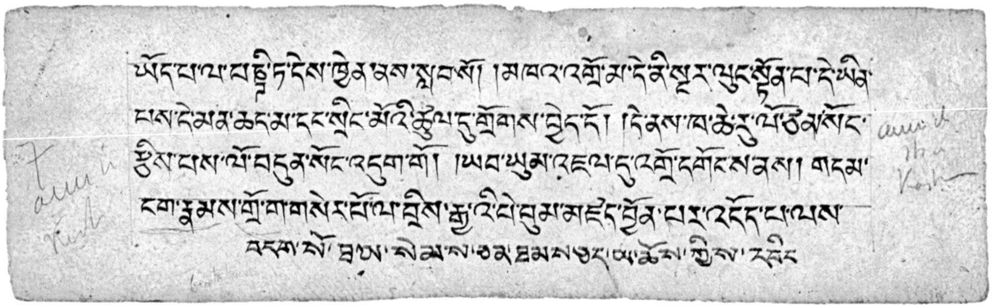

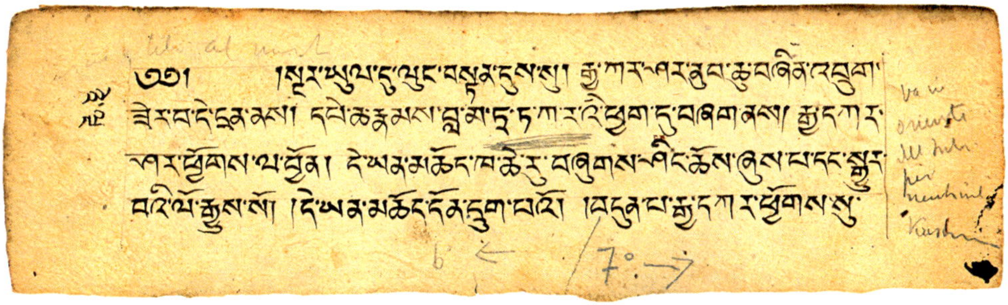
༄༅། །སྔར་ཡུལ་དུ་ལུང་བསྟན་དུས་སུ། རྒྱ་གར་ཤར་ནུབ་ཆུ་བཞིན་འབྲུག
ཟེར་བ་དེ་ལྟར་ནས། དགེ་ཚན་རྣམས་ལ་བླ་མ་དྷ་ན་ཀ་ར་འི་ཕྱག་དུ་བཞག་ནས། རྒྱ་ད་ཀ་ར
ཤར་ཕྱོགས་ལ་བྱོན། དེ་ཡན་མཆོད་པ་ཆེ་རུ་བཞུགས་ཤིང་ཆོས་ཞུས་པ་དང་སྦྱར
བའི་ལོ་རྒྱུས་སོ། །དེ་ཡན་མཆོད་དོན་དྲུག་པའོ། །ཁྱད་པ་རྒྱུད་ཀ་ར་ཕྱོགས་སུ

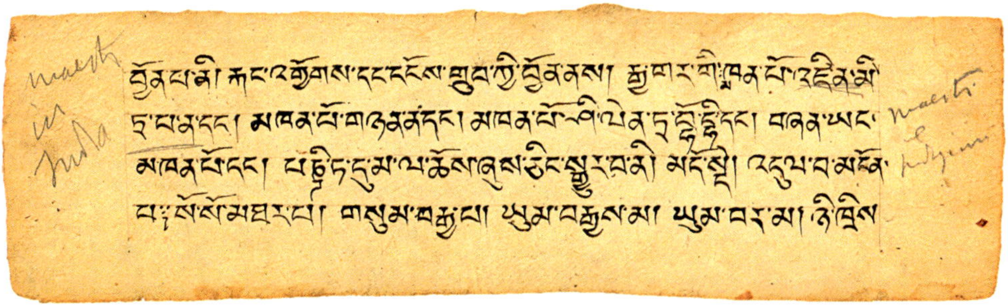
བྱོན་པ་ནི། ཆང་འགྲོགས་དང་དངོས་གྲུབ་ཀྱི་བྱོན་ནས། རྒྱ་གར་གི་མཁན་པོ་ཨིནྡྲ་མི
ཏྲ་པ་ན་དང་། མཁན་པོ་གཞན་མ་དང་། མཁན་པོ་ཤི་ལེན་དྲ་བོ་དྷི་དང་། གཞན་ཡང་
མཁན་པོ་དང་། པཎྜི་ཏ་དྲུག་ལ་ཆོས་ཞུས་ཅིང་སྒྱུར་བ་ནི། མདོ་སྡེ། འདུལ་བ་མངོན
པ་༔ སོ་སོ་མཐར་པ། གསུམ་བརྒྱ་པ། ཡུམ་བརྒྱས་མ། ཡུམ་བར་མ། ཉི་ཁྲིས

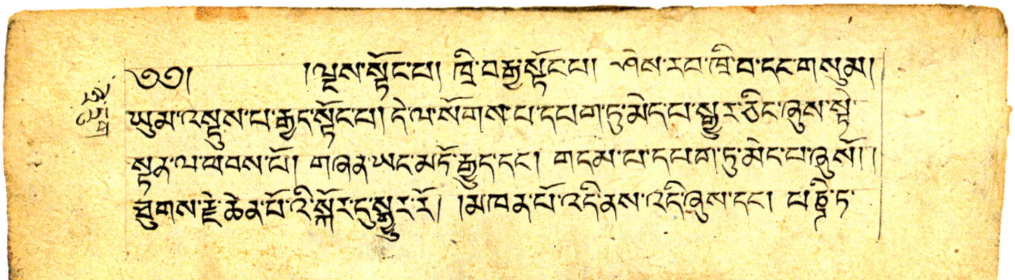
༄༅། །ལྔས་སྟོང་པ། ཁྲི་བརྒྱ་སྟོང་པ། ཤེས་རབ་ཁྲི་བ་དང་གསུམ།
ཡུམ་འཕྲུལ་པ་བརྒྱད་སྟོང་པ། དེ་ལ་སོགས་པ་དཔག་ཏུ་མེད་པ་སྒྱུར་ཅིང་ཞུས་སྡེ
སྣོད་ལ་བབས་པོ། གཞན་ཡང་མདོ་རྒྱུད་དང་། གདམས་པ་དཔག་ཏུ་མེད་པ་ཞུས་སོ།།
ཐུགས་རྗེ་ཆེན་པོ་འི་སྐོར་དུ་སྒྱུར་རོ། །མཁན་པོ་འདི་ནས་འདི་ཞུས་དང་། པཎྜི་ཏ

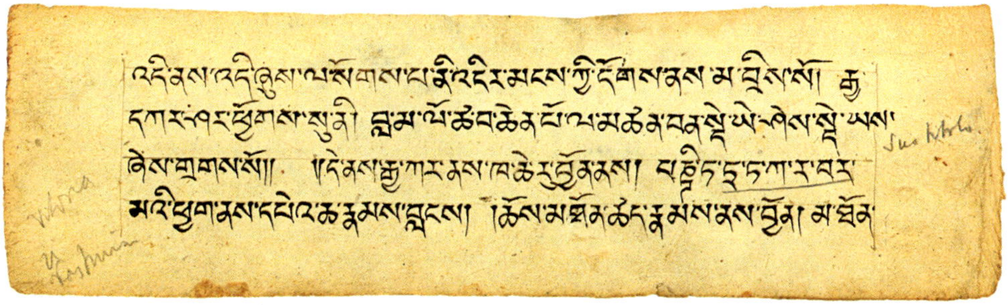
འདི་ནས་འདི་ཞུས་ལ་སོགས་པ་ཡི་འདིར་མངས་ཀྱི་དོགས་ནས་མ་བྲིས་སོ། རྒྱ
དཀར་ཤར་ཕྱོགས་སུ་ནི། བླ་མ་ལོ་ཆེ་བ་ཆེན་པོ་ལ་མཚན་བཟང་སྡེ་ལེ་ཤེས་སྡེ་ཡས་
ཞེས་གྲགས་སོ།། །དེ་ནས་རྒྱ་གར་ནས་ཁ་ཆེ་རུ་བྱོན་ནས། པཎྜི་ཏ་ད་ན་ཀ་ར་བར
མའི་ཕྱག་ནས་དཔེ་འཆ་རྣམས་བླང་ངས། །ཆོས་མཐོ་མཚན་རྣམས་ནས་བྱོན། མ་ཐོན

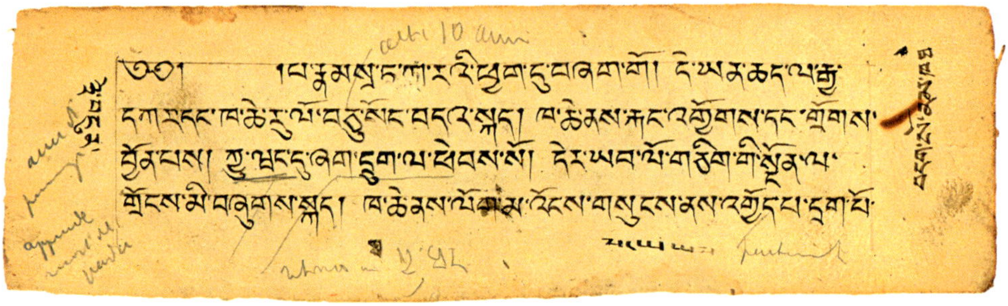

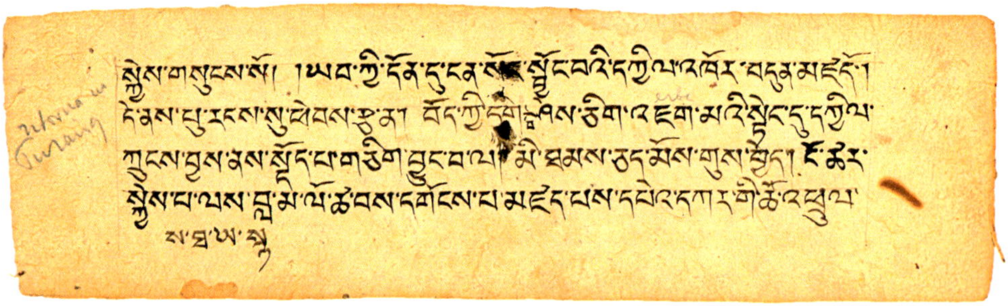

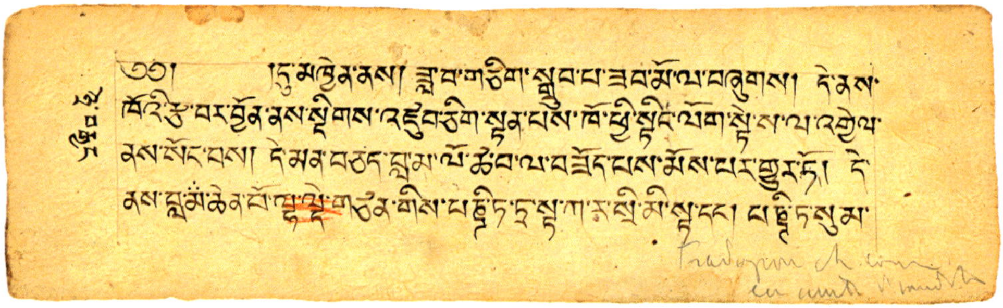

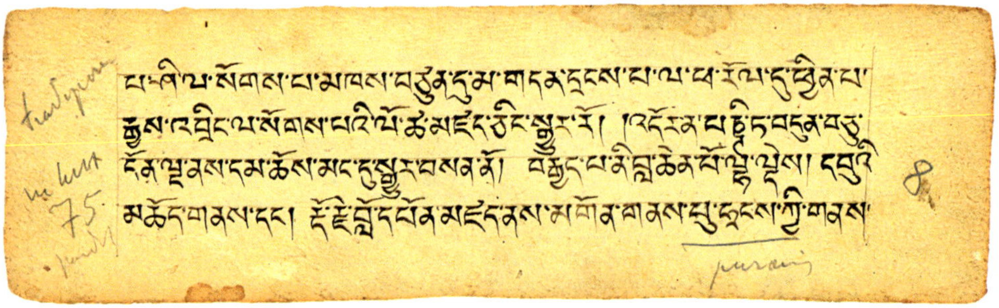

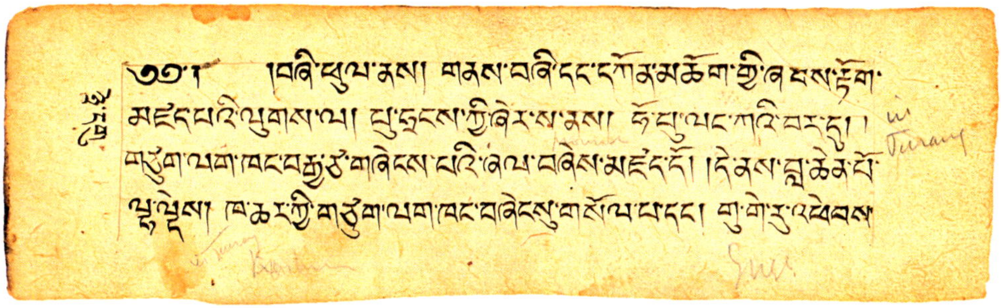

༄༅། །བཞི་ཕུལ་ནས། གནས་བཞི་དང་དཀོན་མཆོག་གི་ཞབས་ཏོག་
མཛད་པའི་ལུགས་ལ། སྤུ་ཧྲངས་ཀྱི་ཞིང་ས་ནས། ཇོ་སྤུ་ལང་ཀའི་བར་དུ།
གཙུག་ལག་ཁང་བརྒྱ་ཙ་གཞེངས་པའི་ཞལ་བཞེས་མཛད་དོ། །དེ་ནས་བླ་ཆེན་པོ
ལྷ་ལྡེས། ཁ་ཆར་གྱི་གཙུག་ལག་ཁང་བཞེངས་སུ་གསོལ་བ་དང་། སྤུ་གེ་རུ་འཕེབས

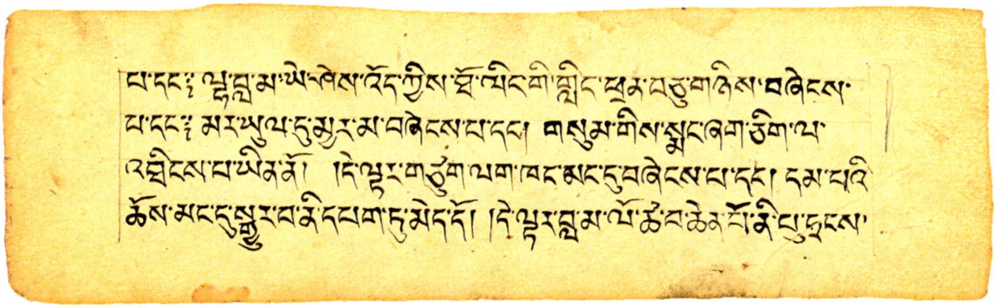

པ་དང་༔ ལྷ་བླ་མ་ཡེ་ཤེས་འོད་ཀྱིས་ཐོ་ལིང་གི་གླིང་ཕྲན་བཅུ་གཉིས་བཞེངས་
པ་དང་༔ མར་ཡུལ་དུ་མྱུར་མ་བཞེངས་པ་དང་། གསུམ་གྱིས་སྣང་ཞག་ཅིག་ལ་
འགྲིགས་པ་ཡིན་ནོ། །དེ་ལྟར་གཙུག་ལག་ཁང་མང་དུ་བཞེངས་པ་དང་། དམ་པའི་
ཆོས་མང་དུ་བསྒྱུར་བ་ནི་དཔག་ཏུ་མེད་དོ། །དེ་ལྟར་བླ་མ་ལོ་ཙ་བ་ཆེན་པོ་ནི་སྤུ་ཧྲངས་

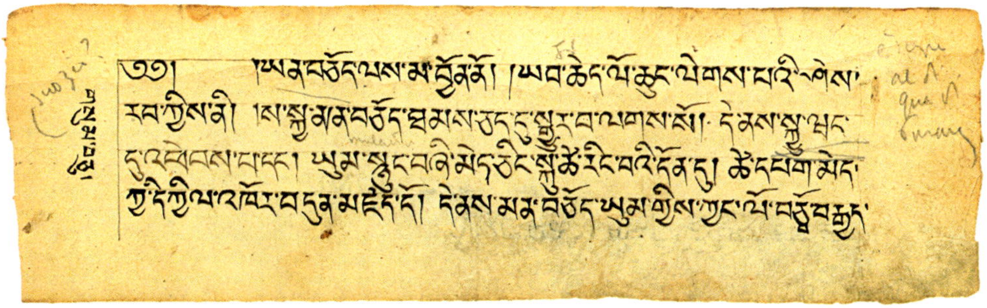

༄༅། །ཡན་བཙོད་ལས་མ་བྱོན་ནོ། །ཡབ་ཆེན་པོ་རྒྱང་ལེགས་པའི་ཤེས་
རབ་ཀྱིས་ནི། །ས་སྐྱ་མན་བཙོད་ཐམས་ཅད་དུ་བསྒྱུར་བ་ལགས་སོ། དེ་ནས་སྐུ་ཤང་
དུ་འབྱོན་ནས་པ་དང་། ཡུམ་སྐྱོང་བཞི་མེད་ཅིང་སྐུ་ཚེ་རིང་བའི་དོན་དུ། ཚེ་དཔག་མེད་
ཀྱི་དཀྱིལ་འཁོར་བདུན་མཛད་དོ། དེ་ནས་མན་བཙོད་ཡུམ་གྱིས་ཀྱང་ལོ་བཅུ་བརྒྱད་

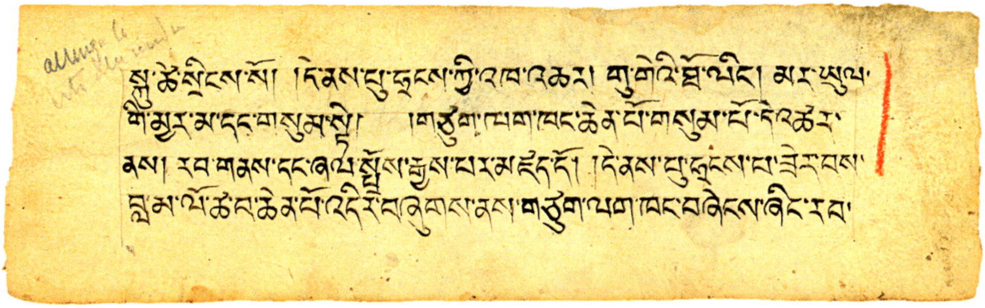

སྐུ་ཚེ་སྲིད་ས་སོ། །དེ་ནས་སྤུ་ཧྲངས་ཀྱི་འཁབ་འཆར། སྤུ་གེའི་ཐོ་ལིང་། མར་ཡུལ་
གྱི་མྱུར་མ་དང་གསུམ་སྟེ། །གཙུག་ལག་ཁང་ཆེན་པོ་གསུམ་པོ་དེ་འཆར་
ནས། རབ་གནས་དང་ཞལ་སྒྲོས་རྒྱས་པར་མཛད་དོ། །དེ་ནས་སྤུ་ཧྲངས་པ་བྲིན་པས་
བླ་མ་ལོ་ཙ་བ་ཆེན་པོ་འདི་རི་བཞུགས་ནས། གཙུག་ལག་ཁང་བཞེངས་ཤིང་རབ་

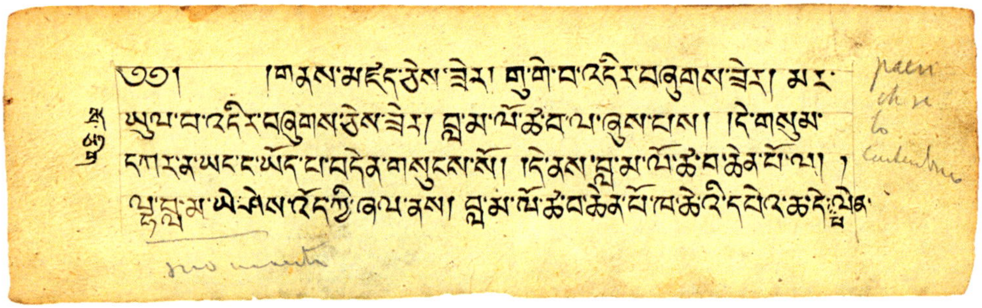

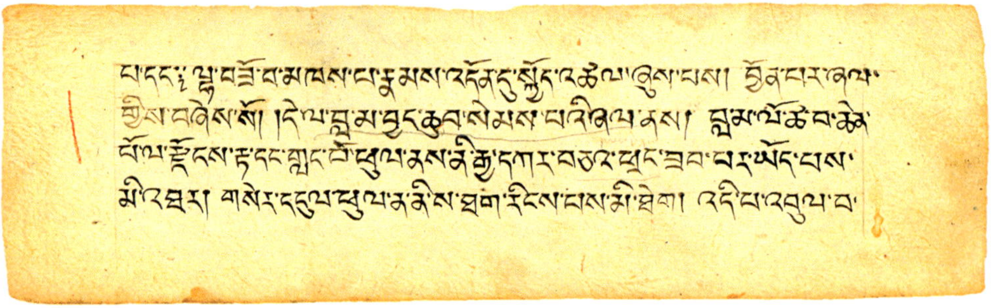

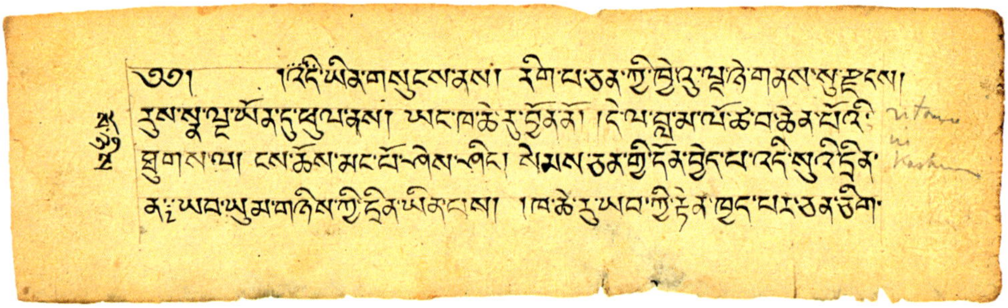

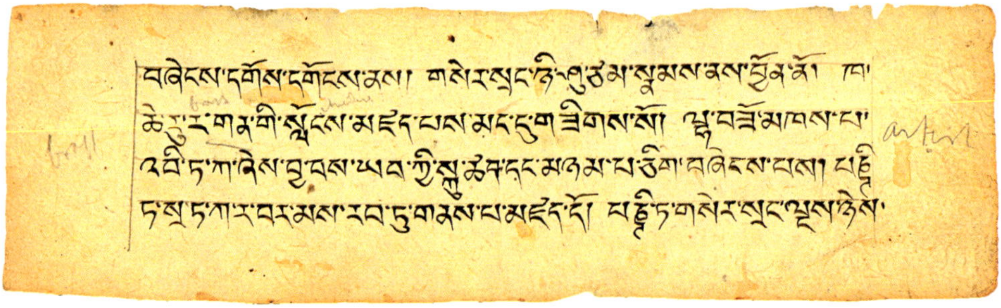

༄༅། །ཕར་ཕྱིན་སོ། སྔོན་ལྷུན་བཀྲ་ཤིས་ཞལ་སྔ་མཛད། སྔོན་ཅིག་གི
ལྷ་བཙོ་བའི་སྤྱིན་ཡོན་མཛད། །སྔོན་གཅིག་གིས་བླ་བོ་བཙོལ་ཏེ། རྗེ་ན་ཁ་ཆེ་ནས
བོད་དུ་ཤིང་རྟ་འི་འཁོར་ལོ་ལ་བྱུང་ནས། སྔར་ཡུལ་ནས་མཆམས་པ་དང་། ཟླ་བ
བཅུ་གསུམ་ནས་རྗེན་ཅིས་ཁ་རྒྱ་འི་གོ་ཁར་འཕེབས་སོ། །ད་ལྟ་ཡང་ཁ་རྒྱ་གོ་ཁར

ན་བཞུགས་པ་ཡིན་ནོ། །བླ་མ་ལོ་ཙཱ་བ་ནི་ཁ་ཆེ་ཏུ་སློབ་མ་རྣམས་ཀྱི་མགོ་འདྲེན
དང༌། ཆོས་ཀྱི་མཇུག་མ་ཞུ་བ་ལ་ལོ་དྲུག་འགོར་རོ། །ལོ་དྲུག་ནས་ལྷ་བཙོར་བ་གསུ
བཅུ་སོ་གཉིས་དང་བཅས་པ། ཡུལ་དུ་འཕེབས་པས། ལྷ་བླ་མ་ཡེ་ཤེས་འོད
སྐྱོང་བ་སན་ནས་མྱུར་དུ་ཞལ་འཛོམ་དུ་བྱོན་པས་གཙུང་བཞི་དྲག་པོས་བྱིན་ནས

༄༅། །ཞལ་མ་འཛོམ་ལོ། གདུང་མཆོད་དང་དམ་སོ་སྐྱོང་བ་ལ་སོགས
པ་ནི་བླ་མ་ལོ་ཙཱ་བ་ཆེན་པོས་མཛད་དོ། དགུ་པ་ནི་བླ་ཆེན་པོ་ལྷ་ལྡེ་དང་། བླ་ཆེན
པོ་བྱང་ཆུབ་སེམས་དཔའ་ཡིས་ཡུལ་ཀུ་ཅང་ནི་ཤུ་རྒྱ་གཅིག་འབུལ་ནས་མཆོད།
པ་ལས། གནས་གཞི་ནི་ཤུ་རྒྱ་གཅིག ཡུལ་ཀུ་ཅང་ནི་ཤུ་རྒྱ་གཅིག་ཏུ་ལོ་ཅིག

སྤྱོད་འཁོར་ལ། མདོ་འ་མངས་ཆ་གསུམ་གསུམ། ཡུམ་ཆ་བདུན་བདུན་ལ
སོགས་པ། སྐུ་གསུང་ཐུགས་ཀྱི་རྟེན་དཔག་ཏུ་མེད་པ་ཞབས་རྟོག་མཛད་དོ། །
བཅུ་པ་ནི་ཁ་རྒྱ་གོ་ཁར་དུ་ལྷ་ཁང་རྣམས་བཞེངས་ཕྱག་ལ། །ཁ་སྐྱོ་བཅུ་གསུམ
གྱིས་ལྷ་ཁང་བཅུ་གསུམ་བཞེངས་པའི་གྲོས་བྱས་ནས། རྒྱར་ཞག་གཅིག་ལ་འདིང

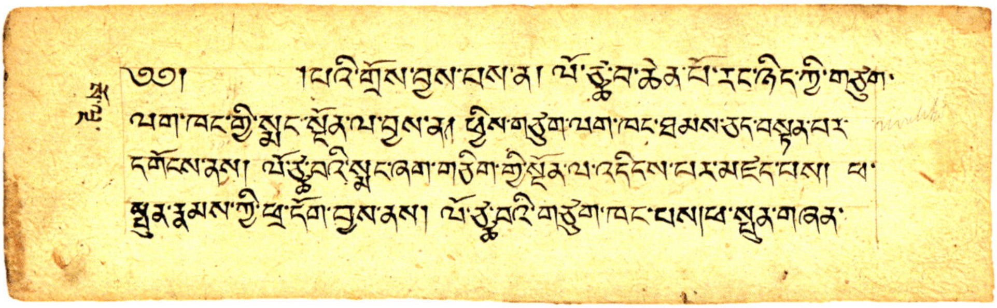
༄༅། །པའི་གྲོས་བྱས་པས་ན། ལོ་ཙཱ་བ་ཆེན་པོ་རང་ཉིད་ཀྱི་གཙུག་
ལག་ཁང་གི་སྐུང་སྒོམ་ལ་བྱས་ན།། ཕྱིས་གཙུག་ལག་ཁང་ཐམས་ཅད་བསྐྲུན་པར་
དགོངས་ནས། ལོ་ཙཱ་བའི་སྐུང་ཞག་གཅིག་གི་སྒོམ་ལ་འདེབས་པར་མཛད་པས། ཕ་
སྤུན་རྣམས་ཀྱི་ཕྲ་དོག་བྱས་ནས། ལོ་ཙཱ་བའི་གཙུག་ལག་ཁང་པས།པ་སྤྲུལ་གཞན་

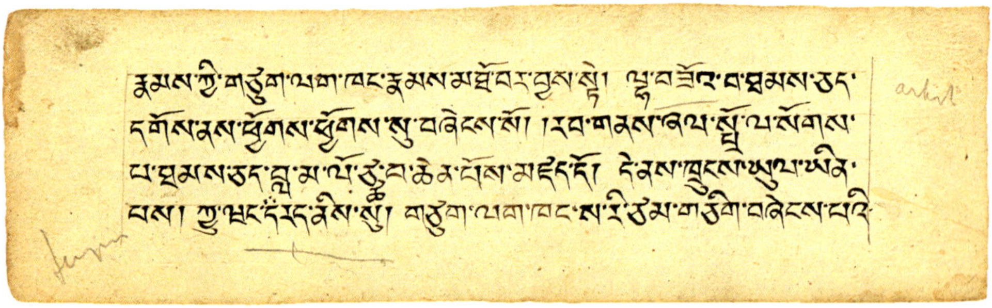
རྣམས་ཀྱི་གཙུག་ལག་ཁང་རྣམས་མཐོ་བར་བྱས་སོ། ལྷ་བཟོ་བ་ཐམས་ཅད་
དགོས་ནས་ཕྱོགས་ཕྱོགས་སུ་བཞེངས་སོ། །རབ་གནས་ཞལ་སྤྱི་ལ་སོགས་
པ་ཐམས་ཅད་བླ་མ་ལོ་ཙཱ་བ་ཆེན་པོས་མཛད་དོ། དེ་ནས་ཁྱུང་ལུང་ཡུལ་ཡིན་
པས། ཀྱུ་ཡང་དང་རྡོ་རིས་སུ། གཙུག་ལག་ཁང་ས་རི་ཙམ་གཅིག་བཞེངས་པའི

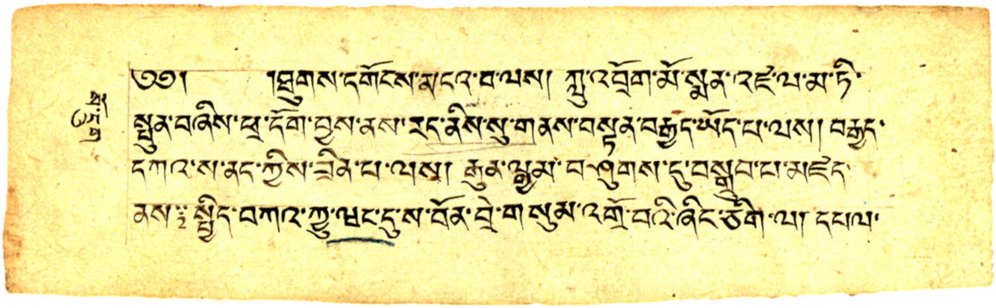
༄༅། །ཐུགས་དགོངས་མདའ་བ་ལས། སྐུ་འབྲོག་མོ་སྨན་འཛེ་ལ་མ་དི་
སྤྱན་བཞེངས་ཕྲ་དོག་བྱས་ནས་རང་ཉིས་སུ་གནས་བསྟན་བརྒྱུད་ཡོད་པ་ལས། བརྒྱུད་
དཀའ་ས་ནད་ཀྱིས་བྲིན་པ་ལས། རྒྱུན་ལྷུམ་བ་ཀུགས་དུ་བསྒྲུབ་པ་མཛད་
ནས་༔ སྤྱིད་བཀའ་ཀྱུ་ཡང་དུས་བོར་བྲེ་གསུམ་འགྲོ་བའི་ཞིང་ཅིག་ལ། དཔལ་

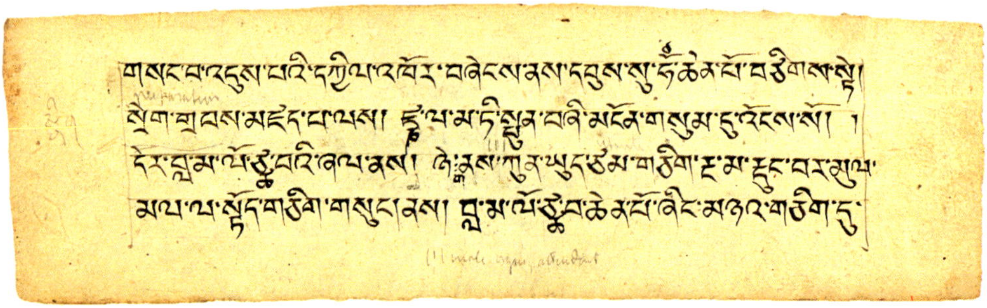
གསང་བ་འདུས་པའི་དཀྱིལ་འཁོར་བཞེངས་ནས་དབུས་སུ་ཧཱུྃ་ཆེན་པོ་བཅིགས་སོ།
སྲིག་གྲྭ་བས་མཛད་པ་ལས། ཧྲཱྀ་ལ་མ་དི་སྤྱན་བཞི་མཆོད་གསུམ་དུ་འཇིངས་སོ། །
དེར་བླ་མ་ལོ་ཙཱ་བའི་ཞལ་ནས། ཇེ་ཀླུས་ཀུན་ཡུད་ཙམ་གཅིག་རྫ་མ་རྫུར་བར་ཀུལ་
མལ་ལ་སྐོད་གཅིག་གསུང་ནས། བླ་མ་ལོ་ཙཱ་བ་ཆེན་པོ་ཞིང་མཚའ་གཅིག་དུ

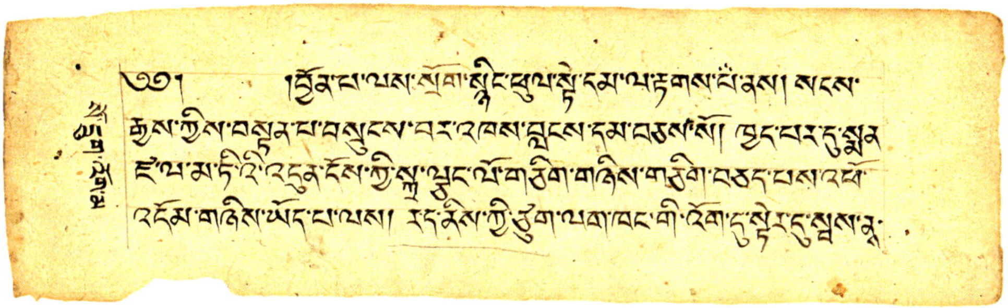
༄། །ཕྱིན་པ་ལས་སྤྱུག་སྙིང་བྲུལ་སྦྱི་དམ་ལ་རྟགས་པོ་ནས། སངས་
རྒྱས་ཀྱིས་བསྟན་པ་བསྒྲུངས་བར་འཁས་བླངས་དམ་བཅས་སོ། །ཕྱིད་པར་དུ་སློན
ཛ་ལ་མ་དྷི་འི་འདུན་དོས་ཀྱི་སྒྲ་ལྕང་ལོ་གཅིག་གཉིས་གཅིག་བཅད་པས་འབོ
འདོམ་གཉིས་ཡོད་པ་ལས། རིན་ཆེན་ཀྱི་ཙུག་ལག་ཁང་གི་འོག་དུ་སྡེ་ར་དུ་སྦྱས་ནུ་

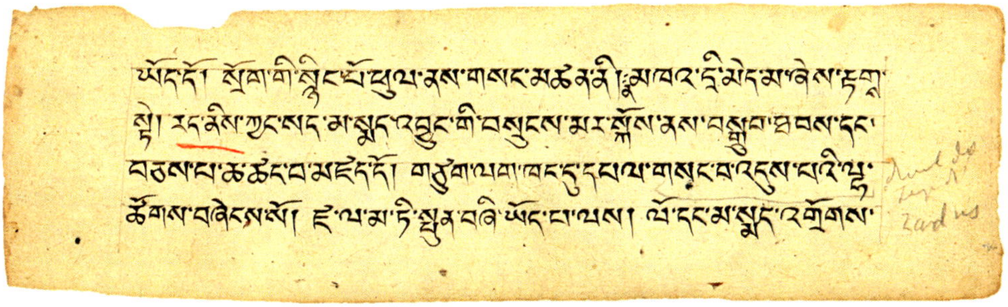
ཡོད་དོ། སྤྲུག་གི་སྙིང་པོ་བྲུལ་ནས་གསང་མཚན་མི། སྨ་ཁའ་དྲི་མེད་མ་ཞེས་རྟ་གླ
སྣེ། རིན་ཆེན་ཀྱང་སད་མ་སྨྱུད་འབྱུང་གི་བསྒྲུངས་མར་སློས་ནས་བསྐྱུག་ཐབས་དང་
བཅས་པ་ཚ་ཚང་བ་མཛད་དོ། གཙུག་ལག་ཁང་དུ་དཔལ་གསུང་བ་འདུས་པའི་ལྷ་
ཚོགས་བཞེངས་སོ། ཛ་ལ་མ་དྷི་སྨྲུན་བཞི་ཡོད་པ་ལས། ལོ་དང་མ་སྨྲད་འགྲོགས་

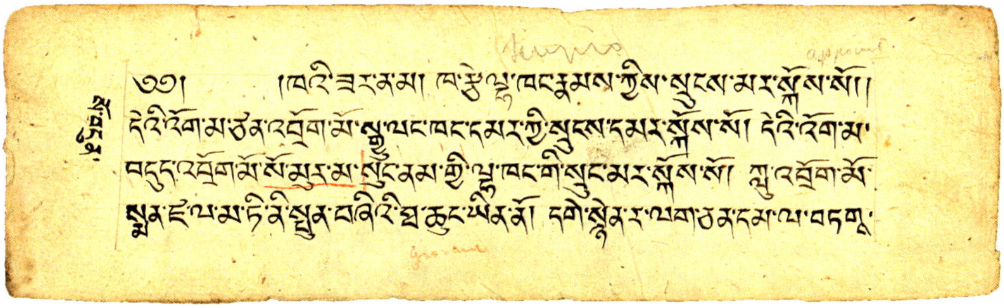
༄། །ཁའི་ཟླ་ར་ནམ། ཁ་རྗེ་ལྷ་ཁང་རྣམས་ཀྱིས་སྲུངས་མར་སྔོས་སོ།།
དེའི་འོག་མ་ཅན་འབྲོག་མོ་སྒྲུ་ལང་ཁང་དམར་ཀྱི་སྲུངས་དམར་སྔོས་སོ། དེའི་འོག་མ་
བདུད་འབྲོག་མོ་སོ་མུར་མ་སྲུང་ནམ་གྱི་ལྷ་ཁང་གི་སྲུང་མར་སློས་སོ། ཀླུ་འབྲོག་མོ་
སྨན་ཛ་ལ་མ་དྷི་ནི་སྨྲུན་བཞི་འི་ཐ་ཆུང་ཡིན་ནོ། དགེ་སྙེན་ར་ལག་ཙན་དམ་ལ་བདག་

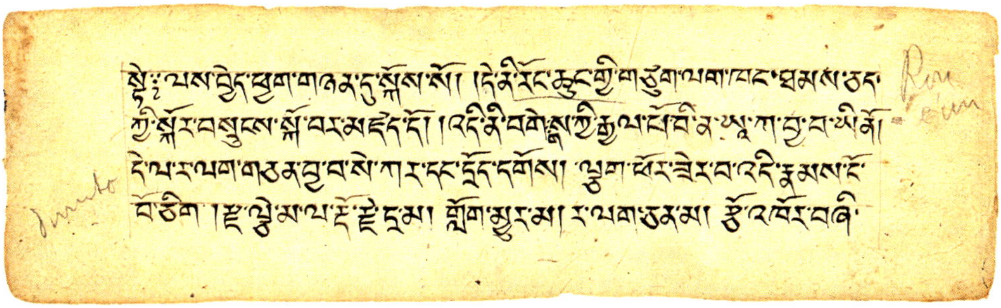
སྟེ༔ ལས་བྱེད་བྲུག་གཞན་དུ་སྔོས་སོ། །དེ་མི་རོང་རྒྱུང་གི་གཙུག་ལག་ཁང་ཐམས་ཅད་
ཀྱི་སྲུང་བསྲུངས་སློ་བར་མཛད་དོ། །འདི་མི་བཀེ་སྨ་ཀྱི་རྒྱལ་པོ་བི་ན་ཡ་ཀ་བྲ་བ་ཡིན་ནོ།
དེ་ལ་རལ་བག་གཙན་བྲུ་བ་སེ་ཀ་ར་དང་དྲྭོད་དགོས། ལྕག་ཕོར་ཟེར་བ་འདི་རྣམས་དང་
བཅིག །ཛ་ལྕི་མ་ལ་རྡོ་རྗེ་དྲུམ། སྒྲོག་སྒྱུར་མ། རལ་བ་ཙན་མ། ཙོ་འཕོར་བཞི་

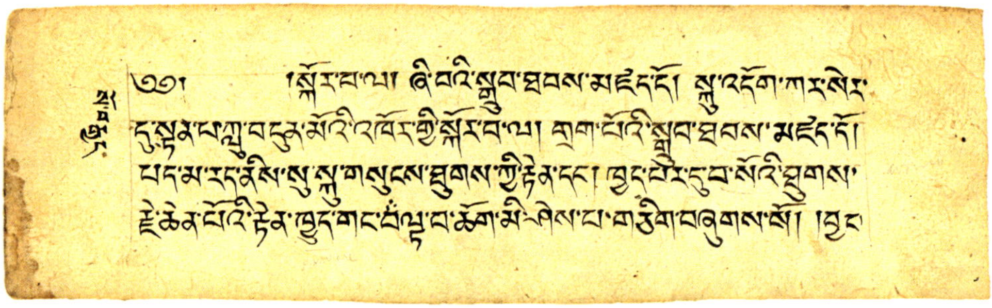

༄༅། །སྐོར་བ་ལ། ཞི་བའི་སྒྲུབ་ཐབས་མཛད་དོ། སྒྲུ་འདོག་ཀ་ར་སེར་
དུ་སྡུམ་པ་སྐུ་བདུན་མོའི་འཁོར་གྱི་སྐོར་བ་ལ། དྲག་པོའི་སྒྲུབ་ཐབས་མཛད་དོ།
པདྨ་རང་གྲོལ་སུ་སྐུ་གསུང་ཐུགས་ཀྱི་རྟེན་དང་། ཁྱད་པར་དུ་བ་མོའི་ཐུགས་
རྡོ་ཆེན་པོའི་རྟེན་ཁྱད་གང་ཕྱི་བ་ཚོགས་མི་ཤེས་པ་གཅིག་བཞུགས་སོ། །ཁྱུང་

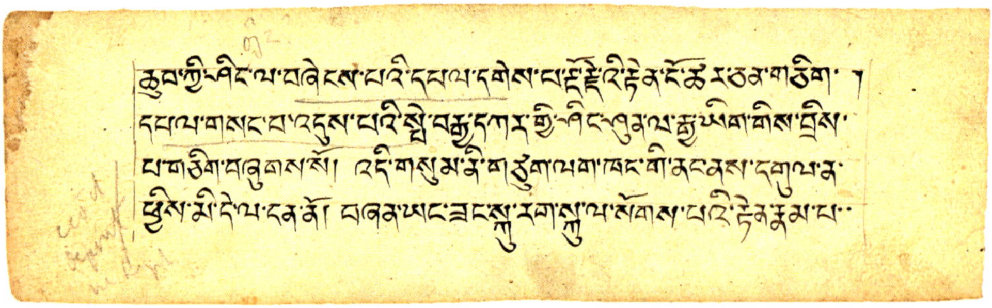

རྒྱལ་གྱི་ཤིང་ལ་བཞེངས་པའི་དཔལ་དགེས་པ་རྡོ་རྗེའི་རྟེན་དོ་ཚ་ར་ཅན་གཅིག །
དཔལ་གསང་བ་འདུས་པའི་སྤྱི་བརྒྱ་དཀར་ཆེ་ཤིང་ཤུན་ལ་རྒྱ་ཡིག་གིས་བྲིས་
པ་གཅིག་བཞུགས་སོ། འདི་གསུམ་ནི་གཙུག་ལག་ཁང་གི་ནང་ནས་དགུ་ལ་ན་
ཕྱིས་མི་དེ་ལ་དར་ནོ། བཞེན་ཡང་བྲང་སྐུ་རགས་སྐུ་ལ་སོགས་པའི་རྟེན་རྣམ་པ་

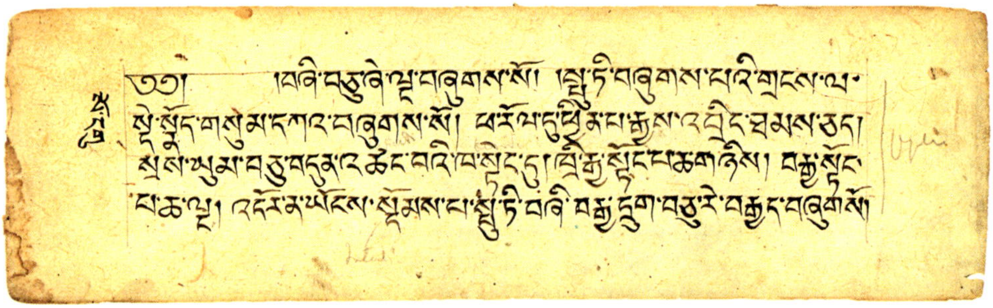

༄༅། །བཞི་བཅུ་ནི་ལྷ་བཞུགས་སོ། །སྤྱི་དེ་བཞུགས་པའི་གླིང་ལ་
སྤྱི་སྟོང་གསུམ་དཀར་བཞུགས་སོ། ཞིང་ལ་དུ་ཕྱིན་པ་རྒྱལ་འབྲིད་ཐམས་ཅད།
སྐུ་ལུས་བཅུ་བདུན་འཆང་བའི་བསྟོད་དུ། ཕྱི་རྒྱ་སྟོང་པ་ཚག་ཉིས། བརྒྱ་སྟོང་
པ་ཚ་ལྔ། འདོར་མ་ཡོངས་སྟོམས་པ་སྤྱི་དེ་བཞི་བརྒྱ་དྲུག་བཅུ་རེ་བརྒྱད་བཞུགས་སོ།

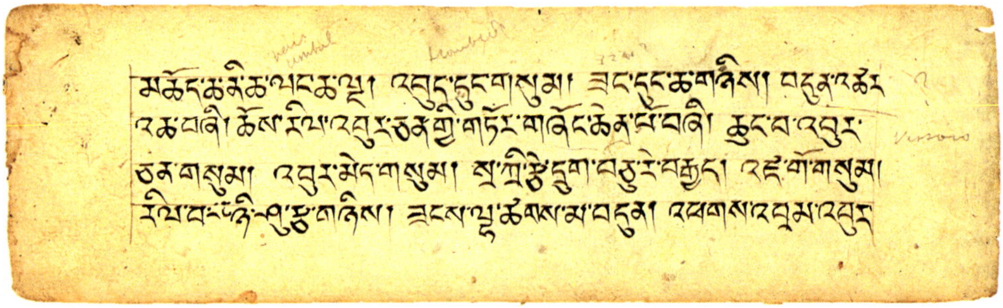

མཆོད་ཚ་ནི་ཚ་ཡང་ཚ་ལྔ། འབྲུད་ཆུང་གསུམ། ཟང་དུང་ཚག་ཉིས། བདུན་འཚར་
འཚ་བཞི། ཆོས་རོལ་འབུར་ཅན་གྱི་གདོར་གཞོང་ཆེན་པོ་བཞི། རྐྱང་བ་འབུར་
ཅན་གསུམ། འབུར་མེད་གསུམ། སྤ་གྲི་རྩེ་དྲུག་བཅུ་རེ་བརྒྱད། འཛ་གོ་གསུམ།
རོལ་བ་ཌ་ཛི་ཤ་རྩ་གཉིས། ཟངས་ལྷ་ཚགས་མ་བདུན། འཐགས་འབུམ་འབུར་

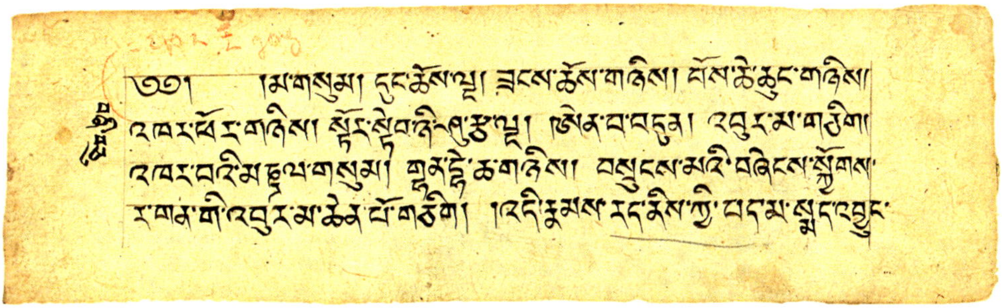

༄༅། །མ་གསུམ། དུང་ཆོས་ལྔ། ཐབས་ཆོས་གཉིས། ཆོས་ཆེ་ཆུང་གཉིས།
འཁར་བོ་ར་གཉིས། སྟོང་སྡེབ་ཉི་ཤུ་རྩ་ལྔ། ཤེལ་བ་བདུན། འབུར་མ་གཅིག
འཁར་བའི་མ་ཧུལ་གསུམ། ཀླུང་རྡོ་ཆ་གཉིས། བསྐྱངས་མའི་བཞེངས་སྐྱོགས་
ར་གན་གི་འབུར་མ་ཆེན་པོ་གཅིག །འདི་རྣམས་རང་རིས་ཀྱི་པདམ་སྣང་འབྱུང་

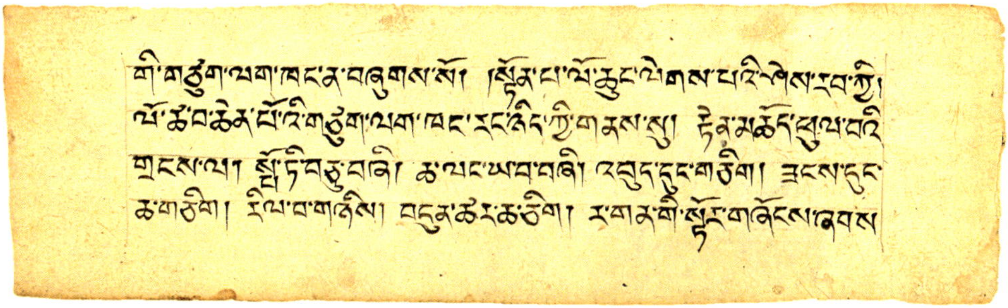

གི་གཙུག་ལག་ཁང་ན་བཞུགས་སོ། །སྟོན་པ་ལོ་ཆུང་ལེགས་པའི་ཤེས་རབ་ཀྱི།
ལོ་ཙཱ་བ་ཆེན་པོའི་གཙུག་ལག་ཁང་རང་ཉིད་ཀྱི་གནས་སུ། རྟེན་མཆོད་སྤྲུལ་པའི
གླིངས་ལ། སྒྲོ་དྲི་བརྩུ་བཞི། ཆ་ལང་ཡབ་བཞི། འབུད་དུང་གཅིག ཟངས་དུང
ཆ་གཅིག རོལ་བ་གཉིས། བདུན་ཆ་རང་ཆ་ཅིག ར་གན་གི་སྟོར་གཞོང་ཞབས

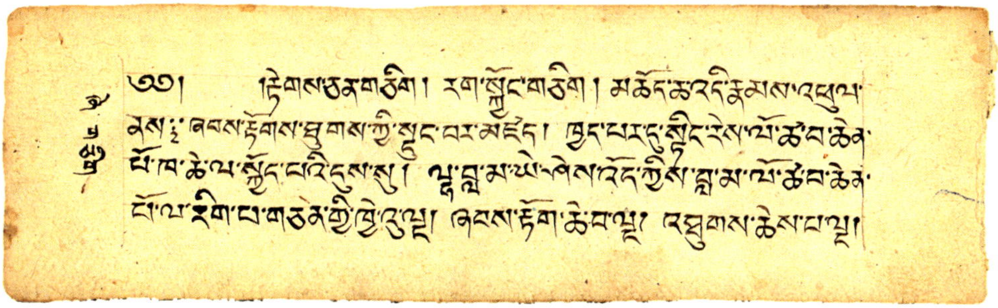

༄༅། །རྟེགས་ཅན་གཅིག རག་སྐྱོང་གཅིག མཆོད་ཆ་འདི་རྣམས་འབུལ་
ནས༔ ཞབས་རྟོགས་ཕྱུགས་ཀྱི་སྐྱོང་བར་མཛད། ཕྱིད་པར་དུ་སྔིང་རེས་ལོ་ཙཱ་བ་ཆེན་
པོ་ཁ་ཆེ་ལ་སྐྱོད་པའི་དུས་སུ། ལྷ་བླ་མ་ཡེ་ཤེས་འོད་ཀྱིས་བླ་མ་ལོ་ཙཱ་བ་ཆེན་
པོ་ལ་རིག་པ་གཅན་གྱི་ཁྲེ་ཙུ་ལྔ། ཞབས་རྟོག་ཆེ་བ་ལྔ། འཕྲུགས་ཆེས་པ་ལྔ།

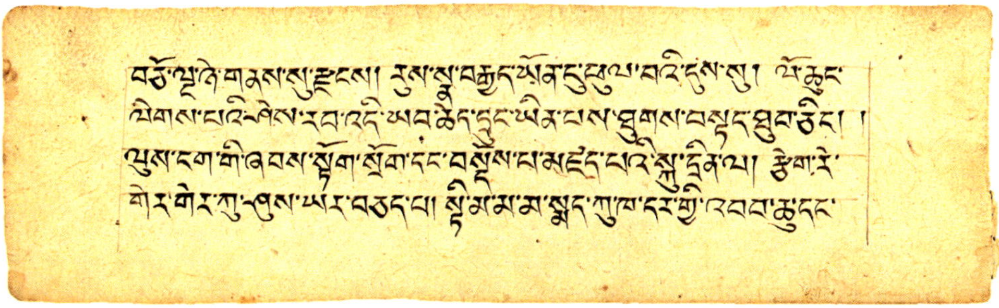

བཙོ་ལྔའི་གནས་སུ་རྫོངས། རུས་སྦྲ་བརྒྱད་ཡོན་དུ་ཕུལ་བའི་དུས་སུ། ལོ་ཆུང
ལེགས་པའི་ཤེས་རབ་འདི་ཡབ་ཆེད་དུང་ཡིན་པས་ཕྱུགས་བསྐྱོད་ཕྱུག་ཅིང་། །
ལུས་ངག་གི་ཞབས་སྟོག་སྟོག་དང་བསྟོས་པ་མཛད་པའི་སྐུ་དྲིན་ལ། རྗེ་རེ་
གིར་གེར་ཀུ་ཤུས་ཡར་བཅད་པ། སྤྱི་མི་མ་མ་སྣང་ཀུན་དར་གྱི་འབབ་རྒྱུ་དང་

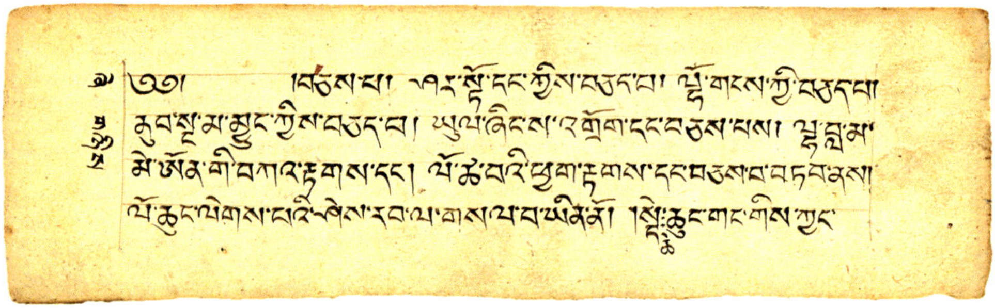

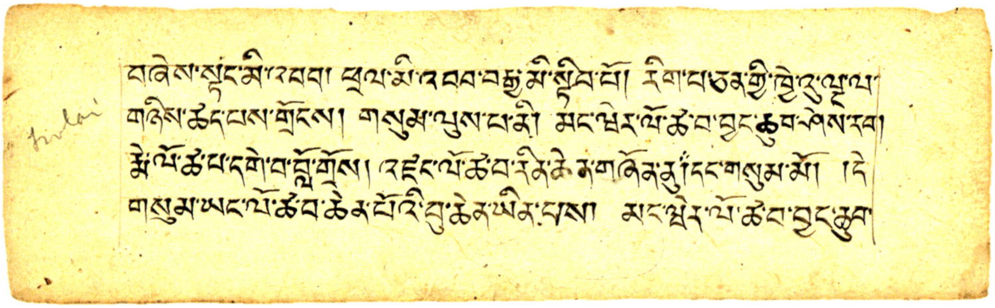

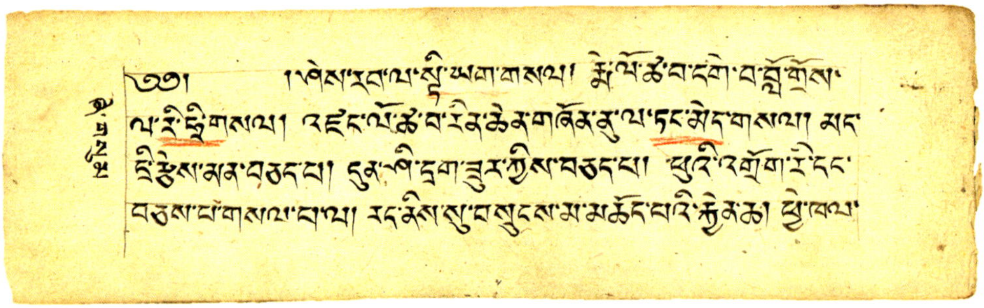

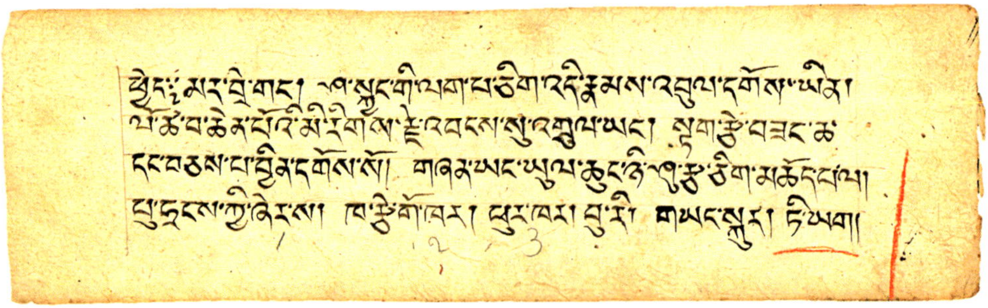

༄། །སྟོང་མེད། སྤྱི་ཏུ། ཤེ་ཕྱར། ཞོ་ལིང་། སྦྱི་མང་། རྡོ་དཔག། བཙོག་
རོ༔ རེ་དྲི༔ དྲང་དྲང་། ལ་རི་ད་བོ། ཤར། རང་རིག་རྩེ། ཙོ་དང་། དྲིལ་རྒྱུད་རེ། ཕྱུལ་
རྒྱུད་འདི་རྣམས་སུ་གཙུག་ལག་ཁང་རེ་རེ་དང་། མཆོད་ཆ་ཆ་ཚང་རེ་བཞུགས་སོ། ༔ །
འདོར་མ་ཕྱུ་ཧྲལ་ཀྱི་འཁའ་ཆར་མན་བཙོད་ལ། ཇོ་ཕྱུ་ལང་བཀའ་ཡར་ཚོད་ལ་

བཙུག་ལག་ཁང་རྒྱ་རྩ་བརྒྱད་བཞེངས་པ་ལ། རྒྱ་རྩ་བདུན་བཞེངས་ཟིན་རྣམས། ཐ་མ་
དྲིལ་རྒྱུད་དུ་བཙུག་ལག་ཁང་བྲེ་ཙམ་གཅིག་བཞེངས་པ་དང་རྒྱ་རྩ་བརྒྱད་ཚང་། །
བརྩིས་འཇུག་ཀྱང་དེའི་རྫོགས་སོ།། །།གཞན་ཡང་འཕྲ་འདུལ་གྱི་བཙུག་ལག་
ཁང་ལ། ལྷོའི་དཀར་དཔག། གྲུག་དཔག་གི་མོ་ཟ། རོང་རྒྱུད་ཀྱི་ཕྱུ། ངར་འི་བཀའ

༄། །ཙམ༔ འདི་རྣམས་དང་། མདོར་མ་རོང་རྒྱུད་གི་བཙུག་ལག་ཁང་
ཐམས་ཅད་དང་། རང་རིག་ཙའི་བཙུག་ལག་ཁང་ལ་སོགས་པ་བླ་མ་ལོ་ཚ་བ་ཆེན་
པོས་བཞེངས་སོ།། ༔ །།བཀའ་བསྡུས་དུ་ཤེ་ཡོན་བློན་གསུམ་སློས། སྨྲི་ར་འབའ་
གཅིག་གྱིས་གཞེར་བཏདདོ། ཉིན་རེ་ལ་ཆོས་སྤྱོད་བརྒྱུན་མི་ཆད་དོ། མཆོད་རྟེན་བཞེངས

པ་ཞི་དཔལ་གཏུ་མེད་དོ། དེ་ལྷ་བུའི་སྐྱེས་བུ་ཆེན་པོ་དེ་ནི། ཇོ་ཕྱུ་ནས་རྒྱུ་སྤྲུལ་པ་བཟུང་དེ། །
གསེའ་སྒྲོམ་དུ་བཙུགས་སྐྱུར་སྐྱེ། འདི་ཀྱི་ཕྱང་དུས་སྐྱེབ་པར་ལ་འཁར་མ་འབྱེད་ཅིག་
གསུངས་པས། ཞེ་གནས་ཀྱི་གསུང་ནམ་གི་ཕྲ་ད་རུ་ཁ་ཆེ་བས། སྤྲུལ་སྒོམ་པོ་གཅིག་
མཐོམ་གསོང་བས་དེ་རུ་རྒྱུ་ཐོམ་སོ། །ཡང་གཅིག་གཟུང་ནས་འདིའི་ཁ་ཅང་གི་དེ་བཙུག་

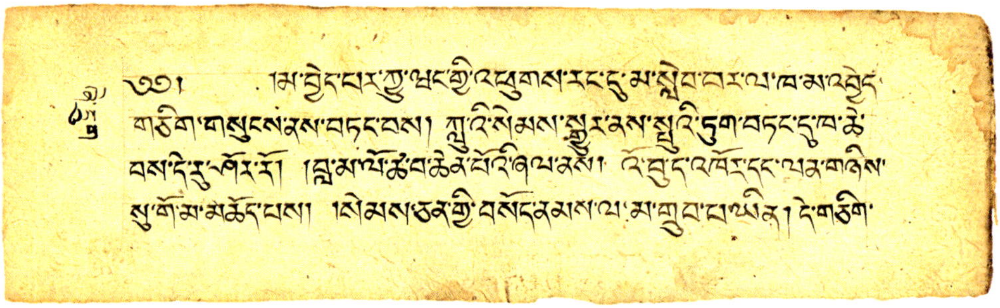

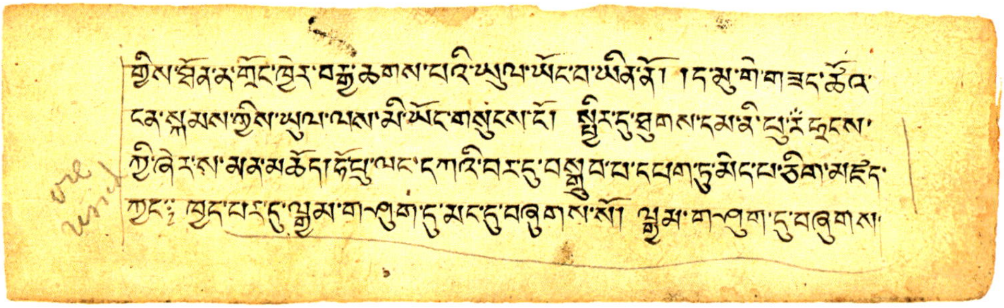

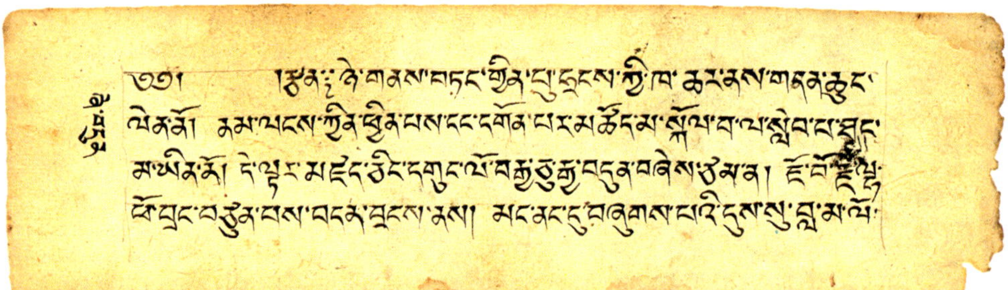

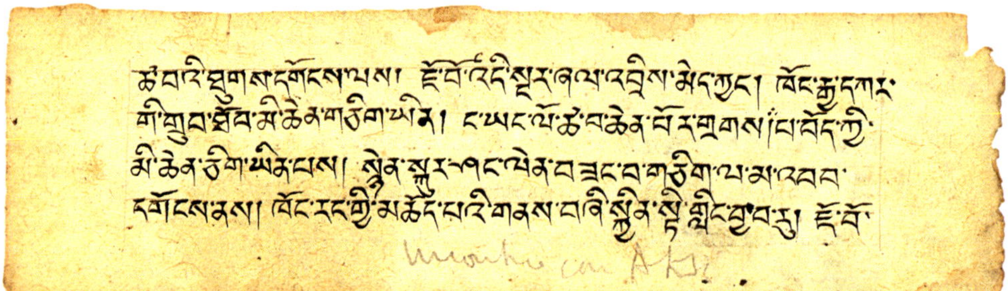

ཤི་བ་ཅུ་ར

༄༅། །ཁད་ནམ་དྲུངས་ནས་སྙིང་སྙུར་རྒྱ་ཆེན་པོ་མཛད་དོ། དེའི་དུས་སུ་ རྗེ་བོ་
ཡི་ཞལ་ནས། མ་ཧཱ་ཡོ་ཚ་བ། ཆོས་འདི་མཁྱེན་ནམ། འདི་མཁྱེན་ནམ། ཞེས་དགའ་
བསྟོ་སྟོད། མདོར་རྒྱུད་ཐམས་ཅད་ཀྱི་དྲིབ་མཛད་པས། དེ་ཡང་འཚལ་ལགས། དེ
ཡང་འཚལ་ལགས། ཞུས་པས། འོ་ན་ང་ཡོང་མ་དགོས་པ་འདུག་པས་གསུངས་སོ།

འོ་ཟུབ་དགོངས་མོ་ག་ཟྲིམས་ཅན། གཙུག་ལག་ཁང་ཕྱོག་གསུམ་མ་ཕྱིག་ཡོད་པ་
ལས། འོག་ཁང་དུ་གསང་བ་འདུས་པའི་ལྷ་ཚོགས་བཞེངས། བར་ཁང་དུ་ཀྱེས་
རྡོར་གྱི་ལྷ་ཚོགས་། སྟེང་ཁང་དུ་འཁོར་ལོ་སྡོམ་པའི་ལྷ་ཚོགས་བཞེངས་ནས་ཡོད
པ་ལ༔ ལོ་ཚ་བ་སྤྱོད་ལ་འོག་ཁང་དུ་སྒྲུབ་ཁས་དམ་མཛད། ཀུང་ལ་བར་ཁང་དུ། འགྲོ་

ཤི་དྲུག

༄༅། །རངས་སྟེང་ཁང་དུ་སྒྲུབ་ཁས་དམ་མཛད་པ་ལས། ཕྱི་དེ་གསང་མ་ནུ་དུས་
སུ༔ རྗེ་བོའི་ཞལ་ནས། མ་ཧཱ་ཡོ་ཚ་བས། འདང་གཙུག་ལག་ཁང་དུ། བསྒྲོད་ལ་
འོག་ཁང་དུ། ཀུང་ལ་བར་ཁང་དུ། འགྲོ་རངས་སྟེང་ཁང་དུ་སྒྲུབ་ཁས་དམ་མཛད་པ་ཙུག་
ལགས། ལོ་རྩ་བས་དེ་ལྷ་སོ་སོའི་སྐྱེད་རྫོགས། སོ་སོར་བགྱིས་པ་ལགས་ཞུས་པས།

རྗེ་བོ་འི་ཞལ་སྔོང་ནག་སྒྲིང་མཛད་ནས། འོ་མ་ང་འོང་དགོས་པ་འདུག་ཀོ་གསུངས་སོ།
དེར་ལོ་ཚ་ཁ་ཆེམ་པོས། འོ་ན་ཇི་ལྟར་དུ་བཞེད་པ་ལགས་ཞུས་པས། རྗེ་བོའི་ཞལ་ནས
དེ་ལྟར་དུ་མི་འཚལ། ཆོས་ཐམས་ཅད་འདུལ་བྱ་འི་བསམ་པ་དང༌། ལྡན་ནས་མང་དུ
སྤྱོད་ཀྱང༌། རྩ་བ་དུམ་རོ་གཅིག་ཡིན་པས། སྐྱེད་རྫོགས་ཐམས་ཅད་བདེན་ཕྱོག་ཙིག་

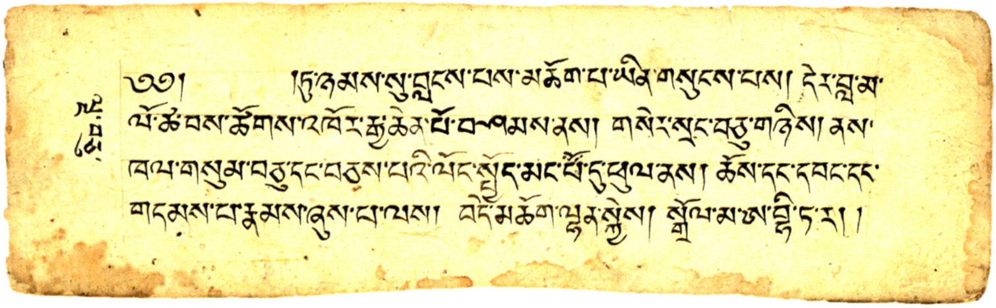

༄༅། །ཁྱུ་ཉམས་སུ་བླངས་པས་མཆོག་པ་ཡིན་གསུངས་པས། དེ་ར་བླ་མ་
ལོ་ཚ་བས་ཚོགས་འཁོར་རྒྱ་ཆེན་པོ་བ་ལ་མས་ནས། གསེར་སྲང་བཅུ་གཉིས། ནས་
ཁལ་གསུམ་བཅུ་དང་བཅས་པའི་ཡོང་སྤྱོད་མང་པོ་དུ་ཕུལ་ནས། ཆོས་དང་དབང་དང་
གདམས་པ་རྣམས་ཞུས་པ་ལས། བདེ་མཆོག་ལྷ་ལྔ་སྐྱེས། སྒྲོལ་མ་ཨ་ཐྲི་ད་ར། །

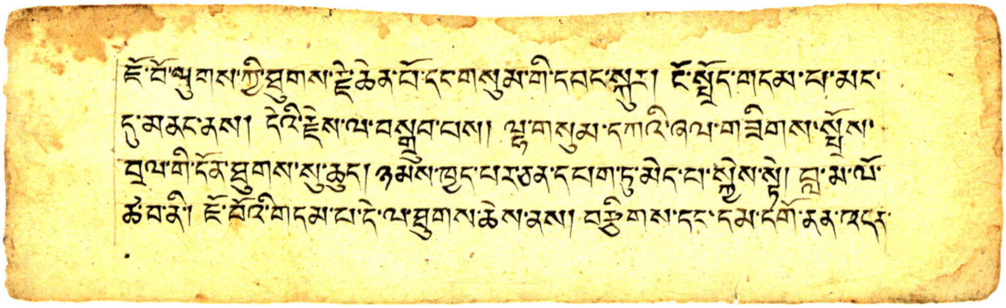

ཇོ་བོ་ལུགས་ཀྱི་ཕྱག་རྡོར་ཆེན་པོ་དང་གསུམ་གྱི་དབང་བསྐུར། ངོ་སྤྲོད་གདམས་པ་མང་
དུ་མཛད་ནས། དེའི་རྗེས་ལ་བསྒྲུབ་པས། ལྷ་གསུམ་དཀའི་ཞལ་གཟིགས་སྤྲོས་
བྲལ་གྱི་དོན་ཕྱག་སུ་རྒྱུད། ཉམས་ཁྱད་པར་ཅན་དཔག་ཏུ་མེད་པ་སྐྱེས་སོ། བླ་མ་ལོ་
ཚ་བ་ནི། ཇོ་བོའི་གདམས་པ་དེ་ལ་ཕྱག་ཆེས་ནས། བརྒྱགས་དང་དམ་དགོས་རྣམ་འདྲེན་

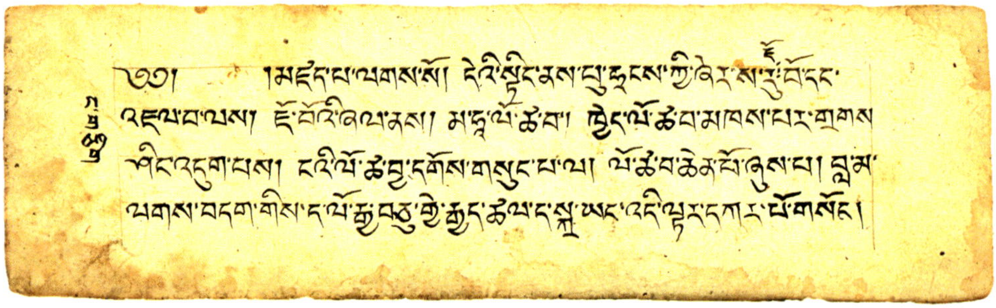

༄༅། །མཛད་པ་ལགས་སོ། དེའི་སྟེང་ནས་པུ་ཧྲངས་ཀྱི་ཞིར་ས་རྫུ་བོ་དང་
འཛུལ་བ་ལས། ཇོ་བོའི་ཞལ་ནས། མ་ཧཱ་ལོ་ཚ་བ། ཁྱེད་ལོ་ཚ་བ་མཁས་པར་གྲགས
ཤིང་འདུག་པས། ངའི་ལོ་ཚ་བྱ་དགོས་གསུང་པ་ལ། ལོ་ཚ་བ་ཆེན་པོ་ཞུས་པ། བླ་མ་
ལགས་བདག་གིས་ད་ལོ་རྒྱ་བཅུ་རེ་རྒྱུད་ཚལ་ད་སྐྲ་ཡང་འདི་ལྟར་དཀར་པོ་གསོང་།

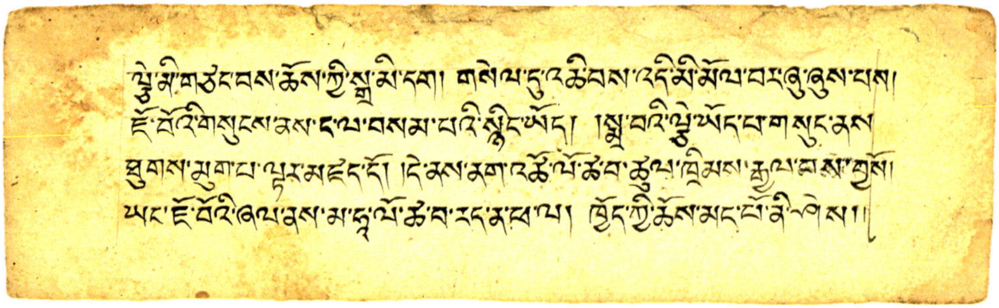

ལྷ་མི་གཙང་བས་ཆོས་ཀྱི་སྐྲ་མི་དགས། གསོལ་བ་དུ་འཚིབས་འདི་མི་མོལ་བར་ཞུ་ཞུས་པས།
ཇོ་བོའི་གསུངས་ནས་ངལ་བསམ་པའི་སྙིང་ཡོད། །སྐྲ་བའི་ལྷ་ཡོད་པ་གསུང་ནས
ཕྱག་ས་མུག་པ་ལྟར་མཛད་དོ། །དེ་ནས་ནག་འཚོ་ལོ་ཚ་བ་ཚུལ་ཁྲིམས་རྒྱལ་བ་སྣ་གྲོས།
ཡང་ཇོ་བོའི་ཞལ་ནས་མ་ཧཱ་ལོ་ཚ་བ་རང་ན་ཐ་ལ། ཁྱེད་ཀྱི་ཆོས་མང་པོ་ནི་ཤེས། །

ཀ་ཉེར་བཞི

༄༅། །སེམས་ངོ་སྤྲོད་པའི་བླ་མ་དམ་པ་དང་མི་འཇལ། འཚོ་བའི་ཡོ་བྱད་
དང་མི་ལྡན། ད་ནི་བསྒྲུབ་པ་ལ་རིམ་གཅིག་གསུང་སོ། དེ་ནས་ཕྱུ་དྲངས་ཀྱི་ཞེ་ར་ས་
ནུ༔ གཙུག་ལག་ཁང་ལ་བརྒྱ་རིམ་པ་དོར་སྐྱེ། དམ་བཅའ་མཛད་ནས། ཕྱི་སྒོ་ལ་
དུང་གི་ཡི་གེ་བྲིས་པ་ན། བདག་སང་ཕོད་ད་ཙམ་ཀྱི་བར་དུ་ཉོན་མོངས་པ་སྣང་ཅིག

མ་ཙམ་སྐྱེས་ན་མཁའ་འགྲོ་མས་ཆད་པ་མཆོད་གཅིག་ཅེས་བྲིས་སོ། །དེ་འི་ནང་
རིམ་དུ། བདག་གསང་ཕོད་ད་ཙམ་གྱི་བར་དུ། བྱང་ཆུབ་ཀྱི་སེམས་དང་སྣང་གཅིག
དང་བྲལ་ན། མཁའ་འགྲོ་མས་ཆད་པ་ཆོད་ཅིག་ཅེས་དངུལ་གྱི་ཡི་གེ་བྲིས་སོ། ལྷ་ཁང་
གི་ནང་ལོགས་སུ། བདག་ལ་སང་ཕོད་ད་ཙམ་གྱི་བར་པོད་དུ་ལུང་མ་བསྟན་གྱི་སེམས་

ཀ་ཉེར་ལྔ

༄༅། །སྣང་གཅིག་ཙམ་བྱུང་ན་མཁའ་འགྲོ་མས་ཆད་པ་མཆོད་ཅིག་ཅེས་གསེར་
གྱི་ཡིག་གེ་བྲིས་ནས། བརྒྱ་རིམ་པ་གསུམ་བཏབ་སྟེ། ཐུགས་དམ་རྩེ་གཅིག་ཏུ་མཛད་པ།
ལས་དམ་བཅའ་རྣམ་པ་གསུམ་པོ་ཚད་དུ་ཕྱིན་ནོ། ཆོས་སྐུ་སྤྲོ་བྲལ་རྡོ་རྗེ་ལྟ་བུའི་སྐུ
ཏིང་ངེ་འཛིན་སྐྱེས་ནས་མཆོག་གི་དངོས་གྲུབ་ཐོབ་པོ། དེ་ལྟ་བུའི་སྐྱེས་མཆོག་ཁྱད་པ༔

ཅན་ད། སྐུ་སྟོམ་པའི་དུས་སུ། ཡུམ་གྱི་སྲུང་བ་གཡས་པ་ན་རྨ་བྱ་བབས་པ་ནི། སྐུ་ལ་
མཚན་དཔེ་ཚང་མཛེས་པའི་དོན་ཡིན། ༔ །སྤྱི་གཙུག་ཏུ་ནེ་ཙོ་བབས་པ་ནི། རྒྱ་བོད་སྐད་གཉིས་ཀྱི་
ལོ་ཙ་མཛད་པའི་དོན་ཡིན། སྲུང་བ་གཡོན་དུ་ཁུ་དབྱུག་བབས་པ་ནི། ཆོས་ཀྱི་གསུང་
སྙན་པ་སྒྲོག་པའི་དོན་ཡིན་ནོ། རྐང་འགྲོགས་ཡིད་བཞིན་བསམ་འཕེལ་ཞེས་བྱ་བའི

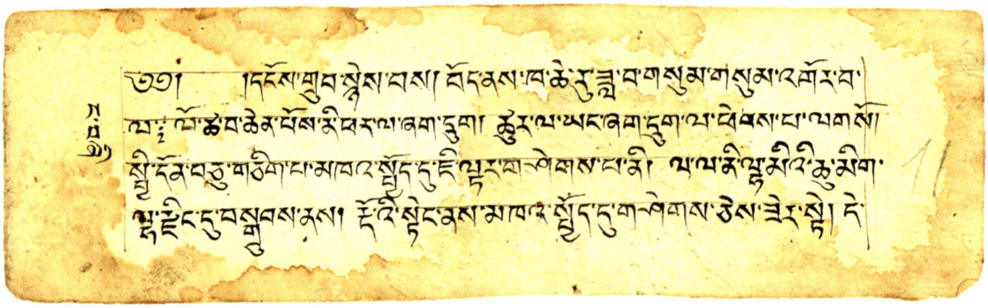

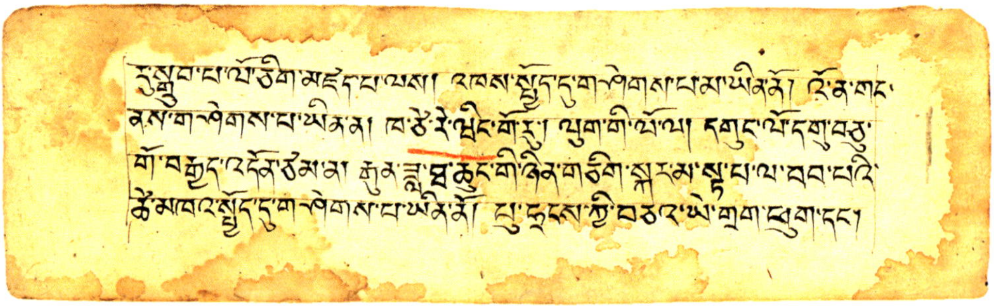

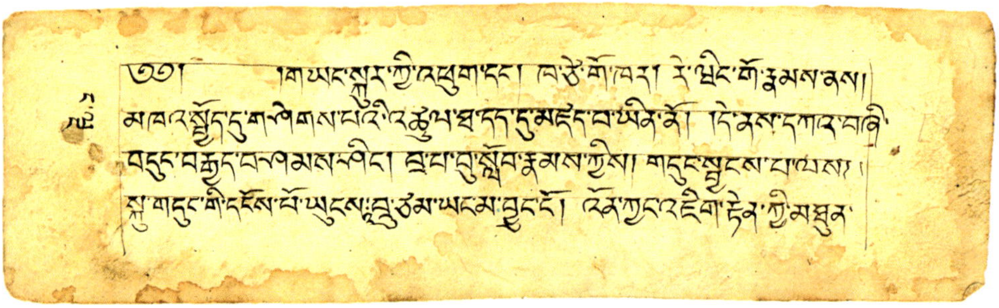

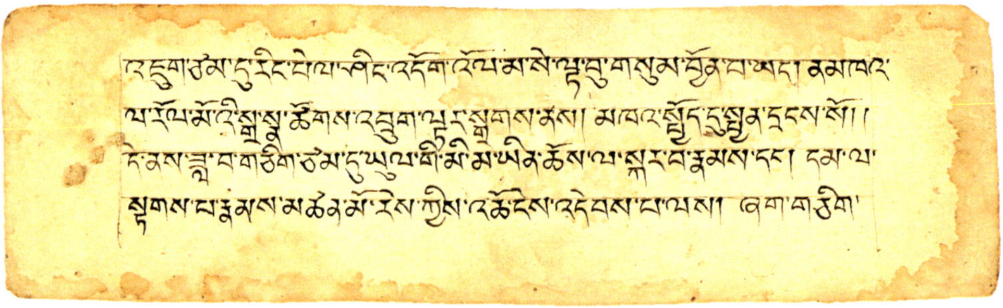

༄༅། །སྐྱེར་མ་སྟུ་པས་ཉ་བའི་བཙོ་ལྔ་ལ། ནམ་མཁའ་མཛོད་མཆོན་གྱིས།
ཁྱབ་ཅིང་། མེ་ཏོག་གི་ཆར་ཆེན་པོ་སྟྭས་སོ། །དེ་མནའ་ཙོད་ཚོང་དེ་འི་སྣ་མཆོད་པ་ལས།
རྗེ་བོ་རྗེ་ལ་ཞུས་པས། མ་དྷུ་པ་ཚྭ་བྱང་ཆུབ་སེམས་དཔའ་དེ། མི་མ་ཡི་ན་རྣམས་ལ།
སྙིང་བརྩེ་བ་ར་དགོངས་ནས། །ནམ་མཁར་ནས་འཛྲུ་ཕྲིན་རྣམས་ལ་མི་རྟག་པའི་ཆོས་

བཤད་ནས། མི་མ་ཡིན་ཐམས་ཅད་ཆོས་ལས་བཀོད་པས་དེ་ར། དེ་དག་ཐམས་ཅད་
ཀྱི་སྐྱ་དང་གསང་ལ་པ་ཡིན་ནོ། དུ་དེར་གསང་མ་དྷུ་པ་ཚ་བ་ནི། ཆུབ་ཕྱོགས་བདེ་
བ་ཅན་གྱི་ཞིང་ཁམས་སུ། མཁའ་འགྲོ་མ་གསེར་གི་གོ་ཆ་ཅན་གིས་དང་། འོད་ཟེར་
ཅན་གྱིས་གདན་དྲངས་ནས། །བཅོམ་ལྡན་འདས་འོད་དཔག་མེད་ཀྱི་ཞབས་དུང་དུ
ཞང་མེད་ཟང་ངང་ངང་ཁྱུག་པ་མེད་པ་ངང

༄༅། །ཁེན་ལུགས་འཆི་གསུང་ནས། མཐལ་མོ་སྦྱར་བ་མཛད་དོ། དེ་ལྟ་བུ་
འི་སྐྱེས་བུ་ཆེན་པོ་དེ་ནི།། །།སངས་རྒྱས་ལྷ་ཁྱུ་ཐུབ་པའི་སྤྲུལ་པ་ཡིན་ནོ། གང་
ཟག་རང་རྒྱུད་གྲུབ་པ་ཐོབ་པ་རྩ་མ་ཡིན་ནོ།། ༈ །།འདི་འི་སྐོར་ལ་འབགས་པ་རྣམས
ཀྱི་གྲམ་མི་ཤེས་ཤིང་། མཐ་རྡུ་རབས་མཆད་པར་གྱུར་རོ། །དེ་ན་ཤིན་དུ་འཛེམ་པ་པ་

གལ་ཆེའོ། །སྐུ་གསུང་ཐུགས་ཀྱི་རྟེན་མཆོད་དང་། ཀོར་ཆ་འདི་རྣམས་ཡོ་ཆ་བ་ཆེན་
པོའི་མི་རིགས། རྣམ་མཐར་ཆེ་འབྲིང་ཆུང་གསུམ། མཆོས་དྲིལ་སྣར་འཆག་ཡུལ་
གྱི་འཛིན་རྒྱ་འཆང་བ་ཉུས་ཀྱིས། ཡུལ་ཆུང་རྣམས་སྐྱོངས་བ་ཤིག། །གཙུག་ལག་ཁང་
དང་། དཀོར་ནོར་མཆོད་ཆ་རྣམས་བསྲུངས་ཤིག །བྱང་ཆུབ་སེམས་དཔའ་ལོ་ཆེན་

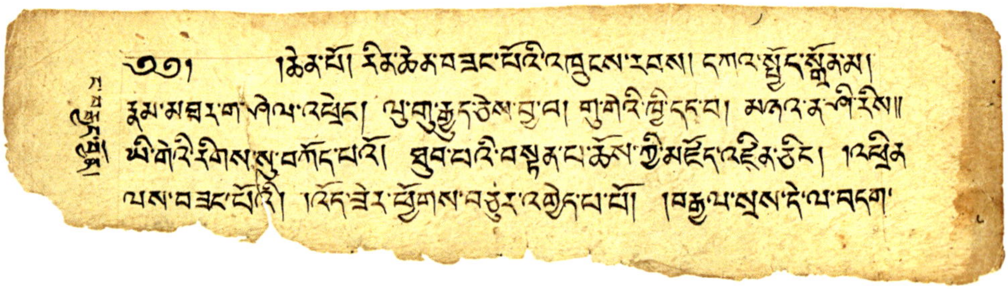

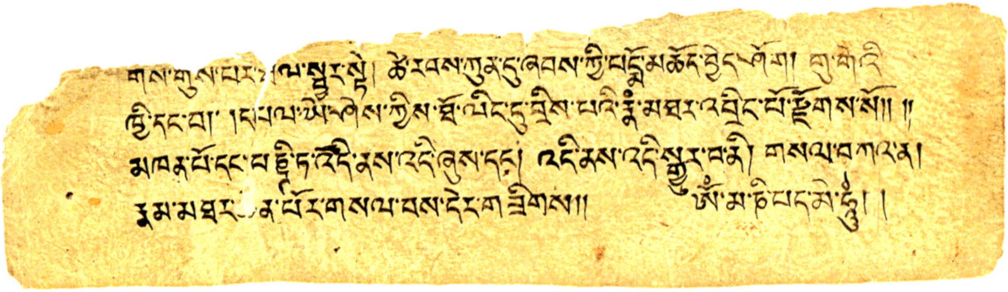

喜马拉雅西部地区示意图

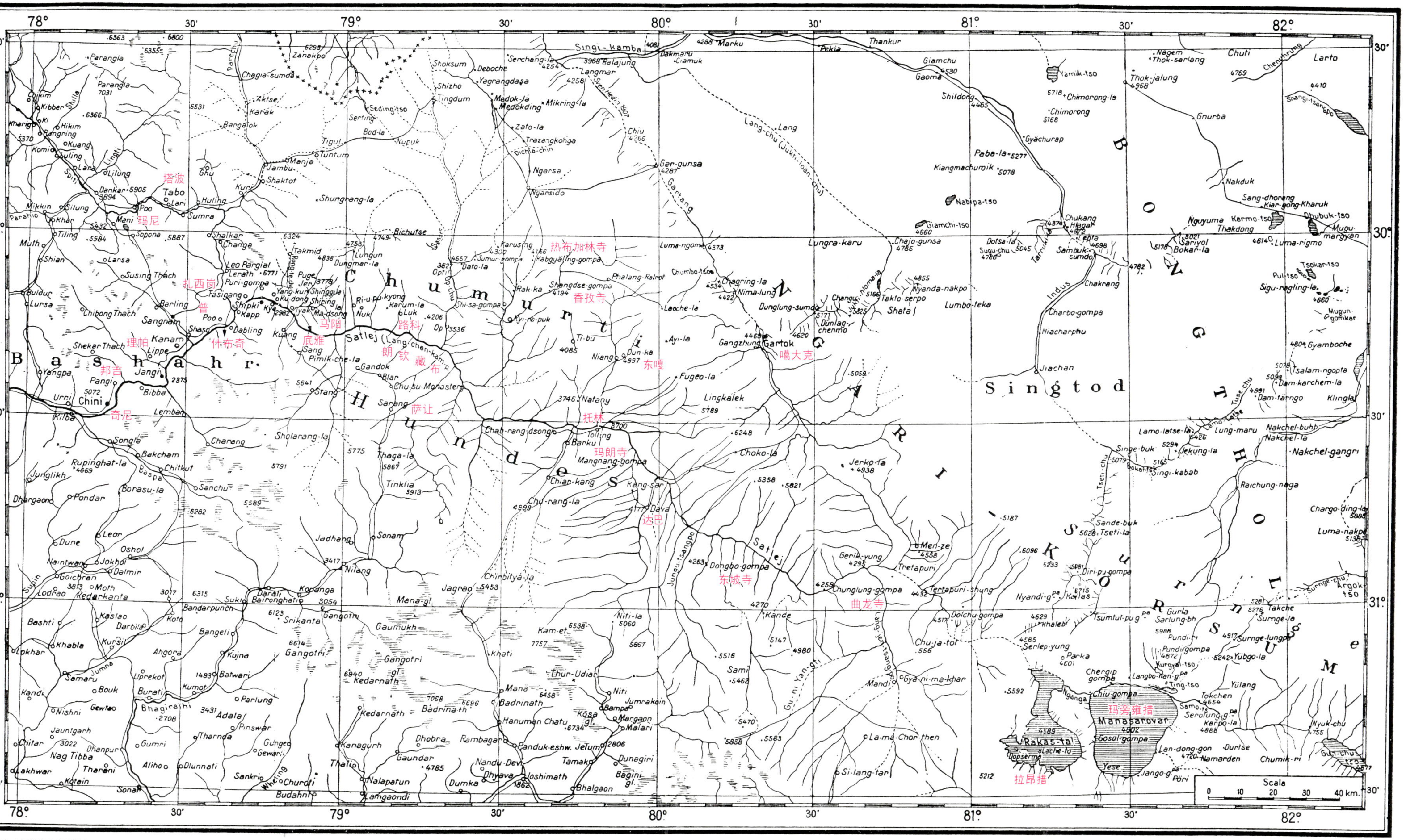

据图齐原图修绘）